"十三五"高职高专老年服务与管理专业规划教材

老年社会工作

主　编　王　燕　韩杰坤

副主编　韩笑笑　刘香艳　钟明芳　王　猛

中国财富出版社

图书在版编目（CIP）数据

老年社会工作／王燕，韩杰坤主编．—北京：中国财富出版社，2020.9（2024.8 重印）
（“十三五”高职高专老年服务与管理专业规划教材）
ISBN 978－7－5047－6687－8

Ⅰ．①老…　Ⅱ．①王…　②韩…　Ⅲ．①老年人—社会工作　Ⅳ．①C913.6

中国版本图书馆 CIP 数据核字（2019）第 274481 号

策划编辑　李彩琴　　**责任编辑**　孟　婷
责任印制　尚立业　　**责任校对**　孙丽丽　　**责任发行**　董　倩

出版发行	中国财富出版社		
社　　址	北京市丰台区南四环西路 188 号 5 区 20 楼	**邮政编码**	100070
电　　话	010－52227588 转 2098（发行部）		010－52227588 转 321（总编室）
	010－52227566（24 小时读者服务）		010－52227588 转 305（质检部）
网　　址	http：//www. cfpress. com. cn		
经　　销	新华书店		
印　　刷	北京九州迅驰传媒文化有限公司		
书　　号	ISBN 978－7－5047－6687－8/C·0229		
开　　本	787mm×1092mm　1/16	**版　　次**	2020 年 9 月第 1 版
印　　张	15. 25	**印　　次**	2024 年 8 月第 5 次印刷
字　　数	299 千字	**定　　价**	45. 00 元

编者名单

主　编： 王　燕　韩杰坤

副主编： 韩笑笑　刘香艳　钟明芳　王　猛

编　委： 杜翠杰　济南曜阳国际老年公寓

韩杰坤　潍坊盛德内科医院

侯帅杰　乌鲁木齐职业大学

韩笑笑　潍坊护理职业学院

刘香艳　潍坊护理职业学院

史东福　青岛市北红十字护老院

宋张玉　日照市岚山区中盛幸福苑

王　猛　潍坊护理职业学院

吴晓航　山东经贸职业学院

王　燕　潍坊护理职业学院

王英鑫　青岛市北红十字护老院

于海萍　潍坊护理职业学院

钟明芳　潍坊护理职业学院

前　言

随着我国社会和经济的发展，人民生活水平的提高，人均寿命普遍延长，人口老龄化程度发展迅速。根据世界卫生组织（WHO）规定标准，目前我国已进入老龄化社会，我国各级政府及各界人士高度重视，做好老年社会工作，维护老年人的合法权益是社会发展进步的要求。老年服务与管理专业作为培养为老年人服务的技术技能型人才主干专业之一，应掌握老年社会工作的内容及方法。

根据老年服务与管理专业教学的实际情况，本教材选择了从事老年社会工作所需的基础理论及应用实务部分进行编写。全书共十章，分别是第一章的老年社会工作概述，第二章的老年社会工作的社会心理学基础知识，第三章的老年社会工作的基本理论，第四章的老年社会工作的内容，第五章的老年社会政策与法规，第六章的老年个案工作，第七章的老年小组工作，第八章的老年社区工作，第九章的老年社会工作行政，第十章的特殊问题老年人的社会服务。在内容上，努力体现基础理论、基本知识和基本技能，做到实用、够用。

本教材由工作在一线的学校教师及相关从业人员编写，由老年服务与管理专业学生在养老照护岗位上进行了验证，体现了教与学、学与做、做与教的过程。本教材适合老年服务与管理、老年保健与管理、健康管理等专业的学生使用。希望通过对本教材的学习，增强师生对老年社会工作的认识，增加老年人社会参与的机会，提高老年人的生活质量。

由于水平和时间有限，成书仓促，教材难免存在缺点，敬请师生在使用过程中提出宝贵意见，以期再版时修订。

编　者

2020 年 9 月

目录

第一章 老年社会工作概述

学习目标

1. 掌握健康老龄化、积极老龄化、老年社会工作的概念。
2. 理解老年社会工作的目标、服务对象和内容；老年社会工作的功能与模式。
3. 了解老年社会工作的历史和发展。

第一节　老年社会工作的历史和发展

老年社会工作是指专业社会工作者运用社会工作的专业理念、方法和技巧，为老年人及其家庭提供社会保障与社会服务，以协助老年人解决生理、精神、情感和经济等方面的问题，使老年人能够继续参与社会生活，幸福安度晚年的专业服务活动。

老年社会工作致力于增进老年人解决问题和适应社会的能力，协助老年人获得资源，适当反映老年人的需求，促进老年人与他人在环境中的互动。从个体角度看，老年社会工作具有恢复和维持老年人身体机能、提供老年人所需要的资源、预防老年人社会功能的衰退等基本功能。从社会角度看，其又可以维护社会稳定、促进社会整合。

一、老年、老龄化与老年社会工作

（一）老年人的界定

人类从出生到死亡，依次经历婴儿期、幼儿期、童年期、少年期、青年期、中年期和老年期七个年龄阶段，不同的年龄阶段会有不同的生理改变和心理改变，而且个体差异大。因此，“老年”是一个概括上的含义，是机体生理功能走向衰退和组织器官趋于老化的阶段。1982 年，中华医学会建议年满 60 周岁及以上人群为老年人。老年人的界定一般有下面四种标准。

1. 日历年龄

日历年龄即从出生之日起，按年月顺序自然累加计算的年龄或岁数，所以又称“自然年龄”。这样的划分基本上是根据生物学的规律而定的，即老年人的“老”是指生命历程的特定阶段，它反映生命活力的衰减或机体功能的退化这样一种客观事实，这种生理上的衰减与退化可以从人们的体征上明显地表现出来。

2. 生理年龄

生理年龄是指人的生命历程在其生命周期中所处的位置或所达到的生理阶段。这种年龄的评定来自生物医学。由于遗传基因、生存环境等因素的影响，生理年龄的个体差异较大，并不完全与人的日历年龄相对应。

3. 角色年龄

角色年龄是指人们在社会生活中所处的地位与所显现的角色。在既定的社会经济背景下，社会角色的转换是判定人们社会学年龄的重要依据。

4. 心理年龄

心理年龄是指根据人们对世界的不同生存态度和人生体验而做出的年龄评价，它的确认往往取决于个人对自我的主观认同或心理感受，同时与上述几种年龄判定有较大的出入。所谓“未老先衰”，就是指日历年龄和生理年龄尚年轻，但精神已经萎靡不振，致使心理年龄衰老；而“老当益壮”则相反，它是对那些精力充沛且“不服老”的老年人的一种赞誉。

综上所述，对老年人的界定有日历年龄、生理年龄、角色年龄和心理年龄四种标准。一个人是否衰老，不能单纯看日历年龄，还要看生理年龄，尤其是心理年龄，人的心理状态对生活有很强的反作用力，所以老年人要加强锻炼，使身体健康，而且有利于保持年轻的心态。

现阶段我国老年人按时序年龄的划分标准：45～59岁为中老年人（老年前期），60～89岁为老年人（老年期），90岁及以上为长寿老年人（长寿期）。

（二）人口老龄化

人口老龄化简称人口老化，指老年人口在总人口中的比例不断上升的动态过程。出生率下降、死亡率下降、人口平均预期寿命延长是人口老龄化的直接影响因素。衡量人口老龄化程度的主要指标为老年人口系数。老年人口系数指老年人口占总人口的比例。发达国家的标准为65岁及以上人口数占人口总数的7%以上，称为老龄化社会（老龄化国家）；发展中国家的标准为60岁及以上人口数占人口总数的10%以上，称为老龄化社会（老龄化国家）。截至2017年年底，我国60岁以上老年人口达2.4亿，占总人口比重的17.3%。预计到2040年，老年人口将达到3.5亿，2050年，老年人口将超过4.2亿。据联合国预测，21世纪上半叶，中国将一直是世界上老年人口最多的国家，约占世界老年人口总量的20%。

人口老龄化是社会发展进步的标志，是世界人口发展的普遍趋势。但是不同国家之间、同一国家不同地区范围内老龄化的速度和程度存在较大差异。同是60岁以上的老年人，有的身体健康，有的疾病缠身；有的活力四射，有的暮气沉沉；有的老当益壮，有的万念俱灰。世界卫生组织于1990年提出实现“健康老龄化”的目标。根据世界卫生组织1946年关于健康定义“健康是躯体健康、心理健康和社会功能的完美状态”延伸，“健康老龄化”应该是老年人群的健康长寿，群体达到身体、心理和社会功能的完美状态。1999年是国际老年人年，世界卫生组织提出了“积极老龄化”。“积极老龄化”比“健康老龄化”具有更为广泛的内容。“积极”不仅是指身体活动能力或参加体力劳动，而且包括参与社会、经济、文化、精神和公民事务。“积极老龄化”是指在老年时为了提高生活质量，尽可能获得最佳健康、参与和保障的机会的过程，适用于个体和人群。倡导“积极老龄化”的目的在于使所有进入老年的人们，包括体弱者、残疾人和需要照料者延长健康预期寿命，提高生活质量。

1990年12月14日，联合国提议将每年的10月1日定为“国际老年人日”。在这一天，联合国纽约总部都会庆祝“国际老年人日”，研究当代老龄化课题。1991年联合国制定并通过《联合国老年人原则》，鼓励各国政府尽可能将这些原则纳入本国国家方案。

积极老龄化的内部决定因素受个人、家庭和国家的种种决定因素的影响，外部决定因素主要受文化和性别的影响，文化价值和传统在很大程度上决定一个社会如何看待老年人和老龄化过程。积极老龄化的其他决定因素包括：经济（收入、社会保护和工作）、卫生与社会服务（促进健康和预防疾病、医疗服务、照料和社区服务、精神卫生服务）、社会（和平、平等、社会支持和学习机会等）、个人（遗传背景和心理因素）、行为（健康生活方式、自我保健）及环境（良好、安全的环境）因素。积极老龄化是一项推动社会进步的公益事业，也是我们每个人都可能实现的目标。为此，要靠国家和社会力量的支持，为老年社会工作提供了广泛的空间。

（三）老年社会工作的基本定义

社会工作是适应近现代工业社会的需要而发展起来的，它产生于英国、美国等西方发达国家，后来逐渐扩散到其他国家。在我国，“社会工作”一词是从英语“Social Work”翻译过来的，它是一种助人的实践活动。作为一门新兴学科和职业，社会工作目前已逐渐为我国政府、学术界和社会各界所接受，从党的十六届六中全会作出建设宏大社会工作人才队伍的决策部署，到中组部等18部委下发《关于加强社会工作专业人才队伍建设的意见》（中组发〔2011〕25号），再到2012年国务院扶贫办、全国总工会、共青团中央、全国妇联和中国残联等19个部委和群团组织联合发布了《社会工作专业人才队伍建设中长期规划（2011—2020 年）》等文件的出台，我国社会工作已被纳入国家战略计划，并在和谐社会建设中的重要作用日益彰显。

人民对美好生活的向往，就是我们的奋斗目标。随着老年人受教育程度的提高，老年人对社会的要求将会更高。例如，有意义的退休生活、终身学习的机会、高质量的生活服务，等等，而老年人的生活质量取决于他们的受教育程度、家庭支持、个人性格以及对老化过程的认识和期望。为了更好地照顾老年人，我们需要老年社会工作领域的专业工作人员。

老年社会工作就是因老年问题而产生的一种专业服务活动，它是运用特定的知识和技巧，帮助老年人增强个人能力、解决面临的各种问题的专业服务。具体而言是指受专业训练的社会工作者在专业价值理念的指导下，充分运用社会工作的理论和方法，为在生活中遭受各种困难而暂时丧失社会功能的老年人解决问题、摆脱困境并推动更多的老年人在晚年获得进一步发展的专业服务活动。

老年社会工作的定义可以从以下几个方面来理解。

第一，老年社会工作的服务对象通常是老年人及其家庭。老年人除了在他们的年龄段里面临各种困难和产生服务需求之外，与家庭成员的关系也对老年人的生活品质产生影响。

第二，为老年人服务是一种用社会工作专业价值理念支配的活动，在开展老年社会工作的过程中需要时刻坚持社会工作对人的信念以及专业的基本原则。

第三，老年社会工作强调专业方法。为老年人提供社会工作服务需要在理论的指导下运用许多专业的方法，以提高服务的有效性和针对性。

第四，老年社会工作的最终目标是挖掘老年人的潜能，提高老年人的能力和促进老年人的发展。

可见，老年社会工作的重要性主要体现在挖掘老年人的潜能、协助老年人体现晚年人生价值、倡导老年人互助等发展性的功能上。

二、老年社会工作的历史和发展

（一）老年社会工作在西方的发展

西方国家的老年福利思想可以追溯到古希腊和古罗马时代。古希腊的“幸福主义”、古罗马的“责任观”等观念都包含着“养老”的综合性福利思想。工业革命以前，欧美先进国家皆因社会现实的需要而制定各种济贫法案以协助贫民，其中受助者大部分为老年人。工业革命之后，贫富差距日渐悬殊，贫穷人口比例逐年增大，加上医疗科技发达、人类寿命延长，老年人的贫困、医疗、照顾问题日益突出，老年福利普遍受到各国的重视。19 世纪后半叶，随着医药业的发展，英国建立了一些济贫医院，使得包括老年人在内的贫困人口获得了一定的医疗服务。同一时期在德国，政府开创了社会保险，开始通过有目的的政策设计与实施干预老年人的生活。第二次世界大战后，西方老年社会工作呈现出蓬勃发展的态势。在建设福利国家的过程中，有关收入保障、公共医疗、社会救助等政策的出台和执行使得老年人群成为受益者。同时，老年社会工作的内容也比初期要丰富得多，不仅要在经济上保障老年人的基本生活需要，还要考虑老年人其他方面的需求，如交往的需求、自尊的需求、价值实现的需求等。

20 世纪中叶以后，发达国家率先遇到了人口老龄化问题。为了应对“银发浪潮”，各国纷纷制定政策、设计项目，在老年人的社会照顾方面做了很多有益的尝试。从早期的机构照顾到当前的社区照顾，为老年人服务越来越体现“以老年人为本”的工作理念和“以需求为基础”的工作导向。同时，在美国、瑞典、日本等国家，老年护理也得到快速发展，在改善老年人健康状况、生活质量等方面起到了重要作用。

（二）老年社会工作在中国的发展

1. 中国古代的尊老传统

（1）尊老敬老在律法上的体现。养老是中华民族的优良传统。早在 2000 多年前，《礼记·礼运篇》中便有“老有所终”的记载。在封建社会，历朝历代都制定了专门法规维护老年人权益，严惩不孝行为。如唐朝的法律规定，对犯有“不孝”之罪者予以重罚，对殴打祖父母、父母之人处以死刑。在经济上，传统社会也十分强调赡养老年人和老年人享有财产权，确定亲属有赡养老年人的义务。唐、明、清的法律，都把“父母在，不尽其养者”列入“十恶”之一。

（2）尊老敬老在礼仪上的体现。老年人福利思想和福利措施在中国起源较早。史籍记述，周朝制六礼，每年都要举办一次隆重的“乡饮酒礼”，由乡大夫主持，其目的在于“尊贤养老，以明长幼之序”；我国西汉时期就已规定了尊敬和扶养老年人的法令。《王杖诏书令》规定对 70 岁以上的老年人，由朝廷授予一种顶端雕有斑鸠形象的特制手杖——“王杖”。持有“王杖”的人，享有各种社会优待；唐代除了定期发给 80 岁以上老年人一定数量的粮食、布帛作为养老金外，还规定每年腊月聚集乡里的老年人行饮酒礼，由官府出资，举办酒宴，“使人知尊老养老之礼”。明洪武十九年颁布的《养老令》中规定：对于 80 岁以上、贫穷无产业的老年人，每月发给米 5 斗、肉 5 斤、酒 3 斗；90 岁以上的，每月加发帛一匹，絮一斤，免除一切徭役，享受“与县官均礼”的政治待遇，这在全社会倡导了良好的敬老养老风气。

2. 中华人民共和国成立以来的老龄事业发展

（1）确立了老龄事业国家机制。中华人民共和国成立以来，我国政府颁布了一系列包括老年社会保障、老年福利与服务、老年卫生、老年文化教育和体育、老年人权益保障以及老龄产业等多方面内容在内的法律法规和政策。特别是近20年来，全国人大及其常委会、国务院及有关部门颁布的老龄法律法规、规章及有关政策达200余件，初步形成了以《中华人民共和国宪法》为基础，《中华人民共和国老年人权益保障法》为主体，包括有关法律、行政法规、地方性法规、国务院部门规章、地方政府规章和有关政策在内的老龄法律法规政策体系框架。近年来，国家密集发布与养老相关的政策，从养老设施建设、用地、政府购买服务、社会资本进入、医养结合、养老服务体系建设、“互联网+”养老、智慧健康养老、标准化建设、人才培养、养老服务补贴、金融支持、税费优惠等各个方面都提供配套扶持政策。在国务院下发的《关于加快发展养老服务业的若干意见》（国发〔2013〕35号）明确提出，到2020年，全面建成以居家为基础、社区为依托、机构为支撑的，功能完善、规模适度、覆盖城乡的养老服务体系。国务院成立的全国老龄工作委员会，统筹规划和协调指导全国的老龄工作，研究、制定老龄事业发展战略和重大政策，协调和推动有关部门实施老龄事业发展规划，指导、督促和检查各地老龄工作。

（2）建立了养老保障制度体系。在我国实行养老保险制度改革以前，基本养老金也称退休金、退休费，是一种最主要的养老保障待遇。即国家有关文件规定，在劳动者年老或丧失劳动能力后，根据他们对社会所做的贡献和所具备的享受养老保险资格或退休条件，按月或一次性以货币形式支付的保险待遇，主要用于保障职工退休后的基本生活需要。随着经济的发展，我国逐步建立起基本养老保险与企业补充养老保险和职工个人储蓄性养老保险相结合的制度。目前我国实行多元化的养老保险模式，包括职工基本养老保险、城镇居民养老保险、新型农村社会养老保险、企业补充养老保险、个人储蓄性养老保险和商业保险等多个层次。对于特殊困难的老年人，我国建立了城市最低生活保障制度、农村最低生活保障制度和农村五保供养制度。

（3）加强老年医疗保健。目前，我国全民医保制度初步形成了中国特色医保制度体系，织起了世界上最大的基本医疗保障的安全网。我国职工基本医疗保险、城镇居民基本医疗保险和新型农村合作医疗人数扩大到13亿。以职工基本医疗保险、城镇居民基本医疗保险，新型农村合作医疗为主体，城乡医疗救助制度为兜底，商业健康保险及其他各种形式医疗保险为补充的中国特色医保制度体系初步形成。

首先，建立城乡老年人医疗保障制度。国家建立社会统筹与个人账户相结合的城镇职工基本医疗保险制度，规定退休人员个人不缴纳基本医疗保险费，对个人账户计入金额和个人负担医疗费的比例给予适当照顾。其次，发展老年医疗卫生服务。国家鼓励有条件的大中型医疗机构开设老年病专科或老年病门诊，积极为老年人提供专项服务。实施爱心护理工程，加快发展面向高龄病残老年人的护理服务设施。最后，推动老年群众性体育健身活动。我国大力推动老年群众性体育健身活动，努力增强老年人体质。各地政府组织实施了“亿万老年人健身活动”，鼓励并吸引更多老年人参与体育锻炼。

（4）开展为老社会服务。近年来，中国政府大力发展社区为老服务，先后颁布了《关于在全国推进城市社区建设的意见》《关于加强和改进社区服务工作的意见》等一系列政策文件，采取积极措施，加强社区建设，为包括广大老年人在内的社区居民提供多种便民利民服务，不断改善居家养老的支持环境。国家利用福彩基金建成“星光老年之家”，涵盖老年人入户服务、紧急援助、日间照料、保健康复和文体娱乐等多种功能。同时，积极推进机构养老服务，努力满足老年人多样化的服务需求。同时，国家加大资金投入，在城镇建立面向“三无”老年人的社会福利院，大力发展老年公寓、养老院和老年护理院，为老年人，特别是高龄病残人群提供机构养老服务。在农村加强敬老院建设，为“五保”老年人提供集中供养场所和生活服务。

国家通过学校教育、在职教育和岗位培训等形式，培养为老年服务的专业人才，国家颁布《社会工作者职业水平评价制度暂行规定》和《社会工作者职业水平考试实施办法》，鼓励和吸引专业社会工作者和高等院校社会工作专业毕业生到福利服务机构工作。政府颁布实施国家职业标准，加强养老服务队伍的专业化和规范化建设。发展志愿者组织，动员广大青少年和其他社会公众加入为老年人服务志愿者行列，通过与养老机构和居家老年人结对帮扶等形式，为老年人提供生活照料、医疗保健、法律援助等多方面服务。

（5）发展老年文化教育。我国在大中城市逐步建立设施完备、功能齐全的综合性老年活动中心，在县（市、区、旗）建立老年文化活动中心，乡（镇）、街道设立老年活动站（点），基层村（社区）开设老年活动室。各级政府在原有或新建的公益性文化设施中开辟老年人活动场所，有关部门管辖的文化活动场所也积极向老年人开放。国家财政支持的图书馆、文化馆、美术馆、博物馆、科技馆等公共文化服务设施以及公园、园林、旅游景点等公共文化场所向老年人免费或优惠开放。老年人社会文化生活的条件不断改善。同时，国家积极提供符合老年人特点的精神文化产品。国家财政每年拨专款支持举办全国老年文艺演出、中国老年合唱节等大型活动，开展国际间老年文化艺术交流。各地经常组织开展形式多样、健康向上的社区老年文化活动。国家重视保障老年人的受教育权利，创办了一批示范性老年大学，同时依托省、市、县各级现有群众文化设施多渠道、多层次发展老年教育，努力实现“县县有老年大学”的目标，并逐步向社区、乡镇延伸。充分运用现代传媒手段，开办面向老年人的电视和网络学校，扩大老年教育覆盖面。老年人通过学习达到了增长知识、丰富生活、陶冶情操、增进健康、服务社会的目的。

（6）促进老年人参与社会发展。在城镇，各级政府根据经济、社会和科技发展需要，引导老年人参与教育培训、技术咨询、医疗卫生、科技应用开发以及关心教育下一代等活动。在农村，鼓励低龄健康老年人从事种植、养殖和加工业。从2003年起，国家开始实施“银龄行动”，旨在发动老年知识分子为西部地区和经济欠发达地区人民群众治病，培训医务骨干和中小学教师。在全国范围内实施“爱心助成长”志愿服务计划，由低龄健康老年人组成志愿者队伍，广泛开展德育行动、宣讲行动、监察行动、护苗行动和关爱行动，帮助青少年解决学习、生活、心理等问题。在政府的引导和扶持下，中国老教授协会、老科技工作者协会、老年法律工作者协会等全国性老年社会团体得到了快速发展，分会遍及全国各地。

（7）保障老年人的合法权益。《中华人民共和国宪法》《中华人民共和国老年人权益保障法》《中华人民共和国民法通则》《中华人民共和国继承法》《中华人民共和国婚姻法》《中华人民共和国刑法》等基本法律都明确了老年人的权利以及侵害老年人权利应承担的法律责任。全国30多个省（自治区、直辖市）制定实施了旨在保护老年人合法权益的专项地方性法规。人民法院认真审理虐待、遗弃、伤害老年人的刑事案件，依法制裁侵犯老年人人身和财产权利的行为。对老年人因养老、医疗等纠纷提起的诉讼，予以优先立案、优先审理和优先执行。中国政府重视老龄法律法规政策的宣传普及工作，把《中华人民共和国老年人权益保障法》纳入“三五”“四五”和“五五”普法计划，开展了形式多样的宣传学习活动，强化全社会维护老年人合法权益的法律意识和老年人的自我保护意识。各级政府采取多种形式，大力弘扬中华民族敬老养老的优良传统。各地普遍设立“老年人节”或“敬老日”，每年重阳节和本地敬老日期间，政府有关部门都会组织大型宣传教育活动和敬老活动。

三、老年社会工作的目标、服务对象和内容

（一）老年社会工作的目标

从一般意义上说，社会工作有四大目标：加强个人解决问题和适应社会的能力；作为个人与资源间的联系；促成对资源的有效利用；致力于社会政策的发展与完善。依据社会工作的一般目标，同时依据老年社会工作的定义以及海外老年社会工作的实践，大致可以把老年社会工作的具体目标定为如下几大类。

1. 增进老年人解决问题和适应社会的能力

对于大多数老年人而言，外界的协助能够达成“自助”的目的。因此，老年社会工作者应当以积极的态度协助老年人增强个人能力，预防生理或心理功能的迅速退化，探讨老年人内在的价值和意义，科学地认识老年人，免受刻板、片面观点的影响。要相信每一个老年人都是独特的，改变和成长对于老年人而言也是有可能的。要避免因年龄差距而产生的隔阂感，深入了解老年人的诉求，鼓励老年人积极调整心态和状态，追求更高质量的晚年生活。

2. 协助老年人获得资源

对于老年人，特别是那些陷入困境的老年人，资源的缺乏是导致老年问题的根本原因。因此，老年社会工作要达成的基本目标之一就是帮助老年人充分利用各种社会资源，这种资源包括自然系统中如亲戚、朋友、邻里等所拥有的资源，也包括正式系统中如政府、企业、各类非营利组织等所提供的资源，从各个方面促进老年人有一个健康和愉快的晚年。

3. 适当反映老年人的需求

老年人的需求是多样的，一般与年龄大小、身心状况、性别、资源条件等因素相关。这种多样性要求工作者要发现老年人真实的需要，并在此基础上促成需要的满足。在工作中，这种对老年人需求的反映表现在积极了解、评估老年人的社会需求，根据老年人的需求决定机构工作的优先顺序，鼓励老年人参与到机构决策中，给老年人提供选择机会等。

4. 促进老年人与他人在环境中的互动

随着身心老化的加剧，老年人对外界的依赖会逐渐增加，保障老年人的生活质量需要多方力量共同努力。这就要求老年社会工作者努力促成老年人与家人、服务者以及其他人建立良好的互动关系，使他们能够正确认识老年期的特点，理解老年人的需求，从而为老年人的生活营造出比较和谐的社会氛围。

5. 影响机构决策和社会政策

在社会工作中，社会工作者通常需要扮演多种角色，他们通过对老年人社会需求的调查、反映，可以影响机构的决策，使决策更符合老年人的实际情况。社会工作者可以在实践中审视当前的有关社会政策，并通过适当的方式反映老年人、机构和社会工作者的心声，促使有关部门在制定政策时能够有所回应。

由此而言，老年社会工作的目标有两大方面，对老年人困难的帮助和提供老年人发展需要的服务。

前者主要包括经济生活困难、日常生活照顾困难、机体健康方面的困难、家庭夫妻关系或代际关系处理困难等各种困难的帮助和协助解决。在这个方面，社会工作者可以帮助老年人寻找资源、争取权益；通过个案辅导的方法让老年人改善认知、纠正行为；通过家庭治疗和家庭服务来改善产生老年人问题的家庭环境；也可以在社区和社会层面上积极倡导，发动社会成员互相帮助，建立有效的社会支持网络，扩大可供有需要的老年人充分利用的各类资源，切实地改善老年人生活的社会环境。

同时，许多老年人在退休以后都会产生出一些新的需要，如受教育的需要、人际交往的需要、作为志愿者服务他人的需要、贡献自己的经验和智慧的需要、有质量地休闲的需要、科学地充实闲暇生活的需要，等等。老年社会工作可以通过小组工作的方法、大型社区活动的方法以及志愿者活动的方法等，为老年人各种发展需要的满足提供切实的服务。

（二）老年社会工作的对象

根据老年社会工作实践，大致有以下三种标准来划分老年社会工作的服务对象。

1. 根据被服务的人区分

（1）遭遇困难的老年人。通常老年人有许多在他们年龄段里所碰到的困难，如经济保障、医疗诊病、身心健康、人际关系等。如果老年当事人要求帮助或者有接受服务的意愿，那么他们就是老年社会工作的服务对象，老年社会工作者应该运用专业的社会工作方法，帮助这些服务对象解决困难或者降低困难以减轻对老年当事人的影响程度。

（2）老年人的家庭成员。老年人到了老化阶段，参与的社会活动日益减少，活动范围越来越狭窄，最后甚至会被完全困在家里，这时发生的问题会增多和凸显出来，如老人和家庭其他成员的关系问题、久病卧床老年人的照顾问题、老年人的虐待和遗弃问题，等等。因此，处于此种情形中的老年人及其家庭成员都应该是老年社会工作的服务对象。

（3）亲友或其他家庭的个人。随着家庭的核心化，不少老年人进入老年阶段后其子女并不在身边或者忙于工作无暇顾及，所以老年人的生活起居的照顾工作往往由家庭以外的亲友或者没有一点亲缘关系的人承担，这些人较长时期服侍老年人，会有因体力不支而产生冲动的行为，如虐待、责骂老年人，或者不满足老年人的基本需要。所以，除老年人外，这些人也需要老年社会工作者的帮助和辅导。

2. 根据老年人问题的种类区分

（1）长期患病、身体机能严重衰退或者残疾的老年人。这类老年人由于久病不愈，非常需要医疗资源，或者入住养老机构，或者由家人（或保姆）照顾，因此家庭受到影响并可能引发其他问题，如家庭经济困难、家人因长期照顾老年人而病倒、家中孩子得不到良好的照顾而可能引起的学习成绩退步或行为失调。

（2）经济困难的老年人。老年人退休后收入减少，而支出却随着身体机能的衰退和医疗费用的增加而增多，逐渐陷入入不敷出的困境。尚有少数无养老保险和医疗保险的老年人，生活陷于绝境。面对这种情况，老年社会工作者可以设法协助老年人家庭成员及亲友，或者寻找其他的社会资源来帮助老年人解决问题。

（3）退休后生活无法调适的老年人。这类老年人以男性为多，退休以后始终处于生活寻找不到规律、情绪波动较大的状态之中。对此，老年社会工作者除了与老年当事人进行个别辅导外，还可以根据老年人的真实意愿鼓励他们参与到更多活动中，如再就业、从事休闲娱乐活动、加入义工服务或者参加老年人教育项目，等等。

（4）人际关系不良的老年人。这类老年人如与配偶相处不和睦，与儿子、儿媳或其他家庭成员有家庭冲突，与家庭以外的人（亲家、邻居等）有矛盾纷争。面对这类问题，老年社会工作者需要处理的是两类情况，第一类情况的问题出在老年服务对象自己身上，老年人或者固执己见，或者行为乖张，或者难以相处，等等。对此，老年社会工作者的工作重点应该放在老年人上，通过会谈和辅导提供当事人与其他人的相处之道，并告知沟通的技巧以及方法。第二类情况是老年人本身为受害者，经常受到配偶、子女或邻里的不良对待。这时老年社会工作者需要给配偶、子女做辅导工作，敦促他们逐渐修正或改变某些行为，以便和睦相处，在必要的情况下，经由当事人同意和授权可以协助他们通过法律的途径来解决问题。上述无论哪种情况，老年社会工作者还有一个重要的介入方法，就是把老年人的日常活动逐渐地从狭窄的家庭空间引至更为广阔的社区活动中心或者社区内的老年人团体，和其他老年人一起开展运动、学习技艺或者培养兴趣爱好，由此改变原来的注意力，建立起新的生活模式或生活规律。

（5）受虐老年人。老年人受虐的种类包括被忽视（如不提供老年人日常生活所必需的用品、对老年人提出的正当要求不理不睬等）、身体虐待（如对老年人进行打、拍、踢、咬等身体上的攻击）、精神虐待（如对待老年人态度恶劣，时常怒骂、讽刺，或者故意损坏、丢弃老年人喜爱的物件等，导致老年人在情绪和精神方面遭受严重伤害）。老年人受虐的案例在国内外都有缓慢上升的趋势，所以社会工作对此的介入也存在着一定的困难。因为在思维能力尚未显著衰退、行动方便遭到家人虐待时，多数老年人会因“家丑不可外扬”思想的影响，或者抱有息事宁人的心态而不向他人告知或向有关部门申诉。一旦长期卧病在床遭受虐待时，老年人则无法报案或请求别人帮助。因此，老年社会工作者应该密切注意这类老年人，同时和社区有关团体和组织、公安部门、医院、司法部门等紧密配合，必要时采取法律措施来切实地保护老年人，同时对施虐者及受虐老年人进行必要的社会工作辅导。

（6）丧亲的老年人。老年人丧偶或者子女早逝必定悲痛欲绝，无法自行纾解。据美国医学专家研究发现，这时候老年人所遭受的生活压力比起其他事件所带来的压力都大，所以特别需要老年社会工作者的介入，如为当事老年人提供心理上的支持和物质上的帮助，及早帮助老年人建立起有效的社会支持网络，充分利用各种社会资源促使老年人尽快地走出丧亲的阴影，协同老年人度过人生的关键时刻。

3. 根据老年人的需要区分

（1）需要解决各种困难的老年人。老年社会工作的服务对象首先是有具体困难需要帮助的老年人，这些困难包括生活窘迫、乏人照顾、就医困难、关系不良、心理偏差、行为失调、重遭挫折等。对此，老年社会工作者可以利用专业的方法为这部分老年人提供补救性的服务。

（2）需要获取发展的老年人。随着经济、社会发展以及人们生活水平的逐渐提高，许多老年人衣、食、住、行等基本温饱需求已经满足，更有些老年人的生活已经达到小康水平，对于这些老年人而言，接受老年教育、增加人际交往、参与社会生活、丰富闲暇时间、贡献经验智慧等是他们晚年生活和发展的需要，所以老年社会工作者应该充分挖掘资源，提供机会，组织老年人开展各种满足其需要的活动并给予指导和协助，为更多的老年人提供发展性服务，将是老年社会工作未来发展的趋势。

（三）老年社会工作的内容

老年社会工作的内容将会随着社会的发展、人们生活质量的提升、老年人需求的增多而不断扩展，主要包括帮助老年人摆脱困境和满足老年人发展需要的服务两大方面。前者主要包括对身体健康方面的困难、经济生活困难、日常生活照顾困难、家庭夫妻关系或人际关系处理困难等各种困难的帮助和协助解决；后者主要是指许多老年人在进入老年之后所产生出一些新的需要，如受教育的需要、人际交往的需要、作为志愿者服务于他人的需要、充实闲暇生活的需要等。

具体来说，老年社会工作主要包括以下内容。

1. 老年人的经济保障

老年人的经济保障直接关系到老年人的生存和生活质量，是维护老年人生存权的必然要求，是全体国民共享社会发展成果的要求，也是维护社会稳定、促进社会发展的需要。因此，协助落实老年人经济保障政策是老年社会工作极其重要的内容。但由于国情不同，各国对老年人的经济保障是不同的。西方国家一般通过社会保险、社会救助保障老年人的经济安全。我国目前对于老年人的经济保障具有城乡二元结构特性。在城市，老年人主要依靠离退休工资实现经济保障。对于经济困难的老年人及其家庭则有最低生活保障制度及不定期的救济。在农村，经济发达地区的基层组织和集体企业已尝试为老年人提供一定数额的养老金。而在经济欠发达地区，老年人主要依靠生产劳动和子女供养来满足基本生活需要。那些生活困难的孤寡老年人、低保对象则受益于五保制度和低保制度。但由于我国现阶段地区差异大以及老年人口数量多等因素，老年人的“老有所养”还面临着一些困难，如养老保障覆盖面有待扩展、保障水平有待提高等。

在老年社会工作中，工作者对经济保障问题介入主要包括向老年人介绍有关社会政策，并提供行动建议；协调有关方面为符合条件的老年人做政策落实工作；反映老年人的经济情况，并对政策制定提出建议；倡导家人及其他非正式资源对老年人予以经济支持；鼓励并支持老年人自养，等等。总之，老年社会工作者必须关注老年人的经济需求，并通过各种途径为其争取资源，使老年人在衣、食、住、行、用方面的基本需要能够得到满足。

2. 老年人的医疗保障

步入老年期后，随着身体机能的老化，人的各种生理机能开始减退，抵抗疾病的能力也开始减弱，因此随之而来的就是疾病的增多。老年人要减少疾病的折磨，应当有病及时看、及时治，减少疾病对身体功能的损害。积极关注和解决老年人的医疗保障问题，是保障老年人生存权和健康权的基础，也是社会不可推卸的责任。在发达国家，老年人的医疗保障设立得早，发展较完善。其资金来源包括政府财政支出，但以劳资共同负担的保险费为主要来源。在实行医疗保险的国家中，国库补助一般都占到一定的比重，同时，患者本人也要承担适当的费用。在运作中，医药适当分开，将公私立医疗机构纳入服务体系，保障了老年人能够获得公平的、便捷的医疗服务。相较而言，当前我国老年人的医疗保障面临的问题还比较多，其中最突出的就是“看病难，看病贵”问题。

根据老年人的需要，社会工作对医疗保障的介入可以很广泛。宏观层面，如落实国家有关医疗卫生政策；加强对医疗服务机构的管理；有计划地改善老年人的就医条件；对老年医疗保障进行评估等。中观层面，如立足社区开展家庭病床、社区干预、建立老年人健康档案；在老年人及其有关医疗服务机构之间建立联系；开展“送医下乡”活动等。微观层面，可以举办老年健康讲座，普及老年保健知识；开展针对疾病的危机干预和心理辅导；组建病友小组，分享治疗及保健经验；开展临终关怀服务等。

3. 老年人的心理保障

伴随着老年人年龄的增长，其在遭遇身体机能逐渐衰退、经济收入降低、社会地位下降、社会活动减少、丧偶、家庭变故、亲朋好友生离死别等事件时，很容易产生孤独、寂寞、忧郁等状况，从而引发心理问题，因此需要社会工作者辅导老年人进行自我心理调适，以减轻内心的压力，使其对生活保持一种健康的心态。抑郁症、痴呆症、谵妄和焦虑症是老年人最常见的四个认知和情绪问题。老年社会工作者需要处理老年人的这些认知和情绪方面的问题，在某些个案中，老年社会工作者可以帮助老年人改变这种情形，即消除老年人产生情绪问题的因素。而当老年人所面对的情形是无法改变的事实时，老年社会工作者要致力于改变老年人的认知，帮助老年人适应情形。

4. 老年人社会支持体系建立

随着老年人生理、心理、社会等方面的变化，越来越多地需要他人或周围环境的支持，老年社会工作者可以积极协调各种资源为老年人建立良好的社会支持体系。在建立社会支持体系时，可以从生态系统理论的视角出发，从老年人所处的微观环境、中观环境及宏观环境为其提供支持。对于老年人来说，最重要的微观环境是家庭，所以要把家庭动员起来，使其成为老年人的重要支持。如果老年人的家庭支持不足，则要帮助老年人识别成功的家庭应对技能，并根据需要拓展新的技能，帮助老年人及其家人治疗旧伤，处理积怨。另外，老年人身边的照顾者作为其重要的支持者，在照顾老年人时会面临许多压力，如与社会隔离、照顾工作繁重等。老年社会工作者可以给他们提供情绪方面的安抚和具体的建议，让照顾事宜效率更高、更有收获，也可以通过开展支持小组的方式，建立社会支持网络。

5. 满足老年人的特殊需要

除了一些共性问题，有些老年人还具有一些需要特殊面对的问题，因此，在关注老年人的共性需要及问题的同时，还应该注意到一些老年人特殊的需要，并有针对性地提供适合的服务。例如，有些老年人面临被虐待和疏于照顾的问题；有些老年人面临丧亲问题，感觉到难以接受，也难以走出悲痛的情绪；还有些老年人害怕死亡，处于恐惧之中——这些都需要老年社会工作者特别关注和提供服务。

6. 促进老年人参与社会活动

老年人随着年龄的增长，社会活动通常越来越少。老年社会工作者应该促进老年人参与社会活动，努力为老年人提供各种文体娱乐活动，丰富老年人的日常生活，鼓励老年人走出家庭，参与到活动中，增加老年人之间的社会交往，寻找自己的生活乐趣，使老年人老有所乐，老有所为，从而以愉悦的心情安度晚年。

7. 教育服务

社会在不断进步，知识更新速度也在加快，只有不断学习才能更好地适应社会的发展，老年人也不例外，而且有些老年人还有强烈的学习愿望。因此，老年社会工作者可以通过开展老年教育服务，为老年人提供知识、技能的学习环境和氛围。例如，开办卫生保健、电脑、外语、书画、棋类、手工艺品制作、烹调、营养健康等方面的培训班。

第二节 老年社会工作的功能与模式

一、老年社会工作的功能

功能是一个与系统相联系的概念，指的是系统中部分对整体所发挥的作用。老年社会工作的功能可以从两个层面进行解析：对服务对象的作用和对社会功能的作用。

（一）老年社会工作对服务对象的作用

老年社会工作包括以下三方面功能。

1. 恢复和维持老年人的功能

在个体走向老化的过程中，老年人会经历身、心、社会功能的损伤。有些功能是能够恢复的，例如，因个人因素导致的社会隔离或心理失衡等。对此，老年社会工作者可以通过个案辅导、小组活动等帮助老年人重建互动模式，修复社会关系。当然，有些功能的损伤是难以修复的，例如，因生理老化所导致的功能缺陷。对此，老年社会工作者可以采取一定措施防止其快速恶化，尽量维持老年人生活的常态。

例如，提供一定的康复训练等。

2. 提供老年人所需要的资源

这是老年社会工作中最实质性的服务内容。由于种种原因，老年人常常面临资源不足的情况。对此，老年社会工作者要创造、扩充、改进和协调老年人与社会资源间的互动关系，以帮助老年人解决在身体、精神、情绪、生活等方面出现的问题。同时，要引导老年人充分利用自己现有的资源，从而达成“自助”目标。

3. 预防老年人社会功能的衰退

预防老年人社会功能的衰退，最重要的一点就是基于“人在环境中”的视角，加强老年人与其他人、团体和社区间的互助。在工作中，应尽量避免因过分保护老年人而致其社会功能不良。例如，社区组建治安联防队时不让老年人参加，虽出于敬老好意，但容易使老年人感到自己是无能的，这种做法实际上损害了老年人的社会功能。

（二）老年社会工作对社会功能的作用

1. 维护社会稳定

稳定是社会发展的前提与条件，开展老年社会工作是促进社会稳定的途径之一。这是因为，老年人曾经是社会的中坚力量，对社会发展有过巨大的贡献。第一，做好老年社会工作，让老年人能够享受到经济发展的成果，是对老年人过去贡献的补偿，是体现社会公平的重要标志。第二，做好老年社会工作，既可以使老年人感受社会的温暖，减少老化带来的失落感，也有利于帮助年轻人认识到老年人的价值，从而尊老敬老。而代际之间良性的互动关系能消除冲突，使社会趋于稳定和谐。第三，做好老年社会工作，使老年人能够安度晚年，对整个社会也是一种慰藉，一个尊老敬老的良性社会环境使年轻人能够看到自己的将来，从而有助于维护社会的安定。

2. 促进社会整合

社会整合是指社会内部人与人之间、人与群体之间、人与社会之间的相互联系与合作的和谐状态。社会整合不足，个人或群体之间就会产生隔阂、解组甚至分化。步入老年之后，人们会遭受多重身心打击，如职业丧失、收入下降、社会活动减少、疾病缠身、配偶去世等，部分老年人因无法自我调适变得孤独、猜疑、忧郁、沮丧。作为老年社会工作者，有责任协助老年人重新找回自信，确定有意义的生活目标，以消除失落感。老年人重新投入社会，扮演适当的社会角色，对于人际和谐与社会整合而言都有着重要的作用。

3. 利于社会管理

所谓社会管理，指对社会事务和工作人员的管辖与治理，包括领导、组织、协调、处理等功能。作为一项重要的社会系统工程，老年社会工作当然离不开管理。首先，开展老年社会工作，必须有领导机构和人员。他们所从事的每一项工作，担负的每一项任务，如老龄政策的制定，老年社会工作的组织，老年人权益的保障等，毫无例外都是社会管理功能在实际工作中的体现。其次，开展老年社会工作，如设立老年人活动场所，组织老年人开展活动，为老年人提供各项服务等，都离不开组织和管理。至于兴办养老机构，如敬老院、老年公寓等，更需要科学的、现代化的管理。由此可见，开展每一项老年社会工作都需要管理，社会管理是老年社会工作的一个重要功能。

二、老年社会工作的类型与模式

（一）老年社会工作的类型

老年社会工作可以依据不同的标准划分出不同的类型。如果依据老年人的年龄，我们可以将老年社会工作分为：低龄（60～69岁）老年人社会工作、中龄（70～79岁）老年人社会工作和高龄（80岁及以上）老年人社会工作。这种划分的意义在于：在不同的年龄段，老年社会工作的侧重点有所不同。一般对于低龄老年人，社会工作的重点是解决其角色转换和再社会化的问题；对于中龄老年人，社会工作的重点在于协助其处理好日常生活、代际关系和社会交往问题；而对于高龄老年人，社会工作的重点应放在疾病护理、生活照顾和临终关怀等方面。

如果依据工作方法，我们可以把老年社会工作分为老年个案工作、老年小组工作、老年社区工作和老年行政工作等。老年个案工作是为老年案主及其家庭提供服务，以解决老年人在日常生活中所遇到的困扰。老年小组工作是以团体的方式开展服务，借助团体的力量促进老年人的改变，增强其解决问题的能力。老年社区工作是通过挖掘社区资源满足老年人在家务处理、生活照料、卫生保健、文体娱乐等方面的需求。老年行政工作着眼于宏观管理层面，通过制定老年社会政策、筹措资金、养老机构的监管等，提高老年社会工作的质量和效率。如果依据工作关系，可以把老年社会工作分为直接性的老年社会工作和间接性的老年社会工作。直接性的老年社会工作，通常是指微观层面的为老服务。运用的手法主要是个案工作与小组。间接性的老年社会工作通常旨在改变老年人所处的环境。其常用方式是老年社区工作、老年社会工作行政、老年社会工作督导和研究等。

（二）老年社会工作的模式

1. 临床治疗模式

这一工作模式的对象为老年人自身，协助者以老年社会工作者为主。经由老年社会工作者的努力，将家庭、邻里和朋友纳入对老年人的协助，工作地点灵活，期待达到治疗和预防的功能。老年社会工作者的主要角色是直接服务的提供者、资源系统的联结者。

2. 家庭照顾者增强模式

这一工作模式是针对老年人的主要家庭照顾者和其他家庭成员，协助者是邻里、亲属、朋友和老年社会工作者，工作地点灵活。通过提供给家庭照顾者一些教育与训练，期待拓展老年人照顾者的支持网络，减少其压力。老年社会工作者的主要工作是为照顾者提供咨询、教育和资源，并促成系统内部的联结。

3. 个案管理模式

这一工作模式的对象为老年人个体，协助者是老年社会工作者或包括老年社会工作者在内的管理团队，工作地点比较灵活。这一模式重在联结机构与社区内的各种正式与非正式的支持网络，并且寻求新资源以协助解决老年人的问题。老年社会工作者的角色是服务的管理者、系统内外网络的联结者及资源的统筹者。

4. 邻里协助模式

这一工作模式以邻里关系中的老年人为对象，协助者为邻里成员，工作地点主要是在邻里之间。其目的在于创立和发展社区的邻里支持系统，解决照顾老年人的相关问题。老年社会工作者扮演的是邻里互助体系的中介人的角色。

5. 志愿者服务模式

这一工作模式的对象是老年人个体，协助者为社区内外的志愿者，工作地点主要是社区与老年人家庭。该模式旨在挖掘志愿服务资源，使之成为老年人社会支持网络的一部分。一般由社会工作机构招募、培训志愿者，发动他们为老年人提供护送、购物、户外康乐等服务。在工作过程中，老年社会工作者主要扮演组织者、咨询者、管理者、督导者等角色。

6. 互助与自助模式

这一工作模式以邻里及社区中的老年人为对象，协助者为社区或邻里间具有相同问题的人，工作地点主要是在邻里或社区中，其目的在于提升和启动社区中自助群体的支持网络。例如，把患病的老年人组织起来，使他们之间能够分享经验、相互支持。老年社会工作者的主要角色为组织者、使能者、资源提供者等。

7. 社区增权模式

这一工作模式以社区中的老年人为对象，协助者为专、兼职的老年社会工作者，工作地点主要是在社区及邻里，其目的主要在于支持社区中的老年人建立整个社区的支持网络。例如，寻找能有效代表老年人的领袖，协助他们建立论坛以表达老年人对社区建设或服务的意见，培养老年人自行解决此类问题的能力。老年社会工作者的主要角色为倡导者、组织者、咨询者和系统内部与系统之间的联结者。

三、影响老年社会工作的主要因素

老年社会工作的产生从根本上说是经济社会发展到一定历史阶段的产物。尽管在传统的农业社会也存在着有限的老年福利设施和服务，但作为一种正式的制度安排并形成完整的服务体系，则是工业社会形成以后的现象。从传统社会到现代社会，与经济快速发展相伴而生的是社会流动城市化、人口结构老龄化、家庭规模小型化，老年社会工作就是在这一背景下产生的。

（一）社会经济发展水平

经济发展水平的高低是促进或限制社会工作发展的主要因素之一。对于老年社会工作来说，尤为如此。因为老年社会工作追求的目标就是帮助那些需要救助和服务的老年人走出困境，与其他社会成员一起分享社会资源，颐养天年。而要做到这一点，没有一定的经济保障，是难以实现的。开展老年社会工作需要政府在人、财、物方面大量投入，而政府财政支出要受到社会经济发展水平的制约。此外，老年社会工作的开展也离不开企业、非营利组织、公民的积极参与，而他们的行动能力无疑也受制于经济条件。正因为如此，经济较发达的国家的老年社会工作才发展得相对迅速一些，而经济较为落后的国家的老年社会工作则发展缓慢，甚至还没有提上议事日程。

当然，经济的发展水平是老年社会工作发展的必要条件，而非充分条件。如果经济发展水平高，但不重视老年群体利益和生活质量的保障，其老年社会工作的发展水平也会较低。反之，在一个经济相对落后的国家或地区，若有强大的社会支持和完善的政策法规，其老年社会工作的水平也可能较高。可见，影响老年社会工作的因素除了经济发展水平以外，还有其他的条件。

（二）社会政策的完善程度

制定社会政策，是国家进行社会管理、推行社会福利和服务的基本手段。任何一个国家在发展中，总要订立社会发展的目标体系。社会政策就是目标体系的具体化。因此，社会政策所规定的任务、要求、目标会直接影响到某一群体和某一具体行业的兴衰与发展。例如，国家是否出台了针对一些特定群体的政策和法规，就直接影响到该群体的生存和发展。世界各国有关退休老年人、孤寡老年人、残疾老年人、高龄老年人的社会政策和法规，在帮助老年人走出困境、满足基本需要方面发挥出了很大的作用。老年人作为竞争能力较弱的群体，他们的福利保障水平的提高、生存条件的改善，都依赖于社会政策、相关法规的制定和实施。因此，社会政策与法律法规直接影响并指导着老年社会工作的开展。尤其是在我国，当前社会工作发展还存在着路径依赖的问题，社会工作主要依靠行政体系推动，在这种情况下，社会政策就成了影响老年社会工作的重要因素。

（三）文化传统与现实文化环境

文化传统以及现实的文化环境在很大程度上也会影响老年社会工作的发展进程，由于文化背景的不同，老年人的赡养方式、居住方式与人际交往方式都存在着一定的国别或地区差异，这就直接导致了在不同文化背景下各国老年社会工作的差别。有些西方国家比较崇尚“有独立才有尊严”的生活理念，无论是老年人还是年轻人都倾向于过一种较为独立的生活，因而并不特别强调子女对父母的照顾责任。同时老年人也倾向于自我负责和求助于专业组织，这就使得西方国家普遍建立了较为完善的养老服务体系，以解决老年人的种种需要。而中国传统文化提倡孝道，宣扬“老吾老以及人之老，幼吾幼以及人之幼”的推己及人的社会关怀，“百行孝为先”成为许多人的立身规范。在传统社会，老年人的赡养和照顾主要依靠家庭承担，“养儿防老”得到社会的普遍认同。直至今日，虽然家庭的养老功能已明显弱化，但主流舆论仍强调家庭的基础作用和主体地位，传统文化与社会心理的影响可见一斑。

第三节　老年社会工作的内涵、价值观与原则

一、老年社会工作的内涵

从个体的生命历程看，老年期是人生极为重要的一个阶段。在这个阶段，老年人的身心机能会逐渐老化和衰退，与此同时，他们会遇到退休、患病、丧亲等重要生活事件。在这样一个整合与失落相交织的时期，老年人自己要主动进行身心调适，但同时也需要来自外界的协助。特别是在人口老龄化形势严峻的今天，如何满足老年人在经济保障、卫生保健、社会服务、社会参与等方面的需求，已经成为一个备受关注的全球性话题。老年社会工作探讨的就是如何从社会工作的角度为老年人提供服务的问题。它是社会工作的分支学科，也是社会工作最重要的实务领域之一。

老年社会工作，顾名思义，就是针对老年人的问题与需要而提供的一种专业服

务。具体来说，它是指老年社会工作机构和老年社会工作者运用社会工作的专业理念、方法和技巧，为老年人及其家庭提供社会保障与社会服务，以协助老年人解决生理、精神、情感和经济等方面的问题，使老年人能够继续参与社会生活，幸福安度晚年。

对于这一概念，我们可从社会工作的使命来理解。

（1）社会工作的首要使命：促进个人身心健康。帮助有需要的人群挖掘自身潜能，使用社区资源以解决问题，以特别照顾弱势、受压迫和贫穷人群的需要。由于老年人较多属于这一人群，因此需要老年社会工作者的特别支持与照顾。社会工作的功能之一就是对个人的福利和社会整体福利的重视。社会工作的基本目标就是去帮助个人解决其生活问题及改善生活环境。

（2）社会工作专业的使命：促进社会公平正义。老年社会工作者陪同和代表案主，通过改变社会环境，促进社会公平正义。“案主”包括个人、家庭、团体、组织和社区。借助于社会工作的专业训练，老年社会工作者对社会环境及各种社会不公平正义的成因有深刻的认识，他们可以使用不同社会工作技能与方法，力求消除歧视、压迫、贫穷以及其他各种形式的社会不公平。

（3）社会工作者的使命：鼓励和促进老年人正视本身的需要。老年社会工作者同时力求促进社区组织和其他社会机构对个人需要和社会问题的正视。换言之，社会工作倡导有效益的社会政策和制度，倡导政策和制度改变，从而使大众因制度或环境的改变而受益。

二、老年社会工作的价值观

社会工作专业价值观：①为个人和社区提供服务；②维护社会公平正义；③维护个人尊严和价值；④了解人际关系的重要性；⑤诚信；⑥要有能力胜任工作。以上一系列的核心价值观反映了社会工作专业的独特之处。核心价值观及其应用的原则都要适用于不同的人和不同的处境。社会工作者的行为原则应取决于他们能否遵从有关伦理标准来行事。具体而言，社会工作者的价值观可以通过以下五个方面来体现。

1. 社会工作者对服务对象的看法

在实践中，社会工作者应将服务对象看作一个与自己有平等价值的人，是有潜力且有能动性的个体，社会工作者要充分相信服务对象自身所具有的优势，并在工作过程中注意倾听服务对象的声音，将他们视为合作伙伴，确立与服务对象的民主工作关系。

2. 社会工作者对专业实践的看法

社会工作者应坚持专业的立场，在实践中努力提高专业服务的质量，不断学习和充实专业理论、实践、技巧和知识，提高专业实践的效率和改善服务的效果，强化专业服务的标准，以达到为他人服务的目的。

3. 社会工作者对服务机构的看法

社会工作者应维护服务机构的政策、立场和管理规则，在社会服务过程中尽力做到公正合理地处理个人与机构的关系，尽自己最大的努力，尽量避免在外部对服务机构进行否定。

4. 社会工作者对公共福利发展的看法

在实践中，社会工作者应不断改进专业实践，提高专业服务水平，增进总体社会福利，在社会福利资源分配过程中，社会工作者要注重公平正义原则，对最不利的弱势人群的需要给予优先满足，社会工作者在推行社会政策和提供社会服务过程中，要坚持效率与平等兼顾，减少资源浪费，提高服务的效果，最大限度地满足服务对象的需要。

5. 社会工作者对社会发展与进步的看法

在实践中，社会工作者对社会前途和远景始终持积极乐观的态度，他们相信未来社会发展得更好，并愿意付出持续不断的努力，通过专业实践和服务推动社会进步的进程。

（一）老年社会工作价值观

老年社会工作者在遵循社会工作基本价值观的基础上，还要根据老年人的特点，遵循以下独特的老年社会工作价值观，主要包括以下方面。

（1）每一个老年人都有改变的能力和要求发展的内在潜能。

（2）每一个老年人都享有与他人同样的生存权利。

（3）每一个老年人都是一个独特的个体。

（4）每一个老年人都享有人的尊严，而且这种尊严必须受到尊重。

（5）每一个老年人都应该受到社会的关怀，尤其是受到贫困、饥饿、疾病和其他困难威胁的老年人更应该受到社会的重点照顾。

（6）每一个老年人都有权利享受经济、社会发展带来的成果。

（7）一个民主、理想的社会应该不断修订和完善有关老年人的社会政策与法律，为老年人的生存与发展提供良好的社会环境。

（8）在一个民主的社会里，每一个老年人都享有下列最基本的权利：生存权、健康权、教育权、居住权、休息权、选举权、参政权以及社会福利和人道主义服务的权利。

（二）老年社会工作的专业伦理操守

以下的伦理操守标准与老年社会工作的专业活动有密切关系。

1. 促进老年人的福利

老年社会工作者的首要责任是促进老年人的福利，并将老年人的利益放在首位。然而在个别情形下可能要以社会或法律上的责任取代以老年人福利为首位的准则，在这种情况下需要向老年人解释清楚。

2. 鼓励老年人享有自主权

老年社会工作者尊重和促进老年人自主的权利，并协助老年人确定和认清目标。然而，根据专业判断，老年人的行动可能会对其本人或他人构成严重而迫切性的威胁时，可能要限制老年人的自主权。例如，一名老年人意图自杀，老年社会工作者在尊重老年人自杀的意愿和尊重他的生命之间，也许需要违背当事人的意愿，选择通知警方或医院。

3. 提供充足数据以便老年人自主作出决定

老年社会工作者与受助者在知情和同意的前提下建立专业关系，并为老年人提供服务。须用清楚和易懂的语言，向老年人解释服务的目的、风险、限制和其他可行的服务选择。老年人有拒绝或撤回同意的权利，也有权决定同意的有效期限等。同时，须给予老年人提问的机会。假若老年人无法作出知情下的同意，为保障老年人的利益须获取老年人家人的认可批准并按老年人的理解能力向家人阐释。在此情况下，须确保家人是按照老年人的意愿和利益作出认可和批准的。

4. 照顾老年人，避免利益冲突

老年社会工作者须保持警觉，避免有可能影响专业决定和公平判断的利益冲突。当已知或有可能的利益冲突出现时，须知会老年人，并采取适当举措确保老年人的利益被置于首位，同时尽可能保障老年人的利益。在某些情况下，为保障老年人利益甚至需要中止双方之间的专业关系，并将老年人适当地转介给其他人。例如，老年人本身有严重精神问题，需要转介至精神病疗养院，老年社会工作机构应该尽快转介，从而使老年人尽早获得精神治疗。不应当利用任何专业关系或其他人，牟取个人或商业上的利益。

5. 保密

老年社会工作者必须尊重老年人的隐私权。不应该从老年人身上套取任何个人资料，除非相关数据对于提供服务和社会工作评估及研究有重要意义。一旦获悉任何个人资料被共同使用，保密标准实时生效。只可在有老年人或其法定代表人的同意下披露老年人的个人资料。除遇特殊情况，须将任何在提供专业服务过程期间所获得的资料保密。然而，若有需要披露数据以避免对老年人或他人造成严重、明显而迫切的伤害时，保密原则便不适用。在任何情况下，达成目的过程中应尽可能最少地披露个人资料；同时，只可披露有直接关联的数据。

6. 终止服务

老年社会工作者应采取合理措施，以避免放弃仍然需要服务的老年人。仅可在特别情况，并对该情形下各项因素有充分考虑和尽量减低可能出现的负面影响的前提下退出服务。同时，在此情形下须尽力协助促使服务的恢复。另外，当老年人不再需要服务和终止专业关系的时候，或此服务和关系不再符合老年人的需要或利益时，应及时终止。当预计将终止或中断对老年人的服务，必须立即知会老年人，并根据老年人的需要和选择将其转移、转介，或另行延续有关服务。老年社会工作者离开所服务的机构时，应告知老年人有关延续服务的选择和利弊。

三、老年社会工作的原则

社会工作是一个过程，在这个过程中，老年社会工作者不仅需要社会工作的价值观来指导工作，更需要用它来规范工作行为，保证服务品质和明确专业关系。经过长期的发展和实践，社会工作已经形成了一套社会工作实务原则，即接纳、非批判、个别化、保密、尊重、案主自决等。这些实务原则适用于社会工作所有的实务领域，所以也是老年社会工作的实务原则。

1. 接纳

接纳原则的精神在于尊重和接纳整体的个人，而不管他是什么人或做了什么事，但这并不意味着老年社会工作者要接受或赞同案主的行为及价值观。就老年社会工作而言，首先，接纳能帮助老年社会工作者理解真正的老年案主，从而使服务工作更有效。其次，老年社会工作者的接纳能帮助老年案主从自我防卫中解脱出来，这样案主会感到安全并能正视自己，看到真实的自己，因而能用更为现实的方式面对自身问题。

2. 非批判

所谓非批判就是指即便别人与自己的意见不一致甚至对立，也不加以抗拒和排斥。就老年社会工作而言，非批判的态度就是老年社会工作者凡事并不皆以自己的意见为唯一标准，也不对老年案主与己相左的观点或老年案主不合乎常规的行为表现加以拒斥。不过，对老年案主持非批判的态度，并不代表道德观念上模棱两可，而是尽力去理解老年案主行事作为的背后理由和原因。

3. 个别化

所谓个别化即世界上每一个人都是独一无二的，因此社会工作不能千篇一律地去看待和处理别人的遭遇及问题。就老年社会工作而言，老年社会工作者应该坚信每个老年人皆有独特之处，所以，他必须充分理解每一个老年案主的特殊性，并根据这种特殊性选择独一无二的介入策略和提供具有针对性的服务。

4. 保密

保密原则是指保守与案主有关的、在助人过程中透露给老年社会工作者的秘密资料。保守秘密能帮助案主透露生活中私隐的部分，而不必担心万一泄露出来他们的声望和地位受损。

5. 尊重

在社会工作实务中，避免以个人的或社会的流行价值对案主进行评判。尊重包含了两层含义：社会工作者应该避免把案主看成内疚的和无知的，社会工作助人的目的不是对案主进行惩罚或谴责而是为了促进对象的改变，所以，在工作中应该对案主给予足够的尊重。

6. 案主自决

案主自决在实践中被认为是案主可以自由地做选择、做决定的权利和需要。这一原则反映出的信念是案主有能力成长和改变，并能负责地使用自由权。

当然除了以上原则，还需根据老年人及老年期的特点坚持以下原则。

（1）秉承老年人可以成长和改变的观念。传统上，人们对老化常持负面的看法，印象中的老年形象十分刻板，如丑陋的、无牙的、失禁的、衰老的、糊涂的、无助的……在老年社会工作中，老年社会工作者需要面对的一个问题就是检视自己对老年人的态度。如果在观念上对老年人持排斥或否定的态度，那就无法从事老年社会工作。

老年人是不是只有困难、压力和适应不良？答案是否定的。因为，老年可以是人生的新阶段，许多年轻时无法做或没有时间去做的事情可以在这个阶段完成。老年人也可以继续成长。所以，在处理老年人问题时，老年社会工作者应尊重老年人继续成长和改变的权利。要通过提供各种机会，让老年人自我选择适当的生活方式，鼓励他们在一定范围内自我负责。老年社会工作者应尊重老年人自我选择、自我引导的权利，尽量让老年人以自己的方式去解决问题和适应环境。只有从观念上接纳并尊敬老年人，相信他们有能力改变自己的生活，才会有信心通过适当的协助去改变老年人的生存环境，提高他们的生活质量，使他们有一个幸福的晚年。

（2）承认老年人与社会整合的重要性。有些人认为，人要“服老”，年龄大了就应当缩小社会活动范围和空间，以免造成意外伤害。但是，应该看到许多老年人并不像我们想象的那样衰老、虚弱和无能。虽然，随着年龄的增长，老年人会遭遇身体机能的退化和损害，但是，这些并不是千篇一律地发生在每个老年人身上。所以，切不可受社会刻板印象的左右，阻断老年人与社会的联系。事实上，社会隔离给老年人带来的危险以及它对抑郁症、痴呆症、药物滥用和虐待老年人的影响是巨大的。老年人要想拥有良好的心态和社会适应能力，就需要保持与他人或事物的联系。当前，在老年学中，产出性老龄化（Productive Aging）正成为新的研究课题。产出性老龄化将老年人看作资源，而不是负担，鼓励老年人积极参与社会服务、自我供养，甚至是再就业。所以，切不可用某一固定的模式去设定老年人的生活。只要老年人愿意保持自己的活动性，希望参与社会，老年社会工作者就应该为他们创造机会和条件。只要老年人乐意走出家庭，就应该尊重、保障其社会活动权利。老年社会工作者应当看到老年人与社会互动的重要性。在处理有关老年人的问题时，结合老年人的个性特点和生活环境，促进老年人和社会之间的联系，防止老年人社会功能受损。

（3）心理协助和资源提供并举。社会角色的丧失、亲友的去世、时代的变化、代际冲突、疾病缠身等问题都会引起老年人的感怀伤神，使其出现各种心理问题。因此，老年社会工作者在协助老年人的过程中必须做好心理疏导工作。例如，提供哀伤辅导服务，进行危机干预，开展家庭治疗等以帮助他们适度宣泄不良情绪，缓解心理压力。除了心理协助外，社会工作者还应力争为老年人提供现实的资源。比如，对于行动不便的老年人需要安排交通工具和提供送食服务。对于身体状况不佳的老年人，要为其争取医疗补助和康复训练的机会。对于居无定所的老年人，老年社会工作者也要充分利用各种社会资源，以使老年人能够得到妥善的安置。所以，在为老年人提供服务时，应当力求心理协助和资源提供并举，以使老年人得到全面的帮助和关心。

（4）注重发挥老年人的社会功能。社会工作者应当看到，老年人社会功能的不良，有时候并不全是由老化引起的，能力不能充分发挥或者使用不当也是老年人功能受损的重要原因。所以，在协助老年人发挥其功能时，老年社会工作者应当注意：首先是让老年人对即将为其所做的服务有“参与感”，确保老年人有机会表达自己的思想和意见。近年来，在老年社会工作中，“充权”（Empowerment）已成为重要理念，它强调老年人的参与，以降低其无助感、无力感。其次是让老年人有自我选择的权利。老年人不愿一味听从别人的安排，他们也希望保持一定的自主性。因此，老年社会工作者不仅要相信老年人有能力作出决定，而且应积极鼓励老年人参与计划的制订与策略的选择。近年来，在老年社会服务中，“增加老年人选择生活方式的机会”已得到普遍认同。毕竟老年群体具有较高的异质性，增加老年人选择生活方式的机会和能力，可以协助他们寻找最适合自己的环境。

（5）工作细致、周到、有耐心。老年人有多种性格类型。有些老年人性格内向，寡言少语，尤其对不熟悉的人和环境有较强的防备心理。有些老年人可能过分关注自我，对老年社会工作者回应不足。而从事老年社会工作的又大多是中青年人，较难理解老年人的生活经历与独特的心理特点。因此，在开展老年社会工作时老年社会工作者不能以自己的行动能力、反应能力来要求老年人，更不能急于求成，应充分考虑到老年人的特点，在对老年人进行讲解、说明、劝导时，要有耐心，语气尽量委婉。必要时，可做多次说明以使老年人能够正确理解工作者的意图。开展活动时，要确保老年人在身体和心理上能够接受，并给予老年人细致、周到的照顾。此外，老年社会工作者还应多鼓励老年人，以帮助其建立自信。只有这样，才有可能与老年人建立良好的专业关系，达到社会工作的助人目的。

四、老年社会工作的困扰

老年社会工作的对象主要是老年人及其家人，由于老年人的生理、心理状况以及社会处境的特殊性，使得老年社会工作者会遇到许多困扰。

（一）社会价值观可能影响老年社会工作者的态度和行为

社会中对老年人常会有贬损的看法，老年社会工作者又常常接触老年人中境遇最差或伤残最严重的群体，这些人大多体弱多病，生活在重压之下。因此，尽管接受社会工作服务的老年人数量在老年人口中所占的比例并不高，但老年社会工作者根据自己的经验仍可能形成对老年人消极的看法。整体而言，社会上许多人对正常的衰老有恐惧和误解，对老年人群体抱有偏见。老年社会工作者可能会不自觉地产生对老年人的刻板看法，并将其纳入到自己的价值系统中。他们可能会认为老年社会工作没有成就感，因而在工作中对老年人表现出厌恶、歧视、不耐烦。对老年人的歧视还会影响老年服务计划的制订，并造成应有服务的缺失。

（二）反移情是老年社会工作者的重要课题

做老年社会工作时，老年社会工作者既可能受刻板印象的影响，对老年人缺乏耐心和关怀，也可能会出现“反移情”，即对老年人过度保护。国外有学者提出了“弥赛亚情结”，意指当面对一个丧失生理、心理和社会多重功能的老年人时，老年社会工作者感到有压力，因而一再要求自己“做点好事”“让事情好一些”。当无法缓解老年人多重功能丧失的状况时，同情就变成了怜悯，助人工作便会失去成效。当挽救老年人的努力失败后，老年社会工作者又容易把挫折感转化为对老年人的愤怒和敌意。注意反移情问题，时常反思自己对老年人的反应，对从事老年社会工作来说很重要。

（三）老年社会工作者要加强自我意识与自我督导

同老年人打交道会常常让老年社会工作者感到命运无常，造化弄人。当事人经历的丧失和死亡，必然会让老年社会工作者联想到自己将来也要经历这一切，因而感到痛苦。有时甚至害怕个案辅导还没有做完，老年人就可能与世长辞。这样的情形会给老年社会工作者带来很大的心理压力，使之感到自责或力不从心。所以在做老年人辅导工作时，老年社会工作者应该审视自己对老年人、对疾痛和死亡的感受。如果这些感受来自过去的生活经验和遭遇，老年社会工作者首先要把自己的问题处理好。

五、老年社会工作者的素质

在助人活动中，老年社会工作者是提供服务的一方，是促成改变的媒介系统。在老年社会工作中，老年社会工作者扮演着服务者、支持者、促进者、管理者、政策影响者等多种角色。这些角色期待以及老年群体的特殊性都对老年社会工作者提出了较高的素质要求。

（一）职业道德素质

职业道德是人在职业活动中遵循的行为规范，包括职业态度、职业责任、职业纪律、职业良心等。职业态度是社会工作价值观的外在体现。老年社会工作的价值观，如相信每个老年人都是独特的，老年人享有与他人同样的生存权，老年人应受到尊重等，都要求老年社会工作者必须敬业，尊重服务对象，按照社会工作者的伦理道德从业。从职业责任的角度看，老年社会工作是面向老年人的社会服务活动，承担着增进老年人的社会功能、协助老年人获取资源、反映老年人的需求并促进老年人与环境间的互动等功能。老年社会工作者要尽职尽责地履行自己的职业责任，承担起对老年人的协助责任。

职业纪律是对职业行为的一种约束，要求从业者在职业活动中必须严格按照一定的规范去行使责任。在社会工作职业化的国家和地区，从业者必须受到行业纪律或相关规定的制约。比如，不得无故泄露当事人的秘密，要留存工作记录，要遵守社会工作师工会、联合会制定的伦理守则等。就职业良心来说，它是人们在内心深处对于职业活动中的善恶是非的评判，对于人们的行为起着重要的调节作用。老年社会工作的职业良心中最为核心的地方就在于要从服务对象出发，尽心尽责地做好服务，不能损害服务对象的利益、尊严和权利。

（二）老年社会工作者的知识要求

1. 要有广博的基础知识

老年社会工作者不但要精通本专业的知识以处理专业性的问题，而且要更多地了解其他的技术性知识以增强其适应性，处理各种复杂的新问题，包括社会学、心理学、经济学、法学、教育学、医学等学科。

2. 要有适应岗位需要的专业知识

不同岗位需要的专业知识是不一样的。例如，从事一线服务的老年社会工作者应该具备生理学、心理学、医学等相关知识，从事社会工作行政管理的人员应该具备管理学的知识等。

（三）老年社会工作者的能力要求

1. 职业能力

老年社会工作者要熟悉与社会工作业务相关的法律法规政策和行业管理规定，掌握基本的社会工作专业知识，能够与各类服务对象建立专业服务关系，对服务对象的问题做出预估，制定服务计划和服务协议，独立接案、结案，并提供跟进服务，能够跟进服务计划，运用专业方法和技术协助服务对象解决问题。

2. 沟通能力

老年社会工作者必须具备较强的沟通能力，随着老年社会的来临，老年人的精神生活日益丰富、多样化，就要求老年社会工作者在开展工作时，要与时俱进，与老年人进行有效沟通。

3. 组织协调能力

老年社会工作者在组织小组活动的时候，要运用团体动力学理论，将有共同需要的对象组织联系起来进行活动；在做社区工作时，要将不同社区里的老年人组织联系起来进行活动。

4. 决断能力

老年社会工作要在基本模式的指导下，按照不同人的基本情况，实事求是地采取有差别性的处理方法。

【复习思考题】

1. 简述失能者、健康老龄化、积极老龄化、老年社会工作的概念。
2. 简述老年社会工作的目标、服务对象和内容。
3. 简述老年社会工作的功能与模式。
4. 试分析老年社会工作目前遇到的困扰。

第二章

老年社会工作的社会心理学基础知识

学习目标

1. 掌握主干家庭、代沟、需要层次理论、需求理论的概念。
2. 掌握家庭变化对老年人产生的影响。
3. 理解老年人常见的心理疾病及其表现症状、老年社会参与的方法。
4. 了解老年人心理健康的标准及影响其心理变化的因素。

第一节　老年社会工作的社会学基础知识

老龄化问题作为当今的全球性问题，引起了各国的广泛重视。随着人类寿命的不断延长，很多老年人可以活到90岁以上，甚至100岁。这样，老年人口中实际上可以再进一步划分为两类人群。一类是60～80岁的老年人，这部分老年人大多有一定的自我照顾能力；另一类是80岁以上的老年人，这部分老年人多数患有不同的慢性病，如关节炎、心脏病、高血压、骨质疏松症、老年痴呆症、大小便失禁以及听力与视力的障碍等。除高龄老年人外，研究表明，女性老年人、患病老年人、残障老年人、贫困老年人、临终老年人等都是老年群体中的弱势群体，这些老年人更需要有他人的照顾。

老龄化问题是社会学的主要研究问题，其根本是需求问题，即需求不能得到满足的问题。结合马斯洛需求理论，老年人的需求结构可以分为五个层面：第一层面，老有所养、老有所助、老有所医的需求，即满足老年人在衣食住行以及健康、卫生和安全等方面的最基本的生存和安全需求；第二层面，老有所爱、老有所伴的需求，即要满足老年人在亲情伦理和情感生活的感情需求；第三层面，老有所乐、老有所亲、老有所学和老有所美的需求，即要满足老年人在娱乐、社交、求知、爱美等方面的充实自我、张扬自我和肯定自我的发展需求；第四层面，老有所为、老有所用、老有所成的需求，即要满足老年人在自我实现方面的价值需求；第五层面，老有善终的需求，即要满足老年人在人生最后阶段的归宿需求。了解老年人的需求结构有助于了解老龄化问题的具体表现。本节主要谈论老年人的婚姻、家庭以及老年人社会参与问题。

一、老年婚姻和婚姻生活

（一）从家庭生命周期看老年婚姻生活

从时间顺序来看，家庭是有生命周期的，是一个从发生到结束的动态过程。从存在的形态来看，在每个发展阶段，家庭所处的生理、心理和社会环境各不相同，因此，所面临的问题也各不相同。个人出生后，都要依次经历生命的不同阶段，学者们最常用的划分方式是四个阶段：建立期，繁殖期，空巢期和完结期。即按一定的程序经历生命事件（如出生、上学、工作、结婚、生育、退休、死亡等）的生命过程就叫“生命周期”。家庭与人的生命一样，也会经历不同的阶段，老年人在家庭生命周期中一般处于空巢期与完结期，这两个的不同阶段的老年婚姻特点如下。

空巢期——子女全部离开家庭，只剩下老年父母。空巢家庭是家庭生命周期中的第三个阶段，即指子女长大后从父母家庭中相继分离出去后，只剩下老年一代人独自生活，就像小鸟长大远走高飞，巢穴中再也没有嗷嗷待哺的雏鸟。按照中国目前的平均寿命69岁来计算，现在的夫妻在空巢期阶段将经历差不多20年的时间。在这个阶段，夫妻将面临这些问题：适应孩子离家独立生活，与子女在感情上的疏远，家庭关系由坐标式的立体关系回到了横向的夫妻关系。随着子女的结婚生育，夫妻的角色又会由父母上升为祖父母角色。

在适应了这些变化之后，夫妻又要面临和适应自己社会角色的变化，即从一个工作者变成一个“无业”人员。进入退休年龄之后，需要调整自己的心态，适应这种变化，建立一个丰富多彩的退休生活，成为空巢婚姻中的主要任务。

完结期——从夫妇一方死亡到另一方死亡为止。这个阶段的长短取决于夫妻的健康状况。一般来讲，女性的平均寿命长于男性，因此，在很多家庭中是丈夫先于妻子离开人世，在丈夫离开人世后，妻子要面临丧亲的痛苦和晚年生活的孤独、病痛以及生活自理困难。由于期望寿命的性别差异，该阶段女性老年人比例要高于男性老年人，该阶段老年人家庭更需要社会支援。

从家庭生命周期看，空巢期、完结期对老年人来说是两个重要阶段。子女长大，成家立业，新家庭诞生与原家庭分离，意味着原家庭走向衰落。子女结婚生育，增添了当父母的新角色，老年夫妇的父母角色却因子女离家而失去，子女离家带走了父母对自己骨肉的爱，给父母留下孤独感。因此如何满足老年人的需求，让其顺利地度过空巢期和完结期，不仅是老年人面临的重要问题，也是社会和社会工作机构、老龄问题研究人员需要研究的重要问题。

（二）婚姻对老年人生活的重要性

老年人的生活要过得幸福、充实，除了一定的经济保障，身体健康或无重大疾病，有若干的知心朋友，与家庭人际关系协调和睦等以外，婚姻的作用也是无可替代的，美满婚姻对提高老年人晚年生活质量具有重要的意义。

1. 老年婚姻是老年人家庭关系的基础

对于老年夫妇而言，老年婚姻关系经历了结婚、生育和抚养后代的过程，已经进入家庭生命周期的最后阶段，这是由于老年家庭的社会功能变化较大，如人口再生产功能已不复存在了，教育功能也相应减退了，社会交往功能也随着年老退休而大为削弱，家庭的感情功能却由于老年夫妇逐渐或相继退出社会工作圈，子女也已离开另立家庭从而变得较为突出。老年婚姻关系作为老年夫妇感情的重要维系，必然成为老年家庭的基础。

2. 老年婚姻是老年人生命过程中的重要支柱

老年是人的生命周期的最后阶段。从退休至死亡，一般约 20 年的时间，这一时期的老年人的社会角色变迁和年龄变动较大，将面临一系列心理和生理的不平衡问题需要调适。而老年婚姻关系，特别是其中居于核心地位的老年爱情维系，是调整老年人口心理失衡的可靠良药。老年婚姻中自然和社会的内容，会逐渐转变为以相互调适生理和心理状态为主，进而适应老年阶段的需要。这种历经人生的磨难和考验，互谅互信而获得的爱情硕果对老年夫妇来说是异常珍贵的。所以说，美满的婚姻是老年人生命过程中极为重要的支柱。

3. 老年婚烟有利于老年人身体健康和心情愉悦

根据国外老年人问题专家的研究，有 36% 的单身老年人在结婚交友前希望早日了此残生；而找到对象和结婚之后，这一比例几乎降到了零。不少老年人都自我感觉“返老还童”了，“皮肤光洁”了，“不再受病魔折磨”了，“生活得更有活力”了。可见美满的婚姻是提高老年人生存意义与生活质量的“灵丹妙药”，有利于老年人身体的健康。

总之，老年婚姻在老年人生活中的地位在某种意义上比中青年时期更为重要。当前社会，尤其是在城市中，有很多中青年并不重视婚姻；即使是重视者，对配偶的依赖性较老年人来说也弱得多，那份恩爱毕竟没有经过太多岁月的积累，生离死别之时的痛楚也没有那么刻骨铭心。几十年的相濡以沫会沉淀一种巨大的力量，这种力量平时淹没在琐碎的生活中，只有在失去时才会爆发出来，给人以致命打击。对老年人来说，一旦失去配偶，疾病衰老都将会接踵而至。因此，老年人的婚姻问题，不仅关系到老年人的生活质量与欢乐，也是影响老年人健康长寿的重要因素。

二、老年家庭结构和家庭关系

（一）家庭结构类型

老年人的家庭结构，主要指老年人家庭的人数构成和代际组合，家庭结构的差别不仅在一定程度上决定了家庭中的人际关系和养老方式，而且家庭结构的状况对家庭成员的精神和心理也会产生很大的影响，特别是对老年人来说，影响尤其明显。因而，考察老年家庭问题，首先要分析其家庭结构状况。

对于家庭类型的划分，社会学上依照不同的标准，有几种划分方法：如按照家庭中的代际层次，可以划分为一代家庭、两代家庭、多代家庭等；按照家庭中的权利，可以划分为母权家庭、父权家庭、平权家庭等；还可以从家庭结构、家庭成员的组合形式及其相互作用形成的关系状态角度分为核心家庭、主干家庭、联合家庭、单身家庭和其他家庭。社会学家通常以家庭成员的身份作为分类的标准，将家庭分为以下五种结构类型。

（1）核心家庭，指由父母与未成婚子女组成的家庭。

（2）主干家庭，指由父母与一对成婚子或女（媳或婿）及孙子女组成的家庭。

（3）联合家庭，指由父母与两对及以上成婚子女及孙子女组成的家庭。

（4）单身家庭，指因丧偶、离异、未婚而一个人生活的家庭。

（5）其他家庭，指前四种类型不包括的，如祖孙同居的隔代家庭或非血缘家庭等。

（二）我国老年家庭结构

（1）老年家庭结构不是一成不变的，而是顺应老年期生理、心理、社会各方面的变化处于动态平衡中。

（2）家庭养老的功能仍在发挥举足轻重的作用，特别是当老年人进入高龄期，大多数老年人依赖于子女的照顾。

（3）老年人独立意识增强，80 岁以下老年人与子女分开居住的占很大比例，而且变动不大。

（三）老年家庭关系

家庭关系是指一个家庭内各成员之间的人际关系。包括姻缘关系如夫妻关系、血缘关系如父子母女关系、姻缘血缘掺半关系如婆媳、翁婿关系。家庭成员之间的种种关系，使之有着深厚的感情联系如亲子之情、夫妻之情；有着密切的经济联系如同居共财；有着牢固的法律联系如法定的抚养、教养、赡养权利义务。家庭关系的好坏受家庭结构、家庭人口数的影响。我国著名的社会学家费孝通说，父、母、子三个点连成一个三角形，家庭关系就稳固了。美国社会学家波沙提出家庭互动定律，认为家庭人数是以代数级数增长的，而家庭关系却是以几何级数增长的，两个家庭成员只有一种关系，三个成员有三种关系，五个成员就有十种关系，如有七个成员，那就存在十一种关系。家里人越多关系越复杂，当然家庭关系的好坏不取决于人数的多少，更多地在于成员之间的感情基础和道德水准。

1. 老年夫妻关系

夫妻关系是男女基于合法婚姻所结合的配偶关系，它是一切家庭关系的前提和基础，也是现代家庭中的核心。夫妻关系涵盖许多具体关系，比如夫妻财产关系、夫妻权利关系、夫妻道德关系、夫妻感情关系、夫妻性生活关系等。老年夫妻真正称得上"白头偕老"，经过几十年的风风雨雨，打上岁月的印迹，呈现出老来情比少时浓的特有风格。老年夫妻在长期的共同生活中，相濡以沫、相依为命，彼此间建立了诚挚深厚的感情。

夫妻恩爱，家庭就成为幸福的港湾。人到晚年对家庭的依赖日趋增大，所以幸福港湾对于老年人健康长寿有着无法替代的重要意义。现代医学已经证明，夫妻恩爱，会使对方心境恬美，情绪良好，生活幸福，能促使体内激素酶和乙酰胆碱等物质分泌增加。这些物质能把体内血液的流量和神经细胞的兴奋程度调节到最佳状态。相反，夫妻关系紧张，整天闷闷不乐，郁郁寡欢，就会使这些物质分泌紊乱。破坏人体内的生物平衡，必然损害健康，诱发疾病。

当然老年夫妻相处也有不利因素，如一方的过度行为，有个别老年人以自我为中心，只关心自己，忽视老伴的利益和兴趣，甚至把对方当作自己使唤的工具。随着年龄增长，周围环境及生理变化，老年人心理、性格相应发生变化，会产生一些新问题，如女性更年期常感心情烦躁、忧郁、多疑、易怒。性生活发生变化，随着年岁增长，性要求降低，但双方衰退过程存在差异。

2. 亲子关系

父母与子女是割舍不断的血缘关系，依靠亲子间的血统相承，人类得以延续，生命得以延传。抚养和赡养关系是亲子关系的核心，它使有限的生命赋予了无限的意义。子女对老年父母是否孝顺，是老年人自我评价晚年生活幸福感的重要衡量指标。

（1）东西方文化背景下的家庭代际关系。由于东西方文化价值观的不同，家庭代际关系也存在较大的差异。比如在美国，独立自主、自力更生的精神从美国开拓时期就强调并一直延续到现在，它渗透到老百姓的日常生活中，成为一种社会精神。老年人退出劳动岗位后靠社会供养，法律上不规定子女一定要赡养老年人，老年人也信奉“万事不求人”，尽可能保持独立。在西方许多国家大学生边打工边读书的情况比比皆是，而不像我国父母支付子女教育费用一般要持续到大学毕业。在西方，青年人结婚、买房子、买车子一般都靠银行贷款，小夫妻俩逐年偿还，他们大都不讲究装潢，家居用具量力而行，逐年添置。而我国青年人结婚成家，购房装修一般是依靠“赞助”，一步到位。当然西方国家子女离家早，独立意识是增强了，也产生了另一方面的问题，如两代人关系疏远淡漠，以至于父母年迈体弱需要照顾时，子女责任感较弱，老年人时常感到孤独无援。

（2）“代沟”问题。“代沟”一词来源于美国文化人类学家玛格丽特·米德所著的《文化与承诺》一书，是指两代人之间在价值观念、生活态度以及兴趣爱好等方面的差别。从广义上讲，是社会中青年一代与老一代之间的冲突；从狭义上讲，是家庭内部两代人之间的冲突。在我国，代沟表现在三方面：思想和道德观念上的差异，生活方式上的差异以及消费观念和消费方式上的差异。

掌握代际相处的艺术，对实现家庭幸福来说是十分必要的。从老年人方面来说，要注意处理好以下几个问题。

第一，正视家庭主轴转换。传统家庭中起主轴作用、最亲密的是亲子关系。在现代家庭中起主轴作用、最亲密的是夫妻关系。有些老年人对这种社会变迁心理准备不足，他们一如既往地重子孙、轻自身，含辛茹苦，竭尽全力为子女创造良好的生活环境，把子女培养成人。在教育青年人增强赡养老年人意识的同时，老年人也有必要更新观念，顺应家庭主轴关系的变迁，将注意焦点转移到自己和老伴身上。

第二，尊重子女独立人格。如果老年父母意识到这一点，尊重子女的个人意愿，给予青年人自由发展的空间，那么代际之间关系比较容易相处，如果把子女当作未成熟的孩子看待，总想介入他们的生活，总想以自己的经验指导他们，反而会受到成年子女的抵制甚至引起反感。时时刻刻要求孩子在自己设定的框架内活动，子女就会想方设法远离父母的控制，代际之间难以保持亲近关系。父母还要善于发现子女的优点，即便是子女有缺点失误也要注意批评方式和方法，要爱护孩子的自尊心，不要过分强调个人意志，引起子女的逆反心理。

第三，发挥“距离效应”。父母与子女亲密有间、疏而有度是家庭成员之间的一种生活艺术。适当保持距离，老年人可与青年人分开居住。父母子女之间有血缘纽带，适当的距离反而会增强彼此的吸引力，这就是“远距离亲近”的距离效应。保持距离并不是说不要往来，老年父母健在，是家庭的凝聚力。常回家看看是小辈孝敬老年人的体现，也是老年人的企盼。

第四，善于处理家庭中的婆媳关系问题。在我国有从夫居的习惯，婆媳朝夕相处，发生摩擦的机会多，容易产生婆媳问题。而且婆媳关系是在没有感情基础上建立的，比较脆弱，经不起挫折，所以小矛盾也可能酿成大问题。同时婆媳之间存在的“代沟”及经济利益，家务处理意见的相左也会导致婆媳关系紧张。

三、老年社会参与

从广义上讲，老年人以各种形式保持与社会的联系，都称为老年社会参与。从狭义上讲，老年社会参与是指老年人参与社会发展。即指我国老年工作者倡导的“老有所为”，包括老年人再就业、老年人力资源开发、老年人才开发等。

（一）老年人社会参与的意义

1. 促进老年人社会参与是实现“生产性老龄化”的基础

“生产性老龄化”是基于老年人的自我价值实现的需求而提出的，其目的是将老年人的健康资源和能力资源进行生产性的转化，使之在健康自乐的同时，既能增强自己在经济上的保障能力，同时也能为国家的经济建设和社会进步贡献新的力量，充分发挥老年人在生产建设中的特殊作用。只有为老年人创造较多的社会参与机会，为其搭建社会参与的平台，老年人的社会价值才能显示出来，才能有效构建“生产性老龄化”社会。与此同时，整个社会在“生产性老龄化”的推动下去实现人的全面发展。代际之间的公平公正以及人口与政治、经济、文化、生态全面的协调发展，足够的社会参与有助于老年人进一步认识自身价值，挖掘自身潜力，追求理想抱负，发挥聪明才智，实现自我发展。

2. 促进老年人社会参与有利于保持社会、经济的可持续发展

迅速膨胀的老龄人口群体意味着老年人口赡养比的上升和老年社会负担的加重，可能出现高级人才短缺和年龄结构断层的矛盾。老年人实现社会参与，老年人力资本被激活，不仅可以帮助老年人的家庭摆脱传统的养老困境，减轻中青年的养老负担和角色冲突，还可以构建互助互惠、互敬互重的理想的代际关系。通过老年人在社会和家庭双重的价值实现来发挥老年人的积极作用，增进社会财富的总量、可持续发展的人力开发和能力建设，有助于促进社会良性运行，经济快速发展。

（二）老年人社会参与的途径

积极寻找各种渠道，以自己的能力、智慧、技术专长和知识，继续为社会、为家庭创造物质财富。一是从事咨询和调查研究活动，充当各级政府部门的顾问，为领导决策或某项工作进行可行性研究论证，提出参谋意见或建议。二是参与社区内的服务性工作或是应聘到老年经济实体工作。三是著书立说。有文化的老年人可以

选择在科学、文学艺术、政治、经济等领域进行理论研究、著书立说。四是教书育人。把自己所掌握的知识、专业技能等传授给青年一代，为我国社会主义建设培养人才。五是从事技术服务，以自己的技术服务于社会。

总之，老年人退休后应依然怀着对生活、对社会的热爱和责任，力所能及地参与社会的发展。我们应该大力提倡老年人发挥余热，以促进社会的发展。

第二节　老年社会工作的心理学基础知识

一、老年人的心理变化

著名心理学家埃里克森（Erikson）的成长理论认为，如果人要成功地从生活的一个阶段转换到另一个阶段，一定要达成相应阶段的心理成长任务，否则会产生心理危机。该理论认为在整个生命周期中性格是动态发展的，符合人与环境的互动模式。假设随着年龄增长，人们在认知和情感上与更广泛的社交圈交往的能力不断增强，那么每下一个成长阶段到来之前都要求个人在认知和情感上有进一步的发展。

在生命的最后阶段，老年人接受了死亡是不可避免的现实，这时老年人的心理成长任务要发展内心智慧与洞察力来建立成熟的自我整合。与此同时，老年人有帮助年轻人的需要，所以老年人参与志愿服务、照顾家人或社区中有需要的人完全是他们心理的需要，老年人也特别需要在生命生活中寻找意义，如果他们没有能力达成这些成长的心理任务，他们会因为生命停滞不前而感到绝望，最后一个成长阶段的主要任务是整合先前的经历，并认识到自己已经实现了人的生命意义，无须从社会标准看其这一生是否是“成功的”，所有经历都是值得的。从心理上讲，老年人若感觉自我效能高、解决问题能力强、能成功地应付老年化，他们就会有较高的生活满意度。

二、影响老年人心理变化的因素

（一）老年人的角色转变

步入晚年，老年人的角色将发生重要变化。这种变化的总趋势是：社会关系越来越少，角色越来越单一。这种变化给老年人造成了心理冲击，使其面临重新定位、社会适应和心理调适等问题。

1. 从职业角色转变为赋闲角色

对于老年人而言，退休是生活的转折点，是一种社会标志。退休意味着老年人失去了自己的职业角色。忙碌的工作已不再是生活的一部分，突然增多的闲暇让一些老年人觉得生活没有了规律，令一些老年人感到生活没有目标、意义，甚至会出现角色冲突或退休综合征。

2. 从主体角色转变为依赖角色

对于一些老年人而言，晚年不仅意味着社会地位的边缘化，也意味着家庭主导地位的丧失。随着子女步入成年，老年人发现他们已经不能再安排或影响子女的生活，甚至代与代之间在价值观、处事方式等方面会存在明显的分歧。此外，随着年龄的增长，老年人在日常生活方面也会更多地依靠子女。这些都增加了老年人的失落感和挫折感。

3. 从配偶角色转变为单身角色

对于很多老年人而言，晚年还意味着将失去配偶。这种由配偶角色到单身角色的转变可能会使其生活发生重大改变，会对老年人产生重要影响。有研究发现，老年人在配偶去世的第一年里死亡的概率很高，约为配偶健在的老年人的10倍。很多老年人在配偶去世后健康状况会明显下降。如果说从职业角色转变为赋闲角色是老年期第一次心理冲击，那么失去共同生活了多年的伴侣则是老年人不得不面对的第二次心理冲击。

（二）老年人的人际关系

1. 与配偶的关系

俗话说“少年夫妻老来伴”，配偶是老年人最为重要的支持资源。但是，老年夫妇能否相濡以沫、共度余生，既取决于既往的感情基础，也受制于当前的互动模式。如果老年夫妻不能妥善地处理婚姻中积累的矛盾和冲突，或者不注重相互沟通、相互体谅，晚年的婚姻生活可能就不会美满。一般来说，大部分人到了老年阶段都会有三十多年的婚龄，处于婚姻的成熟期。婚姻的成熟期有其自身的特点和任务，老年人必须根据生活的改变调整夫妻关系。如果老年人仍然固守着旧的行为模式，可能会带来双方关系的紧张感。

2. 与子女的关系

相对于夫妻关系，代际关系更显复杂。由于代沟的存在，老年人与子女之间会在价值观念、待人接物方面存在分歧。这会影响老年人的心态。当老年父母需要子女的协助时，成年子女正处于困扰最多的人生阶段，常常无暇关注父母的感受。这种对父母的疏忽也常使老年人处于沮丧之中。如果老年人与子女之间存在未妥善处理的问题，可能加剧代际关系的恶化。

3. 与他人的关系

对于老年人来说，充实、愉快的晚年生活意味着有一定的社会交往。例如，与同事、朋友、邻居等互相走动，在交往中获得信息、得到安慰、发展技能。当然，并不是每个老年人都能获得良好的人际关系。有些老年人因为孤僻、多疑、嫉妒等自身原因而得不到他人的认可。不良的人际关系会加剧老年人的负面感受，影响其身心健康。

（三）老年人对老化的认识

老年人对老化的认识分为两个方面：对疾病的认知和对待死亡的态度。当我们和老年人聊天时，常常会发现他们的主要话题就是健康问题。体弱多病是老年人逐渐脱离社会的主要原因，而老年人的疾病又以一些慢性病为主，如糖尿病、支气管炎、高血脂、冠心病等。这些疾病需要长期服用药物加以控制和治疗，同时还需要家庭能给予其经济和情感方面的帮助。由于每个人对待疾病的态度不同，自然带来不同的社会适应结果。老年人面对死亡问题包括亲友的死亡和自己的死亡两个方面。老年人所面对的最大的情绪问题是死别，亲友的离去会让老年人感到悲伤、孤单、痛苦，有些老年人会变得退缩，不愿与他人接触，甚至与社会隔离。同时，随着年龄的增长，老年人自身也会经常思考死亡问题，而这些思考常常伴随着对疾病的担忧和对死亡的恐惧。

（四）社会环境因素

社会环境对老年人心理的影响体现在以下几方面：其一是社会对待老年人的态度。如果社会有着关心、爱护、尊重老年人的良好风气，就有利于老年人积极心理的形成。其二是老年人对社会风气的认识。如贫富差距拉大、道德滑坡等，面对这些现象，有的老年人会失去心理平衡。其三是老年人可获得的社会福利状况。现实的社会福利状况决定了老年福利的水平和选择模式，也是影响老年人晚年生活的重要因素。随着我国经济社会的快速发展，老年社会福利水平有了显著改善。如养老保障体系逐步完善、养老保险覆盖面不断扩大、基本医疗保险制度得以确立、社区为老服务业发展迅速等，这些都在一定程度上影响着老年人的生活和心态。

三、老年人常见心理疾病

（一）老年人心理健康的标准

良好的心理素质有益于增强体质，提高抗病能力。老年人心理健康的 10 条标准如下。

1. 充分的安全感

安全感需要多层次的环境条件，如社会环境、自然环境、工作环境、家庭环境等，其中家庭环境对安全感的影响最为重要。

2. 充分了解自己

充分了解自己指能够客观分析自己的能力，并能做出恰如其分的判断。能否对自己的能力做出客观正确的判断，对自身的情绪有很大的影响。过高地估计自己的能力，勉强去做超过自己能力的事情，常常会遭受失败的打击；过低地估计自己的能力，缺乏自信心，常常会产生抑郁情绪。

3. 生活目标切合实际

老年人要根据自己的经济能力、家庭条件及相应的社会环境来制定生活目标。生活目标的制定既要符合实际，又要留有余地，不要超出自己及家庭经济能力的范围。

4. 与外界环境保持接触

与外界环境保持良好的接触一方面可以丰富自己的精神生活，另一方面可以及时调整自己的行为，以便更好地适应环境。与外界环境保持接触包括与自然、社会和人的接触。

5. 保持个性完整与和谐

能力、兴趣、性格与气质等和谐统一，人们才能体验出幸福感和满足感。如果老年人的能力很强，但对其退休后的生活无兴趣，那么就不能够体验成功感和满足感。同样，如果老年人对退休后的生活感兴趣，但力不从心，也会感到很烦恼。

6. 具有一定的学习能力

在现代社会中，为了适应新的生活方式，就必须不断学习。学习可以锻炼老年人的记忆和思维能力，对于预防脑功能减退和老年痴呆有益。

7. 保持良好的人际关系

人际关系的形成包括认知、情感、行为三个方面的心理因素。情感方面的联系是人际关系的主要特征。在人际关系中，有正面积极的关系，也有负面消极的关系，而人际关系的协调与否，对人的心理健康有很大的影响。

8. 适度表达与控制自己的情绪

对不愉快的情绪必须释放或宣泄，但不能过分，否则既影响自己的生活，又加剧了人际矛盾。另外，客观事物不是决定情绪的主要因素，情绪是通过人们对事物的评价而产生的，不同的评价结果引起不同的情绪反应。

9. 有限度地发挥自己的才能与兴趣爱好

一个人的才能与兴趣爱好应该对自己有利，对家庭有利，对社会有利。否则只顾发挥自己的才能和兴趣，而损害了他人或团体的利益，就会引起人际纠纷而增添不必要的烦恼。

10. 个人的合理需求得到一定程度的满足

当个人的需求能够得到满足时，就会产生愉快感和幸福感。但人的需求往往是无止境的，在法律与道德的规范下，满足个人合理需求为最佳的选择。

（二）老年人常见的心理疾病

1. 离退休综合征

所谓离退休综合征是指老年人由于离退休后不能适应新的社会角色、生活环境和生活方式的变化而出现的抑郁、焦虑、悲观、恐惧等消极情绪，或由此而产生偏离常态行为的一种适应性心理障碍。患有老年离退休综合征者，主要表现：①坐卧不安、行事犹豫、不知所措，甚至出现强迫性定向行为。②性情变化明显，易急躁和发脾气，对任何事情都不满意。③情绪抑郁，有些人伴有失眠、多梦、心悸等症状。一般而言，事业心强、好胜、偏激、固执的人发病率比较高，无心理准备而突然退下来的人发病率较高且症状严重。

对于老年人而言，防治离退休综合征要做到：①调整心态。老年人应在心理上认识和接受“退休”这一事实，将离退休生活视为另一种人生的开始，努力适应离退休带来的各种变化。②发挥余热。如果身体健康、精力充沛，老年人可以寻找机会参与社会。这样一方面可以发挥余热，实现自我价值，另一方面也能够使自己在精神上有所寄托。③培养爱好。如写字、作画、下棋等，这样既可以排解寂寞，又有利于愉悦身心。④建立良好的人际关系。人际交往可以开拓生活领域，增添生活情趣。因此，老年人退休后不宜自我封闭，而应该拓展自己的人际关系网络。⑤辅以必要的药物和心理治疗。老年人出现身体不适、心情不佳、情绪低落时，应该主动寻求帮助。对于患有严重的焦虑和失眠的离退休综合征的老年人，必要时可在医生的指导下适当服用药物，或接受心理治疗。

2. 老年抑郁症

抑郁是一种由忧愁、悲伤、颓废和消沉等多种负面情绪综合而成的心理状态，它已成为现在威胁人类健康的第二大杀手，仅次于心脏病。其中，老年人又是抑郁症发生的高危群体。老年抑郁的表现症状主要有：①持续性的情绪低落。②对平素喜欢的事物失去兴趣。③对工作、生活等缺乏动力。④反应迟缓，注意力分散，疲劳无力。⑤有强烈的负罪感、无助感，甚至有自杀的念头。⑥出现睡眠障碍，胃口、体重等发生变化。老年抑郁症的发病原因比较复杂：从个性因素看，性格过于内向者易患此症；从社会因素看，负面事件往往成为发病的诱因，如丧偶、破产、离异等。在预防方面，由于老年抑郁症经常伴随着生理疾病，应首先治疗身体疾病，对不可治愈的疾病也应设法减轻其痛苦。其次，要调整好离退休后的心理状态，克服自身的性格缺陷，保持一种积极向上的精神状态，多参加一些社会活动。最后，改善家庭环境也是非常重要的，丧偶的老年人如条件允许可以考虑再婚。当然，子女对老年人也应给予充分的关心和照顾。在治疗方面，通常采用心理治疗和药物治疗相结合的方法。心理治疗在抑郁症治疗中的地位十分重要，通过倾听、理解、疏导、鼓励等方式，使老年人产生安全感，树立自信，帮助老年人扩大活动能力，增强适应社会、应付环境的能力。药物治疗，它对治疗抑郁症的有效率可达70%～80%。

3. 老年疑病症

老年疑病症就是以怀疑自己患病为主要特征的一种神经性的人格障碍。通常表现：①老年人长时间地相信自己体内某个或某几个部位有病。②老年人对自身变化特别敏感和警觉，并且会不自觉地加以夸大和曲解，以形成患有严重疾病的证据。③老年人常常对自己的病症极为焦虑，别人劝得越多，疑病就越重。④即使体检结果证实老年人没有病变，他们仍然不能相信。老年疑病症的发生与个人的性格特征、早期经历以及外界的不良刺激等因素有关。性格内向孤僻、敏感多疑的人容易产生老年疑病症。患疑病症的老年人往往接触过疾病的环境，例如，家庭中有人患过病，或者亲密的家庭成员在患者成长的关键时期去世等。外界的一些不良刺激也会加剧老年人的疑病倾向。例如，耳闻目睹自己的老朋友或老同事患病或死亡，老年人便往往会联想到自己。在求医过程中，医务人员不恰当的言语、态度和行为也可能使老年人产生疑病心理。老年疑病症是神经症的一种，属于常见的心理疾患。消除老年人的疑病情绪，主要应采取心理治疗方法。运用亲切关怀、同情而又通俗易懂的言语来说明精神与疾病的关系，实事求是地向病人解释病情，使其恐惧的心理逐渐弱化，从而解开郁结在心中的疑虑。要培养老年人的乐观情绪，以积极的态度对待生活。因为只有情绪稳定，才能保持健康。同时引导老年人正确地理解医学知识，不要盲目地照搬，自我取意。必要时可到医院做些检查，排除顾虑。另外，还要鼓励老年人积极参加体育锻炼和集体娱乐活动，以逐渐淡化其疑病情绪。

四、老年人的问题和需要

由于身心功能的变化，相对于其他年龄组而言，老年人存在着一些特定的问题和需要。

（一）老年人的问题

根据1982年维也纳老龄问题世界大会所确定的《老龄问题国际行动计划》的

定义，老年人问题主要包括两个方面：一是由老年人的特殊情况而产生的老年人自身的社会问题，称为老年问题。二是由人口年龄结构的变化，老年人口在总人口中的绝对值和相对值上升，而导致的人口老龄化对整个社会所产生的问题，国际上称为老龄问题在社会发展方面的问题。老年人常面临以下困境和问题。

1. 国民寿命的延长与老年慢性疾病的增加

随着社会经济的发展和医疗技术的进步，全球人均预期寿命已大幅提高。人均预期寿命的增长，反映了生活质量的提高和卫生事业的发展成就。人均预期寿命的增加既意味着老年人有更多的闲暇生活和生产性的产出，也意味着一些老年人将长期受到一些慢性疾病的困扰。研究发现，老年人罹患疾病的数量与年龄的增长成正相关。65 岁以上的老年人平均罹患 3 种疾病。在老年人口中，高血压、关节炎、慢性支气管炎、冠心病、糖尿病等是常见的慢性病。这些疾病会逐渐损害老年人的生理机能，使老年人受到疾痛的折磨，从而引发消极、负面的情绪。

2. 医药发达与老年人医疗费用的增加

医疗技术的发展给人类带来了福音，也使得老年人成为受益者。医疗手段的进步加大了老年人对医疗资源的依赖性，也增加了老年人医治疾病的花费以及社会医疗保险制度的风险。

3. 家庭结构的改变与无人照顾的老年人增加

对于老年人而言，社会变迁所带来的家庭变化意味着以下情形的变化：首先，照顾资源的减少。相对于传统的家庭结构，小家庭能够给老年人提供的非正式支持较少。其次，照顾者和老年人在空间上的分离。由于社会流动的加剧，子代离开父母的现象已经十分普遍。再次，老年人更多地依靠自己和配偶。女性就业的普遍化使得老年人可以从媳妇、女儿处获得的照顾较为有限。在日常生活中，老年人主要是和老伴相互扶持。最后，老年人可能遭受照顾者的虐待或疏于照顾。

进入 20 世纪后半叶，人口老龄化已成为全球性问题。一方面是工业化对传统照顾方式造成了强烈冲击，另一方面是老年人口的快速增加。在此双重作用下，老年人缺乏照料的问题已日益严重。研究发现，在 85 岁以上的老年人中，有半数的人在行动、洗澡、准备食物和其他日常活动方面需要他人的协助。特别是空巢老年人、丧偶老年人、患病老年人、高龄老年人、独居老年人更需要生活照料。

4. 教育文化的进步与严重的代际隔阂

在教育落后、知识更新缓慢的传统社会中，老年人因为拥有长年积累下来的知识和经验而受到年轻人的崇敬和尊重，而现代社会是全球化、信息化和知识爆炸的社会，教育文化的进步使得知识的更新和增加超过以往的任何时代，老年人长年积累的知识和经验大多已经过时，而学习能力的下降使其无法掌握现代的知识和信息，因此与年轻人的共同话题越来越少，沟通越来越困难。严重的代际隔阂会破坏亲子关系，影响家庭氛围，并且对老年人的身心健康产生负面影响。

5. 经济的发展与老年人地位的相对下降

自工业革命以来，经济的发展创造了大量的社会财富，为生活质量的提升和社会质量的改进创造了条件。但是，由于各国分配机制的不同，并非各个阶层、各群体都能相对公平地分享到经济社会发展的成果。在许多发展中国家和转型国家，有些人因为年龄增长而无法公平地参与发展进程，从而受到现代化进程的不利影响。城市化、人口流动、家庭的变化等都可能将老年人推向发展的边缘，使他们无法在经济社会方面发挥有意义的作用，并削弱其传统的支持资源。因此，老年人的收入增长幅度较小，并受到一定程度的老年歧视，在社会和家庭中地位不高。鉴于此，联合国早在1995年的社会发展问题世界首脑会议上提出了“建立不分年龄人人共享的社会”的构想，以推进老年人的社会融合。

（二）老年人的需要

需要反映了老年人对一定事物的需求。对于老年人的需要分析，主要有以下几个方面。

1. 从需要层次理论看

美国心理学家马斯洛（Abraham H. Maslow）提出的需要层次理论将人的需要看作由低级到高级的复合系统。依据这一理论，老年人的需要包括以下几方面：①生理的需要。在食物、衣服、住所等方面的需求是老年人生存的基本条件。如首先是“有”的问题，其次是“好”的问题。②安全的需要。包括物质上的保障和心理上的安全感。如有一定的经济来源，能够“老有所养”；有一定的医疗保障，能够“老有所医”；生活在安全的环境中，生存权能够得到保护等。③归属与爱的需要。即老年人能够得到家庭、社群、社区的认可，有一定的归属感，能够获得来自外界的关爱。④尊重的需要。即老年人能够被接纳，人格尊严不受侵犯，有权利选择适合自己的生活方式。⑤自我实现的需要。即老年人不受人为的排斥和隔离，能够参与社会，实现自己的价值，享受成长或成就所带来的愉悦感受。

2. 从布拉德肖的需求理论看

英国学者布拉德肖（Bradshaw）曾根据需求的来源将老年人的需要分为四种类型：规范性需求、感受性需求、表达性需求和比较性需求。如果结合老年人的具体情况，他们的需求可以被描述为：①规范性需求。它来自权威人士的界定。例如，在评估老年人需求时，机构可能会根据权威人士的观点对老年人的需要作出界定，这种界定源自专业人士的研究成果经验积累，其内涵清晰、便于测量。②感受性需求。即老年人根据自己的具体情况，对自身所缺乏的事物产生需要。比如，胃肠道功能不好的老年人希望子女做饭时能软烂一些。身体功能受损的老年人希望改进住所的设施，使自己生活得更方便、更安全等。③表达性需求。表达性需求比感受性需求又进了一步，即老年人将自己的需要通过一定的途径表达出来，这往往是需求评估工作的重点。④比较性需求。即老年人通过比较而产生的需要。例如，与其他人相比，老年人希望家人更关注自己。与年轻人相比，老年人希望社会能够接纳自己。与其他机构提供的服务相比，老年人希望增加服务项目或改进服务方式，等等。

3. 从老年人的常见问题看

如果从老年人常遇到的问题看，老年人的需要又涉及以下几方面：①健康维护。老年期是疾病多发期，健康维护是老年人最为关注和渴望满足的需要。②经济保障。比如养老金的按时足额发放、维持基本生活所需的物品、经济安全的保障措施。③就业和休息。许多达到退休年龄的老年人，还有继续工作的想法，因此，重新就业成为其基本需要。④社会参与。老年人有老年人的意愿需要表达，有老年人的利益需要维护，有老年人的作用需要发挥，因此，社会参与是老年人的重要需求。⑤社会服务。在需要外力协助的情况下得到的服务的质量、服务的收费。⑥婚姻家庭。幸福美满的家庭生活是所有人追求的目标，老年人也有维持和向往美好婚姻家庭生活的权利。⑦居家安全。家居条件的改善、居住环境的安全，都是老年人所关注的。⑧后事安排。老年是人生最后一个历程和阶段，因此许多老年人十分关心自己的身后事宜，如财产的处置、后事的操办、子女的生活等。

【复习思考题】

1. 简述老年人婚姻、家庭变化对老年人产生的影响。
2. 谈谈你对老龄化的理解。
3. 简述老年人心理方面的变化及影响其变化的因素。
4. 简要介绍老年人常见的心理疾病及其表现症状。
5. 试从不同角度分析老年人的需要。

第三章

老年社会工作的基本理论

学习目标

1. 掌握功能学派、冲突学派、交换学派和社会生物学派的内容及含义。

2. 理解撤离理论、活动理论、连续性理论、社会损害与社会重建理论的内容及含义。

3. 了解生命历程论、年龄分层理论、符号互动论、社会交换论、社会定型论和社会化理论的内容及含义。

第一节　老年社会工作理论概述

理论是由一系列逻辑上相互联系的概念和判断组成的知识体系，它是从一般性水平到较高层次描述和解释某类现象的存在与变化，是对经验知识的抽象概括。老年社会工作理论主要研究老年人问题及其相关的社会问题，为老年社会工作者从事老年社会工作提供重要的指导。

一、理论在老年社会工作中的作用

老年社会工作理论是对老年人的行为与社会过程的解释，以便老年社会工作者明确将要协助解决的问题的性质与产生原因。理论具有重要的指导作用，许多相关理论都可以帮助社会工作者了解老年人的行为与社会过程，了解各种问题的性质与产生原因。从而根据老年人的行为与社会问题的性质和成因做出解释，设定工作目标。大部分理论均以老年人行为、社会工作过程以及行为和社会问题的看法为基础，设定社会工作过程的目标，从而提出达到目标的工作方法、技巧及模式。社会工作者应将理论与实务有机结合起来。

老年社会工作理论确定了一个衡量老年人社会价值的正确标准。西方有关老年社会工作的各种理论学派的观点，代表了各种学派对老年问题的不同看法和态度。功能学派是以功能，即作用、贡献等作为价值的尺度；冲突学派是以权力作为价值的尺度；交换学派是以利润或利益作为价值的尺度；社会生物学派则以生物机能作为价值尺度。作为马克思主义的价值观，是将人对社会的贡献作为衡量人生价值的尺度。由于在衡量人生价值的尺度上不一致，从而在老年价值问题上也各有不同。对老年人的社会价值不应仅仅因权力、利益和生物机能作为标准，而应该以“贡献”作为尺度。不能简单地以成败论英雄，不能只以眼前利益为依据，以局部得失下结论，而要用全面的、历史的观点评价老年人，要将老年人对社会、对历史发展所起的作用作出全面地、历史地公正评价。

社会工作理论要求重视老年人所创造的精神财富。人们在评价一个人或一件事时，往往偏重于物质价值，而忽视精神价值的意义。许多事实证明，精神价值并不亚于物质价值的作用。如张海迪，她虽然身体残疾，但顽强地与命运做着抗争，其精神给予了我们极大的鼓舞。更具有代表性的是苏联著名作家奥斯特洛夫斯基，他在战争中受重伤致残，双目失明，在病床上写出了经典传世的巨著——《钢铁是怎样炼成的》，在国际社会上产生了重大影响。他所创造的精神价值是很难以物质价值来衡量的。因此，评估老年人的贡献不能仅着眼于物质层面，而要考虑老年人在传递传统文化、维系世代团结方面作出的重要贡献。

老年人的晚景是与整个社会息息相关社会的问题，老年社会工作理论有助于我们正确对待老年人及老年社会问题。使老年人“老有所养”“老有所为”“老有所学”“老有所医”“老有所乐”，不仅是对老年人的精神慰藉，而且是中青年未来的归宿，从而激励他们积极工作，为老年期打好基础。反之，则会影响中青年人的生活积极性，不利于社会的发展与进步。因此老年人的“归宿价值”的问题涉及整个社会结构体系的正常运行和发展。

除上述作用外，老年社会工作理论对于更新老年人的价值观念，纠正世俗偏见，提高老年人的社会地位，开发利用老年人的智慧和才能，以及对老年群体社会生活的未来发展均具有预测作用。

二、老年社会工作理论学派

（一）功能学派

功能学派主要代表人物是帕森斯和默顿。功能学派理论认定社会中的每个因子（每一个部门或单位）都是有共同存在的价值和功能的。每个人都是社会中的因子，都具有一定的价值与功能，老年人也是如此。因此，老年人在社会体系的运行中也是有价值、有功能的。该学派认为，老年人对社会的最主要功能体现在对下一代的社会化方面。老年人经历了许多事情，有过成功的经验与失败的教训，他们有丰富的阅历，是文化的传播者。俗语说“不听老年人言，吃亏在眼前”，老年人的丰富经验可帮助中青年人少走弯路。因此，在下一代的社会化过程中，老年人担当着非常重要的角色，对于个人、家庭乃至社会的贡献是功不可没的，可概括为“有价值论”。老年人的价值根据不同的类型而有所差别，他们在各自不同的社会岗位上发挥着作用。老年人的社会活动能力不仅包括生理机能，还包括熟练程度、经验、知识、潜在能力等内在的综合能力，尽管人的生理机能随着年龄增长而衰老，但仍可以老年人的经验、知识为社会作出贡献。如一些老医生，他们行医多年，经验特别丰富，可解决各种疑难杂症。

根据功能学派部分与整体相互影响、相互依存的观点，老年问题是与其他社会结构乃至整个社会有着相互依赖、相互影响的联系。当今社会存在的老年问题并不一定在于老年人本身，而是在于整个社会结构变迁。根据功能学派的观点，社会中各个部门的变化会导致其他部门的变化，老年问题在某种程度上受此影响，需要其他部门的改变来适应失调现象，转向新的整合与均衡。因此，功能学派理论应用在老年问题上是比较乐观的，因为老年问题的存在只是暂时性的失调，它必将引起其他社会部门的改变而修正这一失调。

（二）冲突学派

冲突学派的主要代表人物是美国社会学家科塞和德国社会学家达伦多夫。科塞对冲突的定义：“所谓冲突是对价值观、信仰以及对权力、地位、资源的分配而引起的斗争。在斗争中，一方企图中和、伤害或消除另一方。”冲突理论研究的主要是社会中人与人、团体与团体、阶层与阶层、阶级与阶级的矛盾和冲突。冲突学派认为社会冲突是客观存在的，既有有利的一面，也有不利的一面。科塞认为，不涉及基本价值观的冲突有利于系统和群体完善原有的结构，制定新的规范。但冲突双方一旦在基本问题上无法达成一致，就会造成系统的混乱和瓦解。他强调要一分为二地对待冲突，既要注意冲突的有利因素，找到解决冲突的正当途径，并设置安全阀装置，作为警告系统，促使统治者注意体察民情、改进工作，以便消除社会矛盾，维护社会的稳定与和谐，又要注意冲突的不利因素，以避免激化社会矛盾。达伦多夫的冲突理论是从马克思的阶级斗争引申出来的一种理论，他关注的是社会的阶级冲突、阶级斗争，但是，他所认为的阶级是以社会的权力因素来决定的，而不是马克思按生产资料所有制为依据的经济关系来决定的。因此，社会冲突的产生是由于权势分配不均所致。

从冲突理论的观点来看老年问题，是年龄分配不均的结果。即社会上的强势群体是中青年人，他们把持了社会的权力，轻视老年人，把老年人当作社会的负担，他们置老年人的权益于不顾，使老年人成为社会上受压抑的群体。因此，老年人为了争取生存权利，引起社会的关注，改变自身社会地位，得到社会的认可，活得有价值，应该组织起来进行斗争，抗议权利分配的不均。冲突理论的老年价值观为老年人争取合法的权益提供了理论指南。

（三）交换学派

交换理论的创始人是霍曼斯。1961 年霍曼斯提出了一套比较成熟的交换理论：①成功命题：一个人的某种行为能得到相应的奖赏，他就会重复这一行动；某一行动获得奖赏愈多，重复活动的频率也随之增多；获得的奖赏愈快，重复活动的可能性就愈大。②刺激命题：相同的刺激可能会带来相同或相似的行为。如某人过去在某种情况下的活动得到了奖赏或惩罚，而在出现相同的情况时，他就会重复或不再重复此种活动。③价值命题：如果某种行为的后果对一个人越有价值，那么，他就越有可能去重复同样的行动。④剥夺与满足命题：某人（或团体）重复获得相同奖赏的次数愈多，那么，这一奖赏对该人（或团体）的价值就愈小。⑤攻击与赞同命题：该命题包括两方面，一是当个人的行动没有得到期待的奖赏或者受到了未曾预料的惩罚时，就可能产生消极的情绪，从而出现攻击性行为；二是当个人的行动得到了预期的奖赏，甚至超过期待值，或者没有遭到预期的惩罚时，他就会高兴，就会赞同这种行为。霍曼斯将 5 个命题看成一组“命题系列”，强调它们之间相互联系的重要性，并认为只要将 5 个命题综合起来，就能够解释一切社会行为。以自我为中心和利己是这个理论的核心。社会互动是一种双方交换的行为，在这个交换过程中，互动的双方都企图获取各人所希冀的喜乐与物质的满足，交换双方必然要考虑各自的利益。如果双方达不到自我希望的目的，那么也就没有交换的必要，社会互动也就不会发生了。因此，交换论者把换得报酬作为社会行为的基本准则，这一准则并不会因为交换的对象不同而发生改变。该理论强调给予与索取的关系，强调社会互动是为了获得利润或利益。按照交换理论的观点，老年人缺乏可以用来进行现实交换的价值，所以会导致老年人被社会所遗弃。

（四）社会生物学派

社会生物学派是一个新兴的理论学派，社会生物学是用生物学的观点研究人类行为及生活的社会学分支。从生物学的观点研究社会生活现象首推英国社会学家日·斯宾塞。他在《社会静力学》《社会学原理》等著作中，把社会看成一种有机体，从生物进化的角度研究社会的进化及其营养、持续、分配等功能。到 19 世纪末 20 世纪初，社会生物学派转向了对人类自身的研究，涉及种族差异、人口学、优生学、遗传学等方面。用生物进化的自然选择解释社会选择，用肤色、发色、身高等生物因素说明种族及其文化的差异。这种社会生物学的观点，人们称为社会达尔文主义。它用达尔文的自然选择和生存竞争的理论来解释人类社会行为和社会结构。

根据达尔文生物进化论的观点，以优胜劣汰的原则来解释社会行为，即适应社会的社会行为被保留发展，不符合者则被淘汰。社会生物学的理论应用到老年学上有相当的否定作用，依照这一理论，老年人不适合生存竞争的要求，因此社会不应勉强地扶助他们，应让老年人自然地被淘汰。

三、老年社会工作理论分类

大卫·豪（David Howe）认为社会工作理论应该包括两大部分："为社会工作的理论"与"社会工作的理论"。前者关注的是人与社会的本质、人类行为与社会环境之间的关系。后者涉及社会工作的本质、目标、特色和过程。这两大部分之间，既存在着明显的区别，又存在着不可分割的联系。两者之间的联系表现为：首先，它们之间是相互依存的。任何一种对社会工作实践本身的性质、目的、过程与方法的具体说明，都必须以某种对人与社会的本质、行为与社会运行机制的相应理解作为自己的理论基础或逻辑前提。一种"社会工作的理论"，只有置于一定的"为社会工作的理论"基础之上，才有可能获得较充分的理解。反过来，任何一种关于人与社会的本质、关于人的行为与社会运行机制的理论，都必须与一定的对社会工作实践本身的性质、目的、过程方法的说明相连接，才有可能进入社会工作领域，成为真正的"为社会工作的理论"。其次，它们之间在逻辑上是相互蕴含的。正如大卫·豪所说，一种"为社会工作的理论"总是蕴含着一种"社会工作的理论"，正如不同的理论导致不同的实践一样，不同的理论也包含着社会工作本身的各种概念。两者之间的区别表现：第一，它们的内容不相同。"为社会工作的理论"主要是对人与社会的本质、人的行为与社会运行的机制进行说明，"社会工作的理论"则是对社会工作实践本身的性质、目的、过程与方法等进行说明。第二，它们的功能不相同。"为社会工作的理论"侧重于讨论"如何解释人与社会"的关系，而"社会工作的理论"则侧重于讨论"如何改变人与社会"。"为社会工作的理论"主要是为社会工作实践提供一套抽象的背景式假设。而"社会工作理论"则主要是为社会工作实践提供一套具体的行动指南。第三，它们的地位不相同。"为社会工作的理论"在整个理论构架中处于"前提"的地位，"社会工作的理论"在整个理论构架中则处于"结论"的地位。第四，它们与社会工作的联系程度不相同。"为社会工作的理论"是社会工作可以使用但并非仅有社会工作才能使用的理论，它是社会工作与其他某些学科或者专业领域共有的理论基础。"社会工作的理论"则是只有社会工作才需要加以使用的理论，它是社会工作专业独有的理论领域。依据大卫·豪的观点，老年社会工作理论大致分为“为老年社会工作的理论”（基础理论）和“老年社会工作的理论”（应用理论）。前者是指用来对老年人与社会的本质、老年人的行为与社会运行的规则和机制进行解释的内容，后者是指用来对老年社会工作实践本身的性质、目的、过程和方法进行说明的内容。

第二节　老年社会工作基础理论

一、生命历程理论

自20世纪六七十年代以来，生命历程研究作为一项跨学科的研究计划得到了迅速的发展，以托马斯（William Isaac. Thomas）、兹纳涅茨基（Florian Znaniecki）和埃尔德（Glen H. Elder）为代表。埃尔德曾归纳了四个在生命历程研究中最核心的原理。

1. 一定时空中的生活

在经受巨大变迁的社会中，对于出生在不同年代的人来说，呈现在他们面前的社会景观是不一样的，因而个体所拥有的社会机会和个体所受到的社会限制也是不一样的。“一定时空中的生活”原理启示我们：人在哪一年出生和人属于哪一个同龄群体基本上将人与某种历史力量联系起来。个人所处的社会环境与历史时代，尤其是所处时代的重大历史事件，对个人以后以及老年期的生活具有重大影响。

2. 个人的能动性

人总是在一定社会建制之中有计划、有选择地推进自己的生命历程。人在社会中所作出的选择除了受到情境定义的影响之外，还要受到个人的经历和性格特征的影响。个体差异和环境之间的互动产生个体的行为表现，所以人的能动作用和自我选择过程对于理解生命历程具有重要的意义。

3. 相互联系的生活

人总是生活在由亲戚和朋友所构成的社会关系之中，个人正是通过一定的社会关系才被整合成一定的群体，只有这样，个人才有可能得到社会的支持，并向社会承担一定的义务。同时，社会关系场是传递各种社会感情的媒介。“相互联系的生活”原理启示：每一代人一定会受到其他人在生命历程中所发生的生活事件的巨大影响。一般意义上，“相互联系的生活”原理指的是互动着的社会生活，是人在一生中所建立的各种社会关系网。

4. 生活的时间性

生活的时间性指的是在生命历程变迁中所发生的社会性时间，指个体与个体之间生命历程的协调发展。生活的时间性原理以为，生活事件在何时发生甚至比这一事件本身更具意义。社会性时间指的是角色的发生、延续和后果，以及相关的年龄期望和信念。

生命历程理论认为，老年化的过程是一个随着生命历程的演进而不断累积的过程，累积源于早期生活经历所带来的长期影响，更源于生命历程的流动性与不可重复性。个体生命历程中的累积性因素区分为“初始的累积因素”与“时间上的累积因素”两种。前者带有先赋的特点，与出生时的社会结构和历史环境相关，将会持续一生影响个体的生命历程；后者则代表那些随生命历程演进而出现的事件，会对个体以后的生活造成长期的影响。

生命历程理论认为，对老年人生活产生影响的早期的累积主要有以下几方面。

（一）家庭经济状况

家庭经济基础较好的老年人，成年前由于个体依赖于父代生存，其初始的生命历程资本受到了父代的极大影响，在青年期更容易接受高等教育，所从事的职业更受人尊敬，社会地位较高，生活相对舒适安逸。反之，大量的实证研究也证明幼年的经济困难与以后的低教育水平、低职业地位、低收入水平、低健康乃至高死亡率之间都有关系。尽管不能确信“家庭经济条件”是个体一生发展的决定性因素，但却可以发现它对个体产生持续一生的重要影响。

（二）家庭成分

家庭成分与个体老年期的生活有着极其重要的联系，家庭因素与个体家庭经济条件联系密切，本质上是经济因素，却可以随历史背景的变化转化为政治性的因素。而这些因素对于个体以后的发展非常重要。

（三）婚姻生活

我国的社会文化以及各种传统观念对女性角色赋予了更多的家庭责任，在女性的生命历程中，家庭和子女往往占据了她们大部分的生活时间，影响了她们在工作、教育、健康等许多方面状况，使她们发出操劳一生的感叹。而有些女性通过婚姻改变自己的状况，如由农村进入城市，拥有教育、工作、医疗保障、养老保障等方面的机遇与优待。

（四）工作事件

个体的生命历程与当时的社会背景和生活政策有着极其紧密的联系。生命中的某些因素可能会随着社会政策的变迁而产生意想不到的作用。个体偶然的工作选择对于今后以及老年期的生活都有意想不到的影响。较高的教育水平并不仅仅是未来工作以及生活状况的决定因素。个体能动性在自我命运的选择中也起了极大的作用。

二、年龄分层理论

年龄分层理论是由美国学者 M. W. 赖利（M. W. Riley）和 A. 福纳（A. Foner）等人提出来的，被认为是新发展起来的、最全面的和颇具发展前景的一个理论。年龄分层理论力求阐明年龄、个性和所属社会制度之间多方面的联系。社会通常分为若干年龄层次，当社会成员从一个层次进入另一个层次时，社会赋予他们各种责任，年龄分层理论就以这个现象为出发点。该理论以社会学的角色、地位、规范和社会化等概念为基础，分析了年龄群体的地位以及年龄在一个特定社会背景下的含义，试图形成一个理解老年人社会地位的框架和包括整个人生的老龄化的概念。

亨德里克斯（Hendricks）等在其所著的《金色晚年》中阐明社会年龄结构由四个要素构成：①同期群。年龄、经历和观念是构成同期群的三个主要特征。因为在同期群中的人一方面处于生命过程的同一阶段，另一方面又因为拥有共同的经历而具有相同的或相似的价值观或看法。②各个年龄层对社会的贡献或反应能力。不同的年龄层具有不同的能力，社会也会赋予他们不同的社会责任。老龄化的过程实际上就是从一个年龄层向另一个年龄层的运动过程，同时也是能力与贡献变化的过程。③年龄层的形式。年龄层的社会形式是通过社会作用表现出来的，其中年龄既可以起到直接的影响，也可以起到间接的作用。这说明年龄层与其应承担的社会作用之间的关系不是固定的，而是灵活的。④与年龄有关的期望。这个因素包含在人们对所扮演角色的反应之中，是一种公众共同认可的意识。年龄分层理论的四要素实际上体现了生理人（年龄、能力）与社会人（角色、期望）之间的关系。即作为一般的规律，年龄、能力、角色和期望应是一致的。该理论认为，有一系列彼此相关的过程影响各种结构成分的衔接和个体生活的节奏或特有形式。这些因素包括两个内在的干预因素和两个外在的干预因素。两个内在的干预因素是指群体流动和个体老龄化因素，这两个内在因素会影响上述的四个因素。群体流动是指促使年龄层次形成的各种因素，其中最主要的是出生率、死亡率和迁移。亨德里克斯本人曾说过，从诞生之日起，人就踏上了自动扶梯，这个比喻句最能阐明群体流动的过程。把年龄分层观点和群体流动相互联系起来，可以使年龄确定社会地位的动态性质概念化，但不能阐明个体的例外情况或者如何从这一层次运动到下一层次。因此，年龄分层理论含有老化概念，认为老化是在两个层次上发生的一个特有过程。两个外在干预因素是指角色分配因素和社会化因素。角色分配因素是给各个年龄的人分配角色和再分配合适角色的过程。随着经济社会的发展，社会对角色分配的标准会发生变化，即对各个年龄的人分配角色时产生影响，社会化就是保证一个人从一个年龄层次顺利过渡到下一个年龄层次的手段。由以上年龄分层理论的观点可以看出，每个年龄层实际上有两个不同但又相互联系的过程，即生命的过程和历史的过程。生命的过程主要与人的生理成长有关，不同年龄的人归属不同的年龄分层，不同成长阶段的个体也分别归属于不同的年龄分层，每个年龄层都由年龄相同或相近的人所组成。历史的过程主要是指相同的年龄层都经历了一个相同的历史时期，不同年龄层所置身的社会环境是不同的。从生命过程和历史过程这两方面出发，年龄分层理论既可以解释为什么个体的老年人会在不同的生命成长时期扮演不同的社会角色，也可以解释为什么同样是老年人，在不同的社会发展阶段却分别表现出不同的特征，为什么昨天的老年人不同于今天的老年人。

三、符号互动理论

符号互动理论是以布鲁默（H. Blumer）和戈夫曼（E. Goffman）为代表的美国现代社会学理论学派提出的，20 世纪 60 年代至 70 年代以来流行于美国及西方社会学界。该理论源于芝加哥学派的米德和库利的思想，主要观点是指人们在其所处的社会环境中，通过与他人的社会交往与互动认识自我，换句话说，人们是根据他人对自己的评判、态度来思考自己。该理论侧重于从心理学角度研究社会，强调个人在互动过程中构建社会结构的能动性，揭示行动者对互动过程的主观理解，以及这一理解对进一步互动产生的影响。布鲁默于 1937 年最早提出了“符号互动”的理论。符号互动是能动的、可变的过程，符号互动创造、维持与变革社会组织、结构与制度。

美国早期社会学家库利、托马斯、米德等都是符号互动论的早期代表人物。库利对这一理论的贡献是提出了“镜中我”的思想；托马斯则提出了情境的定义和情境分析的思想，他强调主观因素在人类生活中的作用，强调了符号的中介作用；米德则把符号互动的思想进行总结、归纳，提出了较为完整、系统的学说。符号互动论真正成为一个强大的理论学派是在第二次世界大战以后，许多学者从不同角度发挥和发展了符号互动论。在符号互动论下，存在着许多不同的派别。其中，芝加哥派和爱荷华派最具影响力。前者以布鲁默、戈夫曼为代表，注重定性分析，是符号互动论的主要流派。后者以库恩为代表，主张实证主义。符号互动论认为，人们是在具体的社会环境中、在与他人交往的过程中获得自我概念的。人们一旦获知了他人对自己的评价，便会不由自主地按照他人的看法对自己作出反应，从而形成自我概念。比如，当整个社会都对老年人采取否定的态度，把老年人描绘成退化、无用、依赖等形象，就会影响到老年人对自我的认知，带来他们对自身消极的评价，让他们感到自己不再有能力，对于家庭和社会都是一种负担。

四、社会交换理论

社会交换理论强调对人和人的心理动机的研究，批判那种只从宏观的社会制度和社会结构或抽象的社会角色上去研究社会的做法；在方法论上倡导个人是社会学研究的根本原则；认为人类的相互交往和社会联合是一种相互的交换过程。这是对美国心理学家 B. F. 斯金纳的行为主义心理学、功能主义的文化人类学和功利主义的经济学的全面综合。

社会交换理论是美国当代社会学理论的主要流派之一，乔治·霍曼斯（George Casper Homans）是该理论的创始人，该理论以行为心理学和功利主义经济学为理论依据，认为每一个人都有不同于他人的自我需求和资源资本，社会互动就是通过资源交换以满足自我需求的行为。它是功利主义经济学、功能人类学、行为心理学的混合物，重点研究人际关系中的交换现象。霍曼斯认为，利己主义、趋利避害是人类行为的基本原则，因此，人与人之间具有比较普遍的功利关系，他们之间的互动根本上是一种交换过程，这种交换并不都是有偿的，包括情感、报酬、资源、公正性等。他发展了五个相互关系命题，即成功命题、刺激命题、价值命题、剥夺与满足命题、侵犯与赞许命题。交换理论的另一代表人物是彼得·M. 布劳（Peter Michael Blau），他提出社会交换是一种有限的活动，是个人在交往中为了获取回报而又真正得到回报的自愿性活动，这种交换关系存在于关系密切的团体或社区中，建立在相互信任的基础上。他扩大了交换的研究领域，并在交换中引入了权利和不平等思想。

多德（Dond James J.）首次将社会交换理论用于分析老年人，主张从权利和资源不平等的角度去理解老年人的处境。在许多社会交换理论者看来，人与人之间的交往是一种物质与非物质的商品交换关系。社会互动是一种人际间的交换行为。交往次数多，且双方主动行动的次数相当，双方感情才好，才可能保持较高的互动频率。在交往过程，双方都会考虑各自的利益，企图根据某些方面的利益来选择相互作用，当互动双方都达不到目的时，社会互动就趋向于停止。他还提出，发展与老年人有关的政策和社会服务的原则就应当是力求最大限度地增加老年人的权利资源，以保持老年人在社会互动中的互惠性、活动性和独立性。社会交换理论假设个人或群体间的互动是尝试以最少代价获得最大回报，即如果群体在彼此之间的互动中看到可以从中得到利益，则互动将持续进行且有正面评价。埃莫森（Emerson）指出四种可能因权力失衡导致的策略：①退缩——不参与（与撤退是相同的）；②延伸权力——建立新角色以获得新的回报；③显露地位——依附的一方（老年人）通过重新评估仍有的技能，重新显露其地位而获得较多权力；④形成联盟——较无权力的一方联合其他相似的依赖者组成联盟，以对抗较有权力的一方。老年人的权力大小将视其资源如地位、金钱、技术减退或丧失后剩余的能力而定，因本身条件受限，失去社会认可、影响力或独立性，老年人自然成为无力的群体。他们仅有的选择成交条件是对掌握资源者的顺从及依赖，这是老年人为得到保护及生存保障所签署的最后契约。一些社会工作者发现交换理论有助于他们了解老年人撤退、依赖、忧愁现象。按照这一理论，老年人在社会中占有的资源较年轻人少，因而其社会地位的下降是必然的。他们在社会交换中只能充当一种依赖者和服从者的角色。若要提升老年人的地位，只有增加其资源，让他们感到自己仍然是有用的。社会交换理论为老年社会工作者提供了一个服务导向，即应该帮助老年人使其拥有可供交换的资源，以提高他们的社会地位，同时使他们感受到能给下一代提供帮助和支持的自我存在价值，帮助老年人使其意识到他们曾经被尊重、被需要以及对社会做出巨大的贡献。

五、社会定型论

社会定型又称“社会刻板印象”或“社会印象”，是指人们对社会环境中某一类人和物产生的比较固定、概括、笼统的看法。由于刻板印象本身包含了一定的社会真实，或多或少地反映了这类人群的实际情况。所以，利用刻板印象可以简化人们的认识过程，使人们能迅速地适应某种环境。但刻板印象的局限也是非常明显的，由于它是固定的，所以很难随着现实的变化而发生变化。刻板印象往往阻碍人们看到新的现实、接受新的观点，结果导致人们对某类群体形成偏见。

在认知他人、形成有关他人印象的过程中，由于各种环境因素很容易发生这样或那样的认知偏差。如果这种偏差发生在对一类人或一群人的认知中，就会产生社会刻板印象。人们生活在相同或相近的政治、经济、自然、文化等背景中，虽然具有许多共同点，而同一类对象的这些共同点往往被人们保存在自己的经验里，形成较为固定的看法并沿袭下来。例如，认为商人唯利是图、军人威武刚强、年轻人冲动莽撞、北方人直爽热情等。

社会刻板印象多半是在背景资料不充分的条件下直接形成或间接推论出来的，主要是由于我们在人际交往过程中，没有时间和精力去和某个群体中的每一个成员都进行交往，只能与其中的一部分成员交往。因此，只能“由部分推知全部”，由我们所接触到的部分，去推知这个群体的“整体”，往往使我们对人的评价比较主观和片面。社会对老年人的看法一般比较消极，就是社会刻板印象。关于老年人刻板印象的有关研究揭示，社会对老年人的刻板印象包括行动迟滞、衰老痴呆、反应迟缓且无法学习新的事物。老年人看起来都是一样的，他们越老越相似，越难以辨别。除了外观相似外，他们的想法和行动也很雷同；老年人身体机能衰退，常有多种疾病缠身，特别是慢性病。老年等于老化，等于衰弱，老年人是不能从事生产的等。以上这些刻板化的看法，形成了对老年人的负面态度，进而影响到老年人的行为和社会对待老年人的行为。老年社会工作者如果也持有这种看法，他们主动协助老年人的意愿和服务品质都会受到影响。

六、社会化理论

现代社会发展证明，老年人仍然需要继续社会化，主要是因为角色的转换，具体表现在以下方面：①劳动角色转换为供养角色，老年人由自己养活自己转变为由子孙后代来供养，容易产生经济危机感。②主导角色变成普通角色，老年人在家庭中，由家长式人物转换为受照顾者的角色，权威丧失，自我感觉存在较大落差容易使老年人产生“被抛弃感”和寂寞感。③工具角色转换为情感角色。工具角色是指人们在社会政治、经济、文化等领域扮演着主体的角色，如职业上的角色。而情感角色是满足身心情感的角色，比如在家庭中扮演父母、子女等角色。这样角色的转换使老年人常常遇到角色模糊问题以及伴随而来的老年夫妻冲突问题。④父母角色转换为祖父母角色。除了角色转换的问题，老年人还可能遭受多重“突然失去”的威胁，如子女成家分居，老年人进入“空巢”期，突然失去子女的情感支持；遭受疾病并可能面临肢体残疾或死亡，失去健全的体魄；因配偶的离世而失去伴侣角色等问题。所有的一切对于老年人而言都是新问题，都要通过继续社会化、继续学习、不断进行自我调整才能克服和解决。

M. 米德（Margaret Mead）提出三种不同的文化传承过程——前喻文化、并喻文化和后喻文化。其中后喻文化是指文化的传递和社会规范、价值、知识、技能等的教化不仅发生在上一辈人向下一辈人的灌输与教育当中，更多是发生在下一辈人向上一辈人的反向传递之中。对老年人而言，他们面对着不断变化发展的现代社会，新知识和新技术不断涌现，新的社会问题不断产生，所以老年人想要跟上社会前进的步伐，需要通过继续社会化来了解和掌握知识与技能以及新的社会规范，尤其需要通过反向社会化向年轻的一代来学习新的文化知识，认识新的社会现象与问题，以便更好地处理社会问题，适应社会。

第三节　老年社会工作应用理论

一、撤离理论

撤离理论又称脱离理论，它是老年学家提出的第一个有关老年的主要理论，也是在老年社会工作中引起争议最多的理论。

（一）理论观点及应用

脱离理论认为，人的能力会不可避免地随着年龄的增长而下降，老年人年事已高、身心衰弱，不适合继续担任社会角色而应该撤离社会，这既有利于老年人，也有利于社会。这一理论的主要观点如下。

（1）老年人身体弱，形成了撤离社会的生理基础。老年人身体每况愈下，易于患病，无法承担社会重任。

（2）老年人心理消极，经常想到死亡，甚至盼望死亡，其心理不适合不断发展的社会。

（3）老年人的撤离过程可由老年人启动，也可由社会启动。老年人主动退却，减少活动和社会联系，是老年人启动的撤离过程；社会对老年人的排挤、歧视和强制性退休制度，是社会启动的撤离过程。

（4）老年人的撤离状态有利于老年人晚年生活，否则老年人因再社会化能力降低，将无法满足较高生产能力和竞争能力的社会期望，容易形成较强的心理压力。撤离社会一方面可以摆脱职业角色的负担，保持一种平和心态，另一方面可以进入比工作角色更令人愉快的家庭关系。

（5）老年人的撤离过程具有普遍性和不可避免性。一方面，由于老年人不像过去那么能干或者可以依赖，必须由年轻人肩负过去由他们承担的责任，从而将他们排挤出去以保持社会体系的平衡；另一方面，老年人自己也感觉到体力衰退，主动选择退隐。

在脱离理论看来，老年人减少他们的活动水平，减少与人交往，关注内心的生命体验，这会使老年人过上一种平静而令人满意的晚年生活，而且，老年人主动地撤离社会，能使社会权力井然有序地实现交接，社会功能也不会因老年人的死亡而受损，因此，脱离理论认为，从社会主流生活中的撤离，无论这一过程是老年人自愿还是由社会启动，对社会和个人都会产生积极影响。

（二）对脱离理论的评价

虽然脱离理论在一定程度上反映了老年人撤离社会的一些事实，但并不全面，其理论前提（即假设所有老年人都有意愿脱离社会）是不成立的，也是与社会工作相悖的。理由如下。

（1）随着物质生活水平的提高和医疗条件的普遍改善，老年人预期寿命延长，他们在离开工作岗位后还可以生活20~30年甚至更长。因此，如何保持其退休后的生活已成为老年社会工作者正在思考的问题。

（2）无法证明老年人退出有用的社会角色必定对社会有利。事实上，由于每个人在社会结构中所处地位的不同，每个人脱离社会的程度是不一样的，一些人80岁仍担任国家要职，而一些人55岁就只能提前退休，在文、教、科、卫行业，许多60岁以上的老年人仍然在社会生活中发挥着不可替代的积极作用。

（3）脱离理论忽视了个性在一个人适应衰老过程中所起的作用，许多老年人一生中都愿意保持一种活动水平较高的生活方式，这与他们的生活满意度直接相关。

二、活动理论

活动理论于1953年由凯文（Cavan）等人提出。活动理论与社会撤离理论的基本观点正好相反，认为活动水平高的老年人比活动水平低的老年人更容易感到生活满意，更能适应社会。

活动理论的观点基于四个假设：①老年人的社会角色丧失得越多，参与的活动就越少。②老年人的自我认识需要在社会活动中形成和证明。③自我认识的稳定性源于角色的稳定性。④自我认识越清楚，生活的满意度越高。活动理论认为：社会和个人的关系在中年期和老年期没有截然的不同。老年期是中年期的延长。老年期同样有着活动的愿望，只是因身体机能的衰退，活动速度和节奏放慢了而已。一个人只要在生理和心理上有足够的能力，便可以像中年期一样扮演其角色、履行其义务，老年人仍与中年时代一样可以从事社会上的工作，参与社会活动。但是由于实际生活往往剥夺了许多老年人期望扮演社会角色的机会，使得老年人所能活动的社会范围变窄，活动程度缩小，从而使老年人对自身存在价值产生迷茫。因此应有补偿性的活动得以维持老年人在社会及心理方面的适应性。如老年人退休了，就应有职业以外的活动补充上去；老年的配偶或亲友死亡，就应由其他人际交往的增加来弥补。

活动理论由美国芝加哥大学社会学者们结合美国实际，做了较大的发展。Rose提出，老年人新角色的建立，要靠他们自身的努力，需要老年人联合起来为自身的利益而奋斗，创造一个可提供有意义角色和活动的领域的老年亚文化，使老年人在社会结构中取得自己的地位。这一理论质疑撤退理论是自然过程还是为新陈代谢所采取的手段，如果后者属实，则构成有系统的歧视，因此应受到道德谴责。如果撤退理论要削弱老年人独立生存的工具性角色，那么实际生活中应试图终止这样的削弱。也正如 Rose 所说，老年社会工作者要协助老年人开创其他补偿性角色来取代失落的角色。老年人有责任保持自己的活跃程度，而不是社会提供更多的机会让老年人去保持自己的活跃程度。活动理论家 Burgess 在研究人口变老过程中指出，美国的社会结构不能容纳老年人，老年人被排斥在社会活动之外的状况正在发展。老年人只能履行一种无意义社会职能的"非角色的角色"。他认为，进入晚年的人不一定变得"没有角色可以扮演"（Roleless)，他们应当有新的角色，同其他生命周期一样，在社会活动中作出应有的贡献。Havinghurst 和 Albrecht 还认为，如果一个老年人的社会参与层面越高，他的精神和生活满意度也会越高。活动理论主张老年人应该通过新的参与、新角色来改善老年人由于社会角色中断引发的情绪低落，尽可能长久地保持中年人的生活方式以否定老年的存在，用新的角色取代因丧偶或退休而失去的角色，从而把自身与社会的距离缩小到最低限度。活动理论提出的基本观点为大多数老年社会工作者所肯定。在老年社会工作者看来，社会不仅在态度上应鼓励老年积极参与他们力所能及的一切社会活动，而且应努力为老年人参与社会提供条件。现实的情况是，许多老年人想有所作为而苦于没有机会；一些老年人因退出社会主流生活而导致老年抑郁症；有些老年人因枯坐家中无人交谈而使大脑退化进程提前。当然，我们也不能仅以活动水平的高低来判断老年人对生活的满意程度，事实上，老年人的经济收入、生活方式、人际关系等方面都是构成老年人是否有一个幸福晚年的重要因素。我们也不能忽视如下事实：有些老年人活动不积极却也很快活，他们赋闲家中，养花喂鸟种菜以娱悦性情、读书写字作画以达观内心。老年人因性格差异会有截然不同的晚年生活，我们不应用一种模式去要求所有的老年人。

因此，在老年社会工作中，鼓励老年人积极肯定自我，保持参与精神很重要，但是，尊重老年人自身的特点和选择更重要。如果老年人身体条件不好或者不情愿，就不能要求他们做力不从心的事情，可以让他们自行选择撤退。若老年人身体健康，积极要求参与更多社会活动，也不能让其强行撤退，应努力为其提供更多参与机会，让他们实现自身价值。总之，尊重老年人的自决权是应该坚持的基本原则。

三、连续性理论

美国社会理论家 Neugarten、Robert 和 Atchley 等提出的持续理论，用持续性来阐述老年社会问题。这一理论站在发展心理学的立场上，认为包括老化在内的生命周期各个阶段都有着一定的连续性，不能贸然断开。一个人在特定的环境条件下生存和发展，形成一定的习惯、爱好、性格、个性，尽管在一生中会因环境和事件的影响有所改变，作出某种适应，但是未成年和成年时期形成的个体的性格、爱好等一套生活方式和交往方式，则具有延续的性质，并支配着老年人的生活和活动。因此，它承认老年人个体之间的差异性，不像撤退理论、活动理论只从一个方向上去把握，这就使得这一理论更有微观上的实际意义，为老年社会问题的实证研究提供了一个科学的方法论。

社会撤离理论和活动理论的不足之处在于，两者都忽视了个性在个体衰老过程中的作用，它们或片面强调撤离，或一味强调活动，连续性理论正是着眼于这种缺陷，以对个体的个性研究为基础，提出了自己的观点。连续性理论还被称为性格理论（Personality Theory)，哈维格斯特是该理论的支持者。该理论认为，无论处在什么样的年龄阶段，人们总有着不同的个性和独特的生活方式，其中个性起着非常重要的作用，它能够使得人们维持自我控制能力，保持自尊。老年期的个性和生活方式将在很大程度上受到中年期的影响。一贯消极、退缩、内敛的人，老年期不大可能成为积极分子。而一贯活跃、自信、开朗的人进入老年期后，也不大可能愿意闲在家中。当然也有些老年人因排除了中年期工作和生活上的压力而变得开朗，也有一些老年人因失去了中年期的社会地位、权威而备感失落，因而变得消沉。在连续性理论看来，中年期的个性和生活方式将呈现出一种连续性直到晚年。如果一个人在老年时仍能保持中年时代的个性和生活方式，那么，他很可能会拥有一个幸福的晚年。因此，每个人不用去适应什么共同的规范，而应根据自己的个性来规定标准，这才是老年人生活产生满意感的基础。当然，对个体而言，连续又分为内部连续和外部连续。内部连续主要表现为气质、性格、观念等，外部连续主要表现为爱好、兴趣、行动取向等。尽管连续性理论看到了个性在人们适应衰老时所起的作用，但是又忽视了外部环境的变化对老年人产生的影响。比如，当老年人因身体、经济等方面的问题而无法保持过去的生活状态时，过于强调连续性只可能妨碍老年人建立新生活，或者伤及老年人的自尊。

这一理论的局限性：①忽略了外部社会性因素对人们个性的作用及对衰老过程的影响。事实上，对生活满意度高的老年人常常是那些没有拘泥于某种固定生活模式，能随社会环境的变换而不断改变其生活方式的人。因此，脱离社会环境因素，孤立地用个性阐释个体老龄化的差异是不全面的。②用生命周期早期阶段的个性特征来衡量老年期满意度的良好与否，过分地强调连续性而忽视了个体特征发展的具体内涵。③它在强调老年人要按照个性生活，不必遵循共同的规范的同时，又试图给老年人的生活设定一种共有的模式。

四、社会损害与社会重建理论

柴斯门（Zusman）于1966年提出社会损害理论。社会损害理论着重讨论的是，有时老年人一些正常的情绪反应会被他人视为病兆而做出过分的反应，从而对老年人的自我认知带来损害。例如，因患老年病而健康受损的老年人，询问子女自己是否应该搬过去与其同住。这种询问就很可能被子女视为老年人无能力做任何决定的表现，从此处处替老年人做决定。这种关心久而久之会对老年人产生一种消极暗示，让老年人觉得自己缺乏能力而把一切决定权都交出。也就是说，接受消极暗示的老年人会进入消极和依附的状态，失去原先的自主能力。现实生活中有太多的案例表明，对老年人过分关心会导致老年人产生自己无用的错误认知，从而对老年人的身心造成损害。这一理论对老年社会工作者具有深刻的启示，它至少告诉我们，有些所谓的“老年人问题”并非真实存在的，也是老年人自己受消极暗示所产生的连锁反应。因此，在帮助老年人的过程中，不仅要切实地帮助他们解决实际问题，同时也需要协助其增强信心，提升能力。

社会重建理论是1973年由库柏斯和本斯东（Kuypus &Bengston）提出的，此理论意在改变老年人生存的客观环境以帮助他们重建自信心。社会重建理论的基本模式：首先，让老年人了解到社会上现存的对老年人的偏见及错误观念。其次，改善老年人的客观环境，通过提倡政府资助的服务来解决老年人的住房、医疗、贫困等问题。最后，鼓励老年人的自我计划、自我决定，增强他们自我解决问题的能力。

此理论有助于我们思考如何更好地开展老年社会工作。社会环境会直接关联到老年人的行为和心理，而社会上人际关系的互动也会对老年人的自我形象产生重大的影响。因此，老年社会工作者可以凭借着改善环境为老年人个体性格的表达提供便利，使得有自卑倾向的老年人得以独立地作出决定，从而使老年人的日常生活和内心的平衡也能在一个积极的互动环境中得到改善。在这个重建的过程中，老年社会工作者可以尝试从上述模式的介入去协助老年人适应社会互动中所带来的困惑。

五、老年亚文化理论

老年亚文化理论又称为老年人次文化理论，是美国学者罗斯（Rose）于20世纪60年代提出的。罗斯认为，只要同一领域内成员之间的交往超过和其他领域成员的交往，就会形成一个亚文化群。该理论认为：①老年人由于身体机能和社会交往层面的变化，适应环境较年轻人要困难得多。老年人倾向于选择同类群体进行交往。老年人之间谈得来，容易相处，而与年轻人相处总会觉得话不投机，有时还会互相排斥，久而久之就产生了老年亚文化。即老年人互相交往、聚集，形成具有老年人独特价值观、态度取向以及行为特色的老年文化。②老年人参与老年亚文化需视老年人团体的聚合程度、该团体与整个社会的接触（经由家庭、大众传媒、就业机构等）的实质与程度，以及老年人对老化的抵制因素而定。在老年亚文化中，很重视身体健康、医疗保障等，对于职业、受教育程度等内容则较不关心。老年亚文化的积极作用表现在老年人形成群体身份与意识，具有采取社会行动的潜能，并能够捍卫老年人的权益以及争取老年人的福利与社会资源。但也容易形成消极作用，如形成年龄歧视或是负面的自我认知。老年亚文化理论对于开展老年社会工作具有很大的指导意义，即需要根据老年群体所遵循的价值标准和行为规范来和老年人互动与对话，并根据老年亚文化的基本内容和特点来设计老年社会工作的服务项目，应该尽量避免用其他年龄组群体的文化强加于老年人身上，或者以此来衡量老年人的价值标准、生活方式和行为规范。

【复习思考题】

1. 老年社会工作理论可以归纳为哪些派别？包含哪些主要内容？
2. 理论在老年社会工作中具有哪些功能？
3. 如何理解“为老年社会工作的理论”？
4. 联系实际，讲述有关老年社会工作的理论。

第四章 老年社会工作的内容

学习目标

1. 掌握老年社会工作内容的初级目标和发展的目标。
2. 理解老年社会工作介入老年人权益保障工作的内容、老年人经济保障的形式。
3. 了解老年社会工作介入老年健康保障的内容。

老年社会工作内容在各个时期、各个国家的侧重点不同，其内容可以归结为两个目标层次：初级目标，即保障老年人的基本生活，使其老有所养、老有所医；发展的目标，即提升老年人生活质量，保障老年人能够充分享受到社会经济发展的成果。在老有所养的基础目标中，核心问题是老年人经济保障与老年人的权益保障，老年人只有实现经济独立，经济需求得到保障才能安心养老，合法权益得到维护才能心情愉悦。老年社会工作者应依据《中华人民共和国老年人权益保障法》，在老年人财产、人身等方面切实维护好、保障好老年人的合法权益，以满足老年人的安全需要。提升老年人生活质量是发展的目的，也是实现老年人老有所为和老有所乐的基础工作。老年社会工作者应将老年人医疗、教育、社会参与和老年人社会交往纳入工作范围，更好地适应社会经济发展形势，提升老年人生活质量。

第一节　老年人的经济保障

老年人的经济保障工作是老年社会工作者一切工作的逻辑起点与现实切入点。

一、老年人经济保障的含义及意义

（一）老年人经济保障

经济保障（Economic Security）是指当个人或家庭遭遇到贫穷、退休、死亡、残障或失业等事故，致使个人或家庭收入暂时或永久中断或减少而形成一种生活困境时，由社会或政府向其提供基本生活必需品。老年人的经济保障是政府、社会依据老年人这一特殊群体所特有的生活处境，作出的与其相对应的福利安排（Welfare Practices）。

（二）我国老年人经济保障制度

我国老年人经济保障在总体上划分为两大块：城镇老年人经济保障和农村老年人经济保障。在城镇，以城镇职工基本养老保险制度为主体，以保障老年人的基本经济需求；在农村，老年人的经济保障以家庭保障为主体，辅以农村合作医疗保险及特殊人群的福利安排。老年社会工作者必须关注老年人的经济需求，并通过各种途径为其争取资源，使老年人在衣、食、住、行、用等方面的基本需要能够得到满足，因此加强老年人经济保障工作具有重大的理论与现实意义。

（三）老年人经济保障的意义

1. 维护老年人生存权的必然要求

老年人经济保障是老年人衣、食、住、行、用的基础、前提和核心，也是老年人能否独立的关键因素，是制约老年人能否安度晚年的基础条件。老年人经济收入的减少和不稳定，加大了其维持生存和发展的难度，因此做好老年人经济保障工作既是老年社会工作的首要内容，也是维护老年人基本生存权的需要。

2. 全体国民共享社会发展成果的要求

社会产品的分配历经两个过程并伴随两种形式。两个过程即初次分配和再次分配；两种形式即分配过程中的商品化与去商品化形式。初次分配采取商品化的分配形式，这个过程注重的是效率。再次分配也称为第二次分配，分配形式主要采取去商品化形式进行财富的再分配，这一分配过程注重社会公平正义。建立和健全老年人经济保障既是对他们过去工作贡献的肯定，也是我国实现社会公平正义，体现全体国民共享发展成果的必然要求。

3. 维护社会稳定、促进社会发展的需要

任何一个生命个体都要经历从生到死的生命历程，老年人是每一个生命个体都要面对的问题，因此做好老年人经济保障工作是事关全局的大事。做好老年人经济保障可以解决老年人的当前困境，使得他们安度晚年，减轻其家庭负担，营造良好的养老环境。老年人口数量庞大，做好他们的经济保障，使其老有所养，老有所安，对于维护社会和谐、稳定有着重大的现实意义。另外，做好老年人经济保障工作对于当前的中青年社会成员而言也会产生蝴蝶效应，增强他们对将来生活的良好预期，有助于他们安心生产，保持社会的可持续发展，促使社会良性运行。

二、老年人经济保障的现状及存在问题

（一）老年人经济保障的现状

协助落实老年人经济保障是老年社会工作极其重要的内容。由于国情不同，各

国对老年人的经济保障制度也不同。西方国家一般通过社会保障的方式满足老年人“老有所养”的需求。我国由于老年人口分布区域差异等原因，老年人经济保障制度和内容也具有差异性和层次性。

1. 城镇老年人经济保障

城镇老年人经济保障主要有城镇老年人社会基本养老保险、企业补充养老保险和个人储蓄养老保险。城镇职工通过参加社会基本养老保险，获得晚年经济保障。企业根据自身经济实力，在国家规定的政策和实施条件下为本企业职工建立一种辅助性的养老保险，由国家宏观指导，企业内部决策执行。职工个人储蓄型养老保险是我国多层次养老保险体系的一个组成部分，是由职工自愿参加、自愿选择经办机构的一种补充保险形式。

2. 农村老年人经济保障

据统计，全国总计有60%左右的老年人居住在农村，大多数农村老年人的经济保障是采取家庭保障形式。家庭经济供给经济保障主要来源于子女赡养和供给。农民退休养老制度主要集中在一些经济较为发达的地区。有集体企业或集体经济成分的，在集体积累中列支养老基金。享受农民养老退休金大致分为四种方式：①凡是达到规定退休年龄的农民都可以享受退休待遇，定期或不定期地从乡村经济组织中领取相应的养老退休金。②因工伤残丧失劳动能力的农民，定期发放一定金额的养老金。③对少数年事已高，不能继续胜任工作的老干部、老党员、老模范，实行养老退休办法。④对乡镇企业职工发给数量不等的退休金。从1991年开始，民政部根据国务院的决定，在经济发达的农村和比较发达地区推行农村社会养老保险试点。根据农民自愿的原则，在政府组织引导下，从农村和农民的实际出发，保险资金以农民个人缴纳为主，集体补助为辅，国家予以政策扶持，实行储备积累的模式，建立个人养老保险基金账户。农村的“五保”供养制度是我国农村老年困难群体基本生活救助体系的一个重要组成部分，政府针对农村中的“三无”人员，无法确定赡养、抚养、扶养义务人或者虽有法定赡养、抚养、扶养义务人，但是赡养、抚养、扶养义务人无扶养能力的农村老年人，由国家在吃、穿、住、医、葬方面给予生活照顾和物质帮助的“五保”供养制度。农村老年贫困救助是地方政府组织开发式扶贫。主要扶持低龄、健康、有劳动能力的贫困老年人从事种植、养殖和加工等项目，增强贫困老年人的生产自助能力。积极发挥社会力量在老年贫困救助中的作用，推动各地老年基金会等生活团体、企事业单位和个人开展慈善救助和社会互助，创造结对帮扶、认养助养、志愿服务、走访慰问等多种救助形式，为贫困老年人提供多样化扶助。

(二) 老年人经济保障存在的问题

作为未富先老、老龄化程度严重的特殊历史时期，我国老年人经济保障工作面临着巨大的压力。

1. 农村传统的家庭养老功能弱化

随着社会经济的发展，农村家庭结构和生产方式的变化使得农村老年人经济保障面临更加严峻的形势，尤其是人口老龄化、家庭核心化、人口流动化增加了农村家庭养老的困境。随着农村老龄化程度加快，老年人口扶养比例增大。养老资源需求加大，但家庭赡养能力并未同步提高，从而造成老年人口需求与家庭赡养能力之间的矛盾：长寿与生活质量难以统一，“活得长”与“活得好”变成一对矛盾。

2. 城镇基本社会养老保险面临挑战

城镇老年人经济保障问题主要体现在养老金问题上。老年人口比重提高使养老金支出占社会保障费用的比重迅速提高。我国现有的城镇养老保障制度只覆盖国营企事业单位的职工、政府公务员等有固定收入的生活水平相对较高、较稳定者，大部分劳动者（无正当就业、临时工、个体经营者等）通常未被覆盖。而这部分无稳定收入来源、低收入的人群是最需要养老保障的。他们现有的经济收入水平和社会地位决定了其不可能为将来的养老预留太多的储蓄，现行的养老保险制度又把他们排斥在外。

3. 社会救济作用弱化，贫困老年人缺乏必要的经济保障

我国老年人经济救助体制滞后于我国经济发展水平与老年人的实际需求，对改善老年人生活水平作用有限。在城乡低保制度设置方面，很多贫困老年人被排除于低保制度之外。一些贫困老年人在失去劳动能力之后，缺乏基本的生活来源，逐渐流入城市。城市中不完善的社会救助机构无力救助这些流入城市的贫困老年人，因此老年社会工作者应主动积极地介入为老年人争取相关经济资源，为贫困老年人提供经济保障，保障其基本生活。

三、社会工作介入老年经济保障工作

在老年社会工作中，老年社会工作者对老年人经济保障问题的介入主要包括直接介入和间接介入，在两种不同的视角下，分别采取个案和系统的方法缓解老年人的经济压力，增强其经济独立能力，帮助其实现老有所养。

(一) 直接介入

向老年人介绍有关社会政策，帮助他们了解政府对于老年人的经济保障政策，

明确老年人自身应获得的经济帮助，运用法律手段维护自己合法的经济权利，以获得经济保障，安度晚年。针对不同情况的老年人提供相应的行动建议。对于那些经济困难的农村老年人，老年社会工作者可以与其子女进行深入谈话，教育子女遵守孝道，或者通过法律渠道帮助老年人维护其合法经济权益；对于城镇贫困老年人口，要做好老年人的生活安顿工作，帮助他们呼吁并得到相关部门的妥善安排。同时鼓励并支持老年人自养，对于那些低龄的健康贫困老年人进行相关的技术培训，使其在力所能及的范围内实现自养、自立。

（二）间接介入

老年社会工作者在关注个体的老年人贫困的同时，应该关注更大的社会系统，在宏观上协调有关方面为符合条件的老年人做政策落实工作。为居于弱势地位的贫困老年人代言，为他们争取资源来解决生活困境，向政府部门或民政部门反映老年人的经济情况，以针对政策制定产生的影响；同时倡导家人及其他非正式机构资源对老年人予以经济支持。

（三）运用增权理论，帮助贫困老年人增权

老年社会工作者在面对老年人经济困难的时候，应采取增权理论，帮助老年人明白自己的合法权益，运用法律和组织手段来维护自己应得的经济救助。那些无经济能力购买高价服务和进各类福利院、敬老院的老年人，有权从他们生活的社区得到关怀和帮助。社会工作永远应该面向那些需要救助且无力自我救助的人群。在他们年老且家庭成员缺乏足够资源的时候帮助他们解决困难，使他们在社区内得到免费或者少量花费的社区照顾，这是他们的权利，也是全体社会成员的义务。总之，老年社会工作者必须关注老年人的经济需求，并通过各种途径为其争取资源，使老年人在衣、食、住、行、用方面的基本需要能够得到满足。

第二节　老年人的健康保障

“老有所医”是实现“老有所乐”和“老有所为”的自然和生理基础，能否保持一个健康的身体是老年人实现良好生活质量的前提。

一、老年人健康保障的重要性及存在的问题

（一）老年人健康保障的重要性

老年人健康保障工作是老年人对健康的需要得到满足，实现“老有所医”的健

康需求体系。老年人群具有健康状况较差、患病率较高的特点，因此老年人有更多、更为强烈的健康需求保障，建立健全老年人健康需求保障意义重大。

1. 实现“健康老龄化”的需要

面对严峻的老龄化趋势，联合国提出了“健康老龄化”（Health Aging）的概念，以应对全球人口老龄化的压力。“健康老龄化”是指个体在进入老年期时，在躯体、心理、智力、社会、经济五个方面的功能仍保持良好状态。一个国家或地区的老年人中若有较大的比例属于健康老龄化，老年人的作用能够充分发挥，老龄化的负面影响得到缓解或制约，则其老龄化过程或现象便是健康的老龄化。而躯体、心理、智力、社会、经济五个方面的功能，又与老年医疗保健、经济发展状况、养老保障机制等密切相关。在这些功能中，老年人的身体作为生存和发展的自然基础，是其他功能实现的物质基础，是实现健康老龄化的首要前提。而老年群体是患病最高的一个群体，老年期是人一生中疾病发生率最高的时期，也是一生中花费医药费用最多的年龄段。据不完全统计，60 岁以上的老年人的医药费将会占用人一生中医药费的 80% 以上。因此必须建立健全老年人的健康需求保障制度，满足老年人的医疗需求，保证老年人“病有所医”，保持其身体健康，为“健康老龄化”创造首要的物质基础。老年人的健康需求工作直接关系到老年人的身体健康程度，制约着“健康老龄化”的实现程度。

2. 弱化社会风险，共建和谐社会的需要

老年人的医疗需求不仅仅是患病老年人的个人问题，而且是老年人家庭以及社会的问题。很多老年人的疾病给子女造成了较大负担，对其家庭和社会产生了极大影响，影响社会安定和谐。建立健全老年人的健康需求，解决“老有所医”既是人道主义的基本要求，也是我国创建和谐社会的要求，健全的健康需求保障制度可以在分担老年人家庭风险的同时，降低整个社会面临的风险，从而促进社会和谐发展。

3. 缓解人口老龄化压力，促进社会持续发展的需要

由于人口老龄化发展速度快，在未富先老的情况下，规模巨大的老年人口数量给中国带来严峻挑战。实现“健康老龄化”有利于发挥老年人特有的价值，能够老有所为，既可以减轻社会养老压力，又可以有效促进社会发展，实现社会良性运行。这一切都基于老年人必须要具备健康的身体这一前提。建立完善的健康需求保障制度，不仅使其受到疾病及由此而引发的贫困等社会风险威胁时能够获得基本救助和生活保障，还使其在精神上获得安慰。

（二）我国老年人健康保障存在的问题

我国现有的老年人健康需求保障制度对于稳定在职人员队伍，提高劳动生产率，

保护老年人健康水平，保证老有所医和安度晚年起到了重要的作用。但是由于制度缺少主动发展性，没有随着经济、社会的发展而调整，因此这种健康需求保障制度的问题也在逐渐暴露。

1. 医药负担重、经济压力大

我国老年人健康需求保障层次低，覆盖面小，不能满足“老有所医”的基本要求。在老年人健康需求保障的制度设计中，城镇医疗保险覆盖率较低，弱势老年人群体健康需求被漠视。健康需求保障的商品化分配模式，使得很多老年人由于经济问题被拒于健康需求保障制度之外。那些最贫困的城乡老年人，事实上也是最需要医疗帮助的人，会因为缺乏缴费能力而无法参保，这与健康需求制度的救济性原则是相违背的，与对经济弱势群体保护的一般性原则是矛盾的。

2. 医疗卫生保健体系不能有效满足老年人的健康需求

老年人身体的老化使健康需求成为老年人的首要需求，医疗保健费用支出也成为老年人自身、家庭和全社会的高昂成本。许多老年人有多种慢性疾病，最常见的健康问题有关节炎、高血压、听力与视力损伤、心脏病、骨骼损伤、糖尿病和耳鸣等。而现在主要面向大病和其他病症的医疗制度安排不能有效满足老年人这些疾病的治疗需求，在医疗体系内缺少有效的专为老年人设计的医疗制度安排和相关的政策设置。

3. 农村老年人的健康保障存在制度性排斥

新型农村合作医疗在应对老年人医疗需求方面存在着排斥现象：一方面是老年人医疗费用支付排斥。作为没有经济来源的农村老年人，其医疗费用的支付完全来源于供养人或其他家庭成员，即使新型农村合作医疗可以报销部分费用，但是还有部分费用需要自己支付，没有经济来源的老年人在这个过程中完全处于弱势地位，失去了话语权。另一方面是老年人疾病特性排斥。农村老年人也是慢性病的多发群体，如高血压、颈椎病、腰椎病、痛风等，这些疾病需要平时的生活维护和护理，在很多情况下不需要住院治疗。在我国目前的新型农村合作医疗制度设计上，只报销大病住院医疗费用，老年人的慢性疾病治疗需求被排斥在新型农村合作医疗制度之外，不得不长期忍受这些疾病的折磨。

4. 高龄老年人的长期护理和照顾工作落后

鉴于我国目前的实际情况，高龄老年人的健康需求不能得到有效满足，高龄老年人的身体器官机能老化现象较为严重，有的已经失去了基本功能，需要外部人员加以补充代行，而整个社会对高龄老年人的健康需求却缺少相应的制度安排和社会措施。

高龄老年人的长期健康护理主要存在两个方面的问题：一方面是保障制度缺失，

导致高龄护理工作缺乏专业人员参与。我国在长期保险制度方面落后于老龄化实际发展状况。另一方面在社区服务中，社会工作者缺少相应的社会行动，忽视了高龄老年人健康需求，社区医疗针对高龄老年人的健康照顾尚不健全，缺乏富有爱心的志愿者主动、定时上门满足高龄老年人的健康需求，社区的医疗服务都是被动服务，缺少主动志愿精神。

二、社会工作介入老年人健康保障

健康需求是决定老年人生活质量高低的关键因素，老年人生理上的特点决定了他们对健康需求有特殊要求。为满足老年人健康需求，老年社会工作者主要应采取以下措施。

（一）关注老年人健康保障工作的资金落实情况

老年人健康需求体系的完善情况在很大程度上取决于保障资金的落实情况。虽然老年社会工作者不能直接拨付资金予以保证，但是可以通过调查研究，掌握第一手资料，向相关部门反映老年健康需求的具体情况。在老年健康需求方面最为核心的是资金的落实情况。老年人健康需求体系应该建立以政府投资为主，多样性的投资、融资机制，确保老年人健康需求有稳定的资金来源。呼吁政府增加对公共医疗卫生的投入，提高其占 GDP（国内生产总值）的比重，全面改善社会医疗条件，特别是切实承担起老年基本健康需求与老年社会医疗救助的职责。在制度设计上，老年社会工作者应提出具体的制度建议，加强相关的制度化建设和社会化规范运作，如建立统筹基金和个人账户相结合的基本医疗保险制，使老年人健康需求有稳定的资金来源。

（二）做好医疗保险制度之外的老年人健康保障工作

老年社会工作者应重点关注那些被排斥于现有的医疗制度之外的老年人健康需求问题，采取直接和间接的介入策略，满足他们的健康需求。例如，在制度的设计上，应探索建立一个覆盖全社会老年人的健康需求体系，有效解决老年人特有的健康需求。对于那些城乡生活困难的老年人要提供医疗救助，以使其健康需求得到满足。总之，老年社会工作者要调动各个方面力量来参与老年人健康保障工作。

（三）在诊疗机构开展社会工作服务

由于健康问题，老年人会成为医院、诊所、社区卫生中心、护理院等医疗服务机构的顾客。在这些场所，老年社会工作者提供的通常是与健康有关的服务。可采取的措施：①面向入院老年人的情绪辅导和危机干预。其目的在于减轻老年人对患病的恐惧和担忧，平复其情绪。其做法主要有提供疾病与治疗信息，增进老年人及其家人的抗病信心；提供情绪支持，倡导老年人面对实际，配合治疗；讨论生命的意义，修正老年人及其家人可能存在的错误认知等。②面向出院老年人的服务。一方面协助制订出院计划。其目的是协助病人回家或转到社区服务机构。具体工作涉及对老年人的健康状况进行评估，传递给老年人及家人一些康复知识，协调出院老年人与相关机构（保险公司、社区服务机构、康复治疗中心等）的关系。另一方面开展出院后的跟进服务，如电话沟通、家访等。

（四）开展针对高龄老年人的长期照顾工作

高龄老年人的患病概率高，行动不便，其服务需求经常得不到有效表达。老年社会工作者应该重点关注高龄老年人的长期照顾工作，主动介入高龄老年人的长期照顾活动。例如，为高龄老年人提供直接的健康服务。主要内容包括健康风险评估、例行体检、营养咨询与教育、有关慢性病的健康教育推广活动、精神健康服务、提供老年学咨询等。为高龄老年人提供间接的健康服务。主要内容：①送餐服务、家庭病床服务、家务服务、探访、电话慰问等个人帮助。②提供手杖、轮椅和住所改造等辅助手段。③紧急呼叫系统安装等技术支持。④转介服务、志愿服务、代际互助服务、院舍服务等专门服务项目的提供等。

第三节　老年人的权益保障

维护老龄化特别是高龄化老年人群体的合法权益是老年社会工作者的一项重要职责。

一、老年人权益保障的含义及意义

（一）含义

所谓老年人的权益就是指老年人根据宪法和法律应当享有的各种权益。老年人作为社会弱势群体，其合法权益容易受到损害。老年权益保障工作就是社会工作者依法维护老年人权益，防止老年人的合法权益受到损害，让老年人安度晚年。此项工作包括了立法、执法和为老年人提供法律援助等多方面的内容。

（二）意义

1. 保护老年人合法权益，是构建和谐社会的基本要求

目前我国老年人口已占到全国总人口的13%以上。“莫道桑榆晚，为霞尚满

天”，老年人在构建和谐社会中发挥着不可替代的作用。老年人的合法权益得到切实维护，有利于激发老年人的积极性和创造性，在构建和谐社会中应该充分发挥由老医生、老教师、老科技工作者、老文艺工作者等组成的老年知识分子队伍的知识技能，充分发挥他们在两个文明建设中的作用。

2. 维护老年人合法权益，是提高老年人生活质量的基本保证

老年人合法权益不仅包括法律明文规定的各种权益，还包括对社会发展成果的“共享”权。维护老年人合法权益与提高其生活质量，在内容、目标和任务上是一致的，是一个问题的两种表现形式。提高老年人生活质量，是老年维权工作总的出发点和落脚点；维护老年人合法权益，是提高老年人生活质量的基本保障。因此，要在构建和谐社会中不断提高老年人的生活质量，就必须把维护老年人权益工作放在重要位置。

3. 维护老年人合法权益，是化解社会矛盾、保持社会稳定的重要举措

我国的2.3亿多老年人联系着千千万万个家庭，联系着所有的社会成员。在经济转轨、社会转型的过程中，由于生产方式、生活方式和思想观念的变化，产生了一些社会矛盾。和老年人密切相关的代际隔阂、家庭纠纷等均是较为突出的矛盾。在这些矛盾中，老年人作为弱势群体，利益往往容易受到侵害。通过维权，保护老年人的合法权益，化解各种矛盾，促进代际和谐、家庭和睦、邻里团结，对维护改革、发展和稳定的大局有着积极的影响。

二、老年人的合法权益及权益保障的现状

（一）老年人的合法权益

依据《中华人民共和国宪法》（以下简称《宪法》）和《中华人民共和国老年人权益保障法》的规定，老年人的合法权益有下列基本内容。

1. 老年人的政治权利

政治权利是指公民享有参加国家管理、参政议政的权利和在政治上享有表达个人见解和意愿的自由。享有政治权利是宪法赋予包括老年人在内的所有公民的权利。

2. 老年人的人身自由权

公民的人格尊严和人身自由权不受侵犯，是《宪法》规定的包括老年人在内的公民的基本权利之一。根据《宪法》和法律规定，包括老年人在内的公民的人身自由权主要有以下内容：公民的人身自由不受侵犯；公民的住宅不受侵犯；公民的通信自由和通信秘密受法律保护；禁止虐待老年人；严格禁止侵犯公民的生命健康权；公民的姓名权受法律保护；公民的肖像权不受侵犯；公民的名誉权受法律保护；公

民的荣誉权受法律保护；公民的婚姻自由权不受侵犯。

3. 老年人的宗教信仰自由权

任何国家机关、社会团体和个人不得强制老年人信仰宗教或者不信仰宗教，也不得歧视信仰宗教的老年人和不信仰宗教的老年人。

4. 老年人的社会经济权利

我国《宪法》给予公民的社会经济权利，包括劳动权、劳动者的休息权、退休人员生活的保障权和物质帮助权。老年人作为公民，理所当然地享有社会经济权利，这也是老年人实现其他权利的重要保障。

5. 老年人有享受社会发展成果的权利

老年人享受社会发展成果是对老年人过去劳动价值的补偿。老年人享受社会发展的成果是由我国的社会主义国家本质所决定的。老年人有从国家和社会获得物质帮助的权利。禁止歧视、侮辱、虐待或遗弃老年人。

6. 老年人的受赡养扶助权利

老年人享有受赡养扶助的权利，赡养人应当履行对老年人经济上供养、生活上照料和精神上慰藉的义务，满足老年人的特殊需要。赡养人不得以放弃健康权或者其他理由，拒绝履行赡养义务。赡养人不履行赡养义务，老年人有要求赡养者付给赡养费的权利。

7. 老年人的财产权

老年人的财产所有权，指老年人对其所有的财产享有占有、使用、收益和处分的权利。老年人个人的财产包括合法收入、房屋、储蓄、有价证券、文物和图书资料、生活用品、林木、牲畜和其他合法财产、法律允许公民所有的生产资料。老年人有权依法处分个人的财产，子女或者其他亲属不得干涉，不得强行索取、侵占、毁坏老年人的财物。

8. 老年人的知识产权

知识产权是指公民和法人根据法律规定，对其在科学技术和文学艺术等领域内创造的知识产品（智力成果）所享有的专有权利。保护老年人的知识产权也是一项重要工作。

9. 老年人的继承权

老年人有依法继承父母、配偶、子女或者其他亲属遗产的权利，有接受赠予的权利，任何人不得侵犯，不得侵吞、抢夺、转移、隐匿和破坏应由老年人继承的遗产。

10. 老年人的住房权

老年人的住房权包括房产权、房照租赁权和使用权。老年人自有的或者承租的住房，子女或者其他亲属不得侵占、损毁，不得擅自改变产权关系或者租赁关系。老年人与子女或者其他亲属共同出资购买、建造的住房，老年人依法享有相应的房产权和使用权。

11. 老年人的文化教育权利

老年人有继续受教育的权利，老年人有进行科学研究、文学艺术创作和其他文化活动的自由。

（二）我国老年人权益保障的现状

1. 在制度建设上，逐步完善了老年人维权法律

为了更好地保护老年人的合法权益，使得老年人维权工作有法可依，有章可循，我国颁布实施了《中华人民共和国老年人权益保障法》，对老年人权益保障的目标、内容、方式和责任做了全面规定，为做好老年人权益保障工作提供了有力的支持。在此基础上，我国维护老年人合法权益的法规政策体系初步建立。国务院及有关部门先后就老年人的养老、医疗、生活救助、社会福利、文化教育、法律援助，社会参与以及扶持老年服务设施、发展老年服务产业等方面颁布了一系列法律法规和政策；绝大多数地方还出台了相应的地方性法规和政策性文件，为老年维权工作提供了较好的法律和政策保证。

2. 在实际工作中，依法维护老年人合法权益

在维护老年人合法权益中，一些地方司法部门还对涉老案件实行了优先立案、优先审理、优先执行；一些地方建立了老年人法律援助中心、老年法庭等；制定出台了老年优惠优先政策，实施了司法援助制度；同时，鼓励老年人积极参与社会发展，让老年人的价值得以体现。目前，我国老年人的政治、经济和社会地位明显提高，全社会依法维护老年人合法权益的意识显著增强，依法保障老年人的合法权益工作已逐步走上了法制化、社会化的轨道。

3. 维护老年人合法权益面临的问题

虽然政府和社会在维护老年人权益方面做了大量的工作，但是我们也必须认识到，目前我国老年事业的发展及老年人权益的保障还受到各种社会条件的制约。个别地区和部门对贯彻实施老年人权益保障法的工作重视不够，同时由于老年权益保障法的主体缺乏明确性，导致在实际工作中，法律条文过于宽泛，缺少执行的具体条款，老年人权益保障还是停留在法律层次上，在实际生活中很难落实。有些地方和单位的老年维权工作不能落实，侵犯老年人的住房、人身、财产、婚

姻等合法权益的现象仍时有发生。尤其是子女侵犯老年人财产权益和婚姻合法权益现象比较突出，老年人的合法权益不能得到有效保护。老年人受虐待现象也屡见不鲜，老年人卫生医疗和生活照料问题矛盾还比较尖锐。尤其是农村失去劳动力的贫困老年人生活依然艰苦，可见，依法维护老年人的合法权益仍然是一项艰巨的任务。

三、社会工作介入老年人权益保障工作

老年社会工作者应主动介入老年人的合法权益维护活动中。具体介入措施有保护老年人免受经济方面的剥夺、提供支持性的辅导、发展支持性的服务，以及改变和调整环境等。

（一）直接介入

直接介入的具体做法有很多，例如，为老年人提供法律咨询，协助其维护自己的合法权益；通过志愿服务等方式为需要照顾的老年人提供非正式服务；对老年人提供支持性的辅导，以协助其宣泄不良情绪；与相关侵害人接触，宣讲法律，进行沟通，以促进老年人生存环境的改善等。针对虐待老年人的事件，老年社会工作者还可以组成老年人维权工作小组，请有一定文化知识、经济能力和在社区或村镇里有一定威望和地位的老年人加入，为受害者提供支持，形成群体活动，以帮助受虐待老年人鼓起勇气维护自身的权益。在工作中，要注意对老年人赋权，增强受虐待老年人自我保护的意识、面对困难的勇气、克服困难的毅力。当然，老年人维权常常会涉及与老年人关系亲密的人（如子女），老年社会工作者要注意工作方式方法，既要力所能及地帮助老年人，又要尊重老年人的“自决权”。

（二）间接介入

间接介入侧重于改善老年人所处的环境，其具体做法也有很多，例如，在社区进行法律知识宣传，使社会其他成员重视侵犯老年人合法权益问题的严重性和危害性，了解解决问题的应对措施；发挥资源协调者的角色，在法律援助机构、司法部门或专业法律人士间建立联结；向有关部门反映老年人的情况、诉求等。

老年社会工作中，在满足老有所养之后，就要实现老有所学、老有所乐、老有所为，进一步提升老年人生活质量。老年人生活质量是指老年人对自己的物质生活、精神文化生活、身心健康（或称生命质量）、自身素质、享有的权利和权益以及生存（生活）环境等方面的客观状况和主观感受所做的总评价。

【复习思考题】

1. 简述老年人经济保障的含义。
2. 简述我国老年人经济保障现状。
3. 简述我国老年人维权存在哪些问题。
4. 简述影响我国老年人生活质量的主要因素。

第五章

老年社会政策与法规

学习目标

1. 掌握我国老年社会政策的基本目标。
2. 理解老年社会政策法规的基准。
3. 了解我国老年社会政策法规发展历程和法律层次体系。

老年政策法规规范老年工作，指导老年工作发展方向，在老年工作中起着举足轻重的作用。在老年人政策法规的设置过程中，在价值取向上应遵循福利主义和利他主义的价值取向；在原则问题上，应以尊重老年人的自尊、独立、自主为首要原则。在我国老年政策法规的设置过程中，应遵循本土化原则和与政府、社会、民间有机结合的原则，使老年社会政策法规成为一个完善的体系。在立法实践上，我国的老年社会政策法规在发展历程上经历了四个历史阶段：初创阶段、中断阶段、恢复发展阶段及快速发展并本土化阶段。目前，我国已经形成了从宪法、法律层次到行政法规、国务院部门规章层次相对健全的法规体系，并且逐步搭建了老年政策法规的框架和体系。但由于我国在这方面起步较晚，发展时间较短，且因人口老龄化具有进程较快、发展不平衡的特点，使得我国在应对人口老龄化的政策法规方面还存在诸多问题和不足。

第一节 老年社会政策与法规概述

老年社会政策法规是指国家和政府用来指导或规范有关老龄事务的工作准则，是国家基本的法律法规和政府工作目标在老龄事业上的体现。也是在老龄问题方面政府的意见和行为，反映出社会或政府对老年人的价值观，是开展老年社会工作的政策法规依据。

在老年政策法规的设置过程中，老年政策法规价值取向和基准是核心要素，本节重点介绍关于老年政策法规的价值取向和基准方面的内容。

一、老年社会政策与法规设置的价值取向

（一）社会政策的价值取向

1. 社会政策价值取向的概念

社会政策的价值取向是指在一定价值观的基础上，社会政策主体依据一定的价

值标准对社会政策系统行为的一种选择。社会政策的价值取向对社会政策有深远的影响，它支配人们对政策问题的认定、政策目标的确定、方案的选择以及对社会政策的执行和评估，甚至决定社会政策的性质、方向、目标、手段、合法性、有效性和社会公正的程度。

2. 社会政策价值观的类型

社会政策的价值取向总是以一定的社会价值为基础，可以归结为四种社会政策价值类型：民本主义、官本主义、人本主义和事本主义价值观。这些价值取向是从整体上而言的，在社会政策的实践中，还会由于价值立场、群体利益的博弈等因素，存在着不同的价值观念的交叉。社会政策就是在争议和博弈中作出一定的价值取舍，从而体现出一定的价值取向。我国社会政策价值观的取向经历了一个变化的过程。由事本主义逐渐过渡到人本主义；由计划经济时代的以集体主义思想为指导到今天的以民生为重，以公平正义作为我们价值观的指导，由追求效率到取向公平。

（二）老年社会政策与法规的价值取向

老年社会政策的价值观是在依据老年群体的特殊性的基础上，反映出的老龄问题观和老龄治理观。

1. 老年群体的特殊性——相似性与异质性共存

老年群体最大相似性在于其机体的“老化”。依据丧失理论的基本假设，所谓老化，可以解释为一个丧失和丢失的过程，老龄化就是与一系列的丧失和丢失事件相伴相随的过程。个体老龄化的一切挑战都来自“资源的丧失”，包括角色丧失、亲友丧失、健康丧失和理想丧失。作为老年人都要经历老化的过程和一系列的丧失。同时老年人群体在本质上又是一个异质性很强的群体，个体间的差异性很大，有些丧失并不是所有的老年人都要经历，尤其是亲友丧失只是发生在个别老年人身上。因此，老年政策法规的价值取向要在老年群体的特殊性与差异性方面体现出来，以使政策更好地为老年人服务，满足老年人需求，促进社会发展。

2. 老年政策与法规的价值取向

老年人群体的特殊性决定了老年人在社会生活中一方面是受社会保护、关照的群体，另一方面又是有着独特需求和价值的群体。而作为维护老年人的权益、促进老年人身心发展的老年社会政策法规，其价值取向问题尤为关键。老年社会政策法规的设置即要符合社会福利的价值观，要以解决老年人特有的问题、促进老年人发展作为总的指导理念。因此，老年社会政策法规设置的价值取向应为人道主义和发展的价值观。

（1）以人道主义价值观为取向。人道主义目标就是要关注弱者，提倡共享。虽然老年群体的异质性比较高，个体之间的差异性很大，部分老年人或许还具备较强的能力和一定的社会地位并处于权力和经济的中心。但总体而言，由于老化使得老年人面临着极大的风险，大部分老年人已经处于边缘化的位置，处于相对弱势地位，需要社会保护和照顾。因此老年社会政策法规的人道主义价值观突出地表现在对老年人的全面关怀、努力实现老年人共享社会发展成果、实现公平和效率的统一等方面，老年政策法规关注点是公平、人道主义和福利共享。所以人道主义价值观是老年政策法规的首要价值观。

（2）以发展的价值观为取向。老年政策法规的首要价值观是关注弱者，提倡共享，其次应遵从的价值观则是发展的价值。即要针对老年群体较高的异质性，为老年群体设计出不同的发展理念，实现以老年人的发展来促进社会发展的理念。一方面，要提高政策支持，实现“老年发展”。“老年发展”指老年人在老年期身心健康的发展、社会角色的发展和事业成功的发展。老年期并不是消极无为的阶段，而是存在着巨大的发展潜力。同时“老年发展”是消除老年期负面效应的有效途径。另一方面，要努力激发人口老龄化的正面效应，实现社会发展。认识到老年人并不是社会的负担，而是社会的宝贵财富，部分老年人可以继续为社会做贡献，因此老年社会政策法规应以促进“生产性老龄化”的实现为其目标之一。因此老年社会政策法规在坚持以人道主义目标，关注弱者，提倡共享的基础上，应努力激发人口老龄化的正面效应，以前所未有的“老年发展”来促进社会发展。

二、老年政策与法规的设置基准

在西方国家中，主要以年龄或需要为基准来制定老年政策和服务项目，核心是对老年人群体的界定和服务提供的标准界定，即什么样的老年人可以享受到政策规定的保障和服务。

（一）以年龄为基准

倡导者认为在老年人的政策法规设置中应以年龄为基准，即仅以年龄来考虑其享受服务的合理性，不考虑老年人的其他事项。这样充分照顾了老年人的尊严和独立性。

倡导者认为以年龄为基准的项目能够设定最低限度的保护，与以经济需要为基准的项目相比，给老年人贴的标签少些，而且尊重了老年人的尊严和独立性，由于以年龄为基准的服务项目很少涉及资格的争论，因而行政上的强制性少了很多。

1. 以年龄为基准的政策符合身体老化趋势，有利于提高政策法规的有效度

以年龄为基准是由人的生理状况决定的。一般情况下，人在60岁以后，身体机能逐渐老化，已经不能从事一些繁重的劳动。因此，以年龄为基准符合了绝大多数老年人身体机能老化的趋势。在实际工作中，尤其是在政策法规层面上以年龄为基准便于统一操作，有利于制定基本的法律法规，规范各地各区域关于老龄法规政策的设置，在总体上可以有效保护老年人的合法权益。

2. 以年龄为基准存在的问题

首先，以年龄为基准强调了“老年是一个问题”这一观念，无形中变成一种年龄歧视，给老年人群体贴上了标签，不符合成功老龄化的要求；其次，年龄基准只是在总体上满足了老年人的较低发展层次的需求，很难满足老年人较高层次的需求，因为老年人的需求不仅仅是经济需求，还有很多其他较高层次的需求，如价值需求、发展需求等。

（二）以需求为基准

即仅以需求来考虑其合理性，通过探讨老年人的需求结构与变化规律来设计相关的老年政策法规为老年人服务。以需求作为基准要涉及老年人需求层次的界定问题，老年人需求的界定首先应考虑老年人的需求结构与变化规律。

1. 老年人的需求结构与变化规律

（1）老年人的需求结构。从横向结构看，老年人不同群体需求表现出不同的性质，既有依赖性需求，也有自主性需求；既有生存性需求，也有发展性需求。从纵向结构看，老年人的需求大致可以分为三个层次：生存性需求、发展性需求和价值性需求。

老年人的生存性需求是指基本需求的满足，比如健康和安全就属于生存性需求。发展性需求是指在满足了基本的需求之后，老年人的较高层次的需求，这种需求有利于促进老年人心智和角色的发展。价值性需求是最高层次的老年需求，要求实现老有所成，在老年能够成就一番事业。

（2）老年人需求变化规律。老年人需求结构的变化呈现在世人面前的是一种自内隐到外显、自低级到高级、自物质到精神、自家庭到社会的一种扩张路线，每一层面的需求都有符合老年人特点的地方，有异于中青年人的需求。

2. 以需求为基准的老年政策法规

（1）老年人并不是老而退休的群体，老年人有自我发展的需求，部分老年人也具有继续工作的能力。社会通过差异性的政策满足不同层次老年人的需求，有利于帮助老年人实现自身价值，构建“生产性老龄化”，把老年人的内在价值释放出来，

有效转化为生产力。一方面可以有效减轻我国社会养老压力，另一方面可以实现社会生产的发展，促进社会良性循环。因此“生产性老龄化”不仅可以解决社会经济压力，而且可以减少社会负担，实现老年人的自立、自主和自养，促进“成功性老龄化”的实现。

（2）体现了以人为本的基本价值取向。随着我国经济社会的发展，老年人的身体状况和经济收入水平都有了较大的提高，老年人的需求并不仅仅局限在经济方面，而且有着更多主动需求。以需求为基准来制定老年政策，可以满足不同情况、不同年龄段和不同区域的老年人的需求，可以有效满足老年人的多种需求，更加贴近老年人的实际需要，更加符合老年人的生命阶段和差异性特征。避免了以年龄为基准的一刀切现象。

（3）以需求为基准的政策存在的不足。虽然以需求为基准有利于发挥老年人的发展性和价值性，但是在实际操作中存在许多的问题：一方面以需求为基准在政策法规上不易于操作，老年人的个体间需求差异很大，很难用法规政策作为统一的标准来实施；另一方面由于需求基准（特别是经济需求）要经历一些严格的评审和预估，常常会排斥一些老年人的参与，损害老年人的尊严，许多老年人出于尊严和自立的原因而拒绝接受服务。

3. 年龄和需求的混合基准是老年社会政策发展的趋势

目前在世界上关于老年人的政策基准问题出现一个新的趋势，即兼顾老年人年龄和实际需求。在具体的操作上，把老年人按照年龄分类，对不同年龄段的老年人需求实行相应的政策设置。按照年龄和需求共同来设置老年政策的优势：老年政策法规既能面向所有年龄层次的老年人提供基本的保障和服务，又能依据老年人的不同需求进行个体化满足，形成一个立体的、动态的网络式政策体系，有效实现“成功性老龄化”目标。

目前老年人政策设置上多以年龄为基本立足点。比如，在美国、中国大部分老年人政策设置是以年龄为基准的，政府主动为任何因年龄而有资格享受社会照顾的老年人提供资金以及政策支持，还有很多国家法规政策偏向于以年龄为基准来制定相关政策法规。在中国，目前是按照年龄基准进行老年人政策设置，如统一规定了退休年龄，在老年人的认定上也是遵循年龄标准而非需求标准。但是在一些具体政策上又是以老年人的需求为基准来制定的，目前广为流传的六个“老有所”的政策目标就是基于老年人的需求而制定的，并且政府把它们作为我国老年社会工作目标，国务院各部委专门下发文件确保六个“老有所”目标的落实。老年政策法规的设置过程中，也进一步研究老年人的需求结构和变化，在政策设施上更加贴合老年人的实际需求。在满足老年人的基本生存需求之后，积极转化老年人的价值需求，把老年人的价值转化为有效生产力，以此应对老龄化的压力。

三、老年社会政策与法规的设置原则

（一）联合国老年政策设置的原则

在1991年的联合国国际老年人年会上，联合国公布了《联合国老年人法》，制定了老年政策法规设置方面应遵循的基本原则，包括独立性、参与、照顾、自我充实和尊严五个方面。独立性：老年人在他们的环境中获得生理的、经济的和社会资源的权利，从而最大限度地争取独立，实现自立、自主、自养；参与：老年人应拥有社会参与的权利和自己进行社会呼吁的权利，老年人有权参与社会活动、共享社会发展的权利，有权参与制定和实施那些直接影响他们生活的政策；照顾：老年人应有尊严地通过获取家庭照顾、社区关怀、健康照顾、医疗护理、法律关心和社会关怀等，拥有良好的生活质量，他们在任何地方都应该能够享受人类基本的权利和自由，包括完全尊重他们的尊严、信仰、需要和隐私，以及对照顾和生活质量自决的权利；自我充实：老年人有权获取资源，发掘机会来发现自己的潜能，实现老有所成；尊严：老年人有权过有尊严的生活，老年人应该有尊严和有保障地生活，不应受到剥削、身体和精神上的虐待，不论年龄、性别、种族和民族背景、残疾或其他，都应该被公平地对待。

从《联合国老年人法》和《2002年马德里老龄问题国际行动计划》等联合国的一系列文件中可以看出，联合国指出了老年政策法规和制度的发展方向，提出了非常明确的信念和立场——为了提高老年人的生活质量，老年人有权获取其所需要的资源，拥有美好的晚年生活。这些文件对我国建立与完善老年政策法规与制度有着非常重要的指导性意义。

（二）我国老年社会政策与法规的设置原则

为实现老年社会工作的基本目标，使政策法规在实际生活、工作实践中便于操作，更好地服务老年人，在老年社会工作中发挥更大作用，我国的老年社会工作政策法规制定应遵循以下基本原则。

1. 尊重原则

老年政策法规要在总体上反映社会对老年人的价值观倾向，一切是为了老年人创造一个和谐、安定的社会环境，以老年人的需求为核心是制定政策法规的出发点。应切实保护老年人的权益，尊重老年人的需求，充分维护老年人的尊严，不得有任何歧视老年人倾向的条款。一切政策法规均要保障老年人权益，使老年人的尊严、独立性、参与性、获得照顾的权利和自我实现的能力，都能得到相关政策法规的明确保障。

2. 社会保护原则

社会保护是指由政府或其他社会组织建立各种保护性的制度和措施，以避免或减弱弱势社会群体在经济社会变迁过程中所遭受的利益损害。老年社会政策法规明确规定老年人作为特殊群体，在社会资源二次分配中，应予以重点倾斜，重点保护老年人生活、医疗、照顾需求，以抵消社会经济文化变迁过程中对老年人造成的“社会损害”。因此社会保护原则成为老年法规政策的重要原则之一。社会保护可按照社会关照和社会补偿原则来实施。

3. 相似性与差异性原则

首先，老年人在总体上具有相似性，即老年人都面临着基本的生理老化和一系列机能的丧失，因此老年人群体在整体上的相似性应成为老年政策法规的基本立足点。其次，老年人群体又具有较大的差异性，即在老年人群体内部存在差异。老年人存在区域差异、年龄差异、身体状况差异、知识结构差异等，老年人的需求也会因为这些差异而有所不同，因此老年政策法规的设置应根据不同的群体需求设置相应的法规体系。

4. 本土化原则

与世界其他老龄化国家一个重大的区别就是我国的老龄化是在未富先老的特殊情况下发生的，而且我国特有的二元社会结构使得老年人在空间位置上被分割为城乡两大群体。实现社会成员共享我国社会发展成果是我国制定一切政策法规的目标，同样在老年社会政策法规的设置中，也应遵循这一目标，因此我国的老年政策法规的设置应结合我国的具体国情进行本土化设置。一方面老年政策法规应充分保障农村老年人合法权益与基本福利需求，使得农村老年人也能分享改革开放的成果，从经济增长中获益；另一方面由于老年人口基数过大，我国老年人发展又不能一步实现城乡完全统筹发展，因此应在老年人社会政策法规中分步骤、分情况地实现城乡和谐与统筹发展。

四、我国老年社会政策的目标

我国老年人社会政策法规目标就是六个“老有所”，即老有所养、老有所医、老有所学、老有所教、老有所乐和老有所为。这六个目标涵盖了老年人的生存需求，发展需求和自我实现的需求，形成了一个立体、丰富的层次体系。

（一）老有所养

老有所养指要满足老年人衣、食、住、行、用等需要。这是老年人安度晚年最基本的生活要素，也是老年人要继续生存下去的物质保障。除经济供养外，老有所养还包括对老年人的生活照料和精神慰藉这两项不可忽视的内容。

（二）老有所医

老有所医指要满足老年人看病和治病的需要。随着老年人年龄的增长，其各种生理机能开始衰退，抵抗疾病的能力也开始减弱，因此疾病明显增多。老年人要想健康地度过晚年，有病能够及时治疗是一个重要的保证。

（三）老有所学

老有所学指要满足老年人学习新知识与技能的需要。老年人根据社会的需要和本人的爱好，学习掌握一些新的知识和技能，既能陶冶情操、丰富生活，又能学到老有所为的新本领，从而实现老年人"以学促为"和"学为结合"的目的。

（四）老有所教

终身学习是全世界的共识，由于老年人个人文化修养存在较大差异，直接影响老年人的老有所乐和老有所为，因此要把老年人接受教育提到重要位置，确保老年人实现终身接受教育的权利。

（五）老有所乐

老有所乐指要满足老年人的文体活动需要。通过参加各种文化和体育活动，老年人可以丰富生活、增添欢乐、增强体质、减少疾病，从而使他们能够幸福地安度晚年。

（六）老有所为

老有所为指要满足老年人继续为国家、社会和家庭做贡献的需要。老年人虽然完成了国家法定的劳动义务，但许多老年人尤其是身体健康的老年人不愿待在家里安闲度日，而是渴望用自己掌握的知识、技能和本领，继续为国家、社会和家庭做贡献。

第二节　中国老年社会政策与法规的发展

我国政府历来重视老年人工作，除了在有关法律中专门设置了针对老年人的条款，近些年来也在建立老年社会政策方面做了很多努力，为老年人社会工作的发展提供了指导。

一、中国老年社会政策与法规的历史

（一）老年社会工作政策与法规的初创阶段（1949—1966 年）

从 1949 年中华人民共和国成立到 1966 年“文化大革命”开始为我国社会政策的创立时期，也是老年社会政策法规萌芽时期。中华人民共和国成立以后，中央政府在沿袭传统的基础上，借鉴国外经验，开始建构政策法规体系。由于特殊的国情和外部环境，中央政府没有专门设立关于老年人的专项法规政策，关于老年人的法规政策都是零散地分布在《宪法》及其他政策制度中。因此，这一时期的老年社会政策法规处于一个碎片化时期。

1. 建立了旨在保护工人阶级利益的退休制度

1950 年，中央人民政务院财经委发布了《关于退休人员处理办法的通知》（简称《退休人员处理办法》）。1951 年，中央人民政府政务院根据《中国人民政治协商会议共同纲领》中关于“逐步实行劳动保险制度”的规定，颁布了《中华人民共和国劳动保险条例》（以下简称《劳保条例》）。1953 年，随着全国财政经济状况的好转，政务院修订了《劳保条例》，修订后的《劳保条例》对于退休年龄做了统一规定：企业、机关、事业单位的男性职工年满 60 岁，女职员年满 55 岁，女工人年满 50 岁，本企业工龄满 10 年的可以退休。从事高温、井下等工作和有害身体健康工作的职工，退休年龄还可提前 5 年。退休金按工龄长短或参加工作时间的先后发给本人工资的 60% 至 75%。对于全国劳动模范、战斗英雄，退休待遇可适当提高。1955 年，国务院颁布了《关于国家机关工作人员退休处理暂行办法》（简称《退休处理暂行办法》），适用于国家机关及所属事业费开支单位的工作人员。从此，企事业单位和国家机关普遍实行了退休（养老）的办法。1958 年，经全国人大常委会讨论通过，国务院颁布了《关于工人、职员退休处理的暂行规定》。建立了因病因公丧失劳动能力的人员退休后的养老金的发放办法，普遍适用于国营、公私合营的企事业单位和国家机关、人民团体的工人与职员。该暂行规定的实施标志着中国除农村地区外，在城市实行了普遍的退休制度，社会养老保障体系在城镇初步建立。

2. 设置了城乡五保供养制度

政务院在《1956 年到 1967 年全国农业发展纲要》中明确提出，“农业合作社对于社内缺乏劳动力、生活没有依靠的社员，应当统一筹划……在生活上给予适当照顾，做到保吃、保穿、保烧（燃料）、保教（儿童和少年）、保葬，使他们生养死葬都有指靠。”从此，人们便将吃、穿、烧、教、葬五项保证简称“五保”，将享受“五保”的家庭称为“五保户”，形成了独具中国特色的农村五保供养制度的雏形。

从20世纪50年代起，各地相继兴办了敬老院，将部分五保对象集中供养，逐步形成了集中供养和分散供养相结合的五保供养模式。退休制度与五保供养制度的出台，标志着我国老年社会工作政策法规进入了创立阶段。

（二）老年社会政策与法规的停滞时期（1967—1977年）

1966年到1976年十年期间，是我国社会政策遭受重创时期。在理论上，《中华人民共和国劳动保险条例》被否定。在实践上，社会保障机构被撤销，正常的退休制度被中断，退休费用统筹被取消，社会保障立法处于停滞状态，老年人社会政策法规处于完全停滞时期。

（三）老年社会政策法规与国际接轨时期（1978—1994年）

1978年，我国通过调整政策，全面确立了一个中心、两个基本点的基本路线，自此进入了以经济建设为中心的新的历史发展时期。社会保障步入正轨，向着法制化、制度化方向发展。伴随着国际老龄化趋势的发展，我国老年人立法工作逐步与国际接轨，成立了老年人工作领导机构，老年人社会政策法规步入正规化与法制化阶段。

1. 养老保险制度逐步确立

1978年，国务院颁布了《国务院关于安置老弱病残干部的暂行办法》和《国务院关于工人退休、退职的暂行办法》。前者是关于干部退休的决定，适用于党政机关、群众团体和全民所有制企事业单位的干部，以及因工作需要由组织委派到集体所有制企事业单位的国家干部。后者适用于全民所有制企事业单位和党政机关、群众团体的工人。这两个文件，把原来干部、工人实行同一个退休办法，改为分别实行两个办法，制定了养老金最低保证线的标准。1984年，在广东、江苏等部分地区的市县试行的退休费用社会统筹，揭开了社会基本养老保险改革的序幕。1986年，中国开始实行劳动合同制度，建立了劳动合同制工人的养老保险制度，1991年，国务院发布了《关于企业职工养老保险制度改革的决定》，实行基本养老保险、企业补充养老保险和职工个人储蓄性养老保险相结合的养老保险制度，基本养老保险费用由国家、企业和个人共同负担，实行社会统筹，先由市、县级统筹再逐步过渡到省级统筹。

2. 老年社会政策法规作为独立政策体系步入法制化、系统化轨道

20世纪80年代，随着人口老龄化的发展，我国的老龄工作开始与国际接轨。1982年7月26日到8月6日，联合国在维也纳举行了为期10天的首届老龄问题世界大会。会后，我国成立了“中国老龄问题全国委员会”，并建立了自上而下的组织体系。此后，我国老龄工作进入快速发展时期，老年政策法规开始作为独立和专

项的体系被纳入法制化、系统化和制度化的法律体系。

（四）老年社会政策与法规快速发展并本土化时期（1994 年至今）

1994 年以来是我国社会政策的深化改革时期，明确了社会保障制度是构筑我国社会主义市场经济框架的五大体系之一。与此同时，我国的老年社会政策法规也进一步发展完善，并力图在借鉴国际先进经验的基础上实现本土化。

1. 继续深化养老保险改革

《国务院关于深化企业职工养老保险制度改革的通知》《国务院关于建立统一的企业职工基本养老保险制度的决定》《关于认真做好当前农村养老保险工作的通知》等政策法规的出台标志着我国在面对快速老龄化新形势下，针对我国老年人养老保障问题继续深化改革，进一步健全我国的养老保障体制，以期走出具有中国特色的养老保障体系。

2. 确立了老年权益保障专门法

以 1996 年发布的《中华人民共和国老年人权益保障法》为标志，中国老年社会政策法规进入了一个全新的发展时期。在法律责任中，它规定了侵犯老年人合法权益应该承担的民事责任、行政责任和刑事责任。我国首次以专门法的形式把老年社会工作系统纳入法律体系，并为我国老年政策法规与法规的制定和实施提供了坚实的法律基础。

3. 党和政府在老年政策法规发展方面起到主要作用，并规范老龄化发展方向

随着老龄化的逼近，党和政府把老龄事业纳入国家和地方国民经济和社会发展计划中，与社会经济同步发展。在国务院发布了《关于成立全国老龄工作委员会的通知》后，我国正式成立了全国性的老龄工作机构。随后发布的《中共中央、国务院关于加强老龄工作的决定》规定了我国老年工作的指导思想、原则和目标等内容；与此同时、各地也根据本地实际制订了老年事业发展的中长期计划，纳入当地的国民经济和社会发展计划并付诸实施。

二、中国老年社会政策与法规体系

经过几十年的努力，我国老年社会政策已经形成了一个相对完善的法律体系，涵盖了从国家立法层次的基本法到国务院和各部门的行政规章以及地方政府规章制度等不同层次。

（一）《中华人民共和国老年人权益保障法》

《中华人民共和国老年人权益保障法》于 1996 年 8 月 29 日由第八届全国人民代

表大会常务委员会第21次会议通过，自1996年10月1日起施行。该法是我国历史上第一部专门保护老年人权益的法律，它的制定和颁布实施标志着我国老年人权益保障工作从此走上了法制轨道，在我国法律体系中具有重要地位。它是特别基本法，调整的是特殊社会群体或领域与社会的关系，与《中华人民共和国未成年人保护法》《中华人民共和国妇女权益保障法》《中华人民共和国残疾人保障法》《中华人民共和国特区法》等处于同一层次。

《中华人民共和国老年人权益保障法》的立法依据是《中华人民共和国宪法》，制定的宗旨是为了保障老年人合法权益，发展老年事业，弘扬中华民族敬老、养老的传统美德。《中华人民共和国老年人权益保障法》与其他法律的共同点：一旦施行，就具有强制性，任何组织或个人必须无条件执行；具有权威性，有关部门的法规、条例、政策不得与之相抵触；具有稳定性，不得轻易改动，不因少数人的意志改变或领导成员的更替而变化；具有实践性，有关部门都要依据法律规定的原则完善自己的职能，以切实保障老年人的合法权益。

（二）《中共中央、国务院关于加强老龄工作的决定》

《中共中央、国务院关于加强老龄工作的决定》（以下简称《决定》）是党中央、国务院在我国人口年龄结构进入老龄化阶段的新形势下，为加强老龄工作、发展老龄事业作出的重大决策。《决定》规定了我国老龄工作的指导思想、原则和目标等内容，总结了我国老龄工作的经验、成就与问题，明确规定了今后老龄工作的指导思想、方针和原则，提出了具体的目标、要求和任务。该《决定》不仅是指导我国今后开展老龄工作的纲领性文件，也为继续健全与完善老年政策法规体系指明了方向。

（三）中央政府颁布的具体的老年社会政策法规

在实践中，为了落实老年基本政策的目标或解决某一具体问题，国务院和有关部委相继出台了数量众多、涉及面广的具体老年政策法规以及一些具体措施、规定、操作程序和实施办法等。这些具体政策涉及养老社会保障、老年医疗、老年管理、老年文化、老年教育、老年住房建设、老年福利设施和老龄福利企业等诸多方面。

1. 老年需求方面的政策法规

老年需求政策是指根据老年人需求的变动而发展的老年政策法规内容，包括经济、医疗卫生、政治、文化和社会等方面，囊括了对老年人生存和发展的各种条件的规定。经济保障的政策体系主要包括对各种途径和来源的收入保障、社会救济、社会福利待遇。如《国务院关于安置老弱病残干部的暂行办法》《国务院关于工人退休、退职的暂行办法》《国务院关于企业职工养老保险制度改革的决定》《国务院关于建立统一的企业职工基本养老保险制度的决定》《农村五保供养工作条例》《城市居民最低生活保障条例》《关于建立统一的企业职工基本养老保险制度的决定》等等。医疗卫生政策涉及老年人疾病的预防、治疗、康复等方面，如《关于加强我国老年医疗卫生工作的意见》等。老年人政治方面的政策体系一方面包括老年人作为公民应该拥有的权利和义务，如参政权、议政权和人权等，另一方面包括老年人作为特殊群体的一员可以获得社会保护的权利和义务。文化方面的政策体系包括文化教育、思想道德教育、体育活动、伦理价值和精神生活等内容，如《关于进一步加强老年教育工作的通知》《全民健身计划》等。

2. 老年人服务体系方面的政策法规

这些政策规划了老年社会服务的发展方向，并就服务提供的形式、标准、评估等做出了具体规定，有利于推动为老年服务业向着专业化、法制化的方向发展。如2013年民政部、老龄委、发改委等11家单位联合颁布的《关于加快发展养老服务业的若干意见》，阐释了加快发展老年服务的意义，提出了发展居家服务、推动老年护理、开发老年用品市场等六个方面的具体工作。2001年，民政部颁发了《老年人社会福利机构基本规范》，标志着我国老年福利事业的发展朝着规范化的方向迈进。2005年，民政部颁布了《关于支持社会力量兴办社会福利机构的意见》。2008年，全国老龄办、发改委、卫计委等数家单位提出了《关于全面推进居家养老服务工作的意见》，提出了全国城市社区基本建立起多种形式、广泛覆盖的居家养老服务网络，使社区居家养老服务设施不断完善，服务内容和形式不断丰富，专业化和志愿者相结合的居家养老服务队伍不断壮大，居家养老服务的组织管理体制和监督评估机制逐步建立、健全和完善。

（四）地方政府制定的老年社会政策法规

为了将中央决策落到实处，同时立足本地区实际情况，各地在有关法律、法规、政策框架内制定出台了大量老年社会政策。以上海市为例，为了贯彻落实《中华人民共和国老年人权益保障法》，上海市通过了《上海市老年人权益保障条例》作为上海市老年规章条例的基本条例，对老年人在家庭抚养与赡养、社会保障、参与社会发展以及法律责任等方面做了系统的规定。在规范养老机构管理方面，上海市颁布了《上海市养老机构管理办法》《上海市养老机构设置细则》《关于进一步加强养老机构管理的若干意见》《上海市养老机构管理和服务基本标准（暂行）》等。在人员培训方面，出台了《上海市民政局关于本市养老机构工作人员培训工作的暂行规定》，对养老机构的工作人员的服务技能、态度以及培训机构提出了要求。为了推进老年社会服务的多元化发展，不断提高养老福利服务水平，上海市颁布了《关于进一步促进本市养老服务事业发展的意见》，提出了“着力打造与上海人口老龄化进程相适应、与上海经济社会发展相协调，服务方式多样化、服务功能多层次、投入主体多元化的新型养老服务模式”的工作目标。

为了推进老年服务业的社会化发展，北京市颁布了《北京市民政局关于资助社会力量兴办社会福利机构的通知》《关于资助街道乡镇养老服务机构建设的通知》，天津市颁布了《天津市关于推进居家养老服务政府补贴工作的实施意见》《天津市关于资助社会办养老机构管理办法（试行）》，贵州省颁布了《关于实施“老有所养”行动计划的意见》，江苏省印发了《江苏省老龄事业发展“十三五”规划》等。在经费保障及机构管理方面，无锡市颁布了《关于印发无锡市市区高龄、贫困老年人入住养老服务机构补贴办法（试行）的通知》，辽宁省印发了《关于规范居家养老服务经费管理和使用的通知》，北京市颁布了《关于规范北京养老服务机构“公办民营”模式加强监督与管理的通知》，河北省颁布了《河北省社会福利院管理规范》。

第三节　中国老年社会政策与法规评价

我国老年社会政策法规经过60余年的发展历程，从无到有，逐步发展，不断完善，形成了有中国特色的老年社会政策体系。这些政策法规体系规划了中国老龄工作的发展方向、目标和具体的操作程序。但是在中国特色的老龄化趋势的压力下，老年社会政策法规还需要进一步完善，以适应经济、社会形势的发展，从而有效应对老龄化发展趋势。

一、中国老年社会政策与法规取得的成就及存在的问题

（一）我国老年社会政策与法规取得的成就

1. 初步形成了老年政策法规体系，搭建了老年政策法规框架

我国通过60多年的探索发展，在应对人口快速老龄化的基础上，形成了以《宪法》为基础，以《中华人民共和国老年人权益保障法》等基本法律和行政规章为核心的相对完善的老年政策法规体系。在纵向上，形成了由老年基本政策和具体老年政策法规等纵向结构体系；在横向上，形成关于老龄问题的经济、医疗卫生、政治、文化和社会政策等横向结构体系。与此同时，我国也初步搭建了老年政策法规基本框架。为我国老年社会工作提出了原则与指导方向，构建了老年社会保障制

度，逐步把农村养老纳入法制化轨道。这些基本养老保障政策法规的完善，促进了我国经济和社会的快速发展。

2. 提出了系统的老年社会政策法规目标

中国老年社会政策体系初步形成了一个包括经济、医疗卫生、政治、文化和社会等各个方面内容比较完整的老年政策法规体系。在综合发展的同时，针对我国老年人实际情况，提出了六个“老有所”的老龄工作目标：老有所养、老有所医、老有所为、老有所学、老有所教及老有所乐。各地区也根据本地实际情况制订了老龄事业的中长期计划，有力地推动了我国老龄事业的发展。快速发展的老年政策法规是与中国快速人口老龄化形势密切相关的，随着中国人口老龄化速度的加快，中国老年政策法规体系发展的步伐肯定也会随之加快。

3. 社会化、市场化模式逐步结合

在发展的过程中，老年社会政策不断强调解决老年问题既是政府的责任，也是全社会的责任，发展老龄事业要采取国家、社会、家庭、个人相结合的方针，走社会化道路。在政府逐步增加投入的同时，积极鼓励和扶持社会组织或个人共同参与老龄事业的发展。提倡老龄事业在服务主体、内容和形式上的多元化。在养老资源中，政府逐步通过市场来配置资源，提高资源的效率，利用市场杠杆来调动社会参与发展老龄事业，提倡“以事业发展产业，以产业促进事业”。在二元化的社会结构中，在老年社会保障普惠化、均等化的发展趋势下，中国老年政策法规正在逐步走出一条“政府主导，社会参与，责任同担，利益共享，全面发展”的道路。

（二）我国老年社会政策与法规存在的问题

虽然我国的老年社会政策的发展是迅速的，也是有成效的，但是由于制度和政策因素，不少老年人没有被纳入社会共享的制度和政策框架之中，我国在老年政策法规的建立发展中还存在以下问题。

1. 老年人社会政策法规体系建设缺少配套衔接和协调

（1）缺少配套措施，可操作性差。目前我国的老年政策法规更多的是停留在政策性文件规定的层面，从法律操作层面上看，许多法律条款规定得比较笼统，缺乏可操作性，使得执法机关在实际工作中无法有效落实。

（2）与其他经济、社会发展政策缺少协调。老年社会政策所涉及的问题实质是社会代际关系问题，是全社会的利益分配问题。一个国家的老年政策法规的制定深受本国经济、政治、文化的制约，因此必须与社会经济发展水平相适应。我国在社会主义初级阶段经济尚不发达时就面对人口老龄化，这种未富先老的国情决定了我国不可能照搬发达国家的模式，实行“从保障到福利”，而是应该走中国本土化道路，与中国的经济、社会发展相适应。

2. 发展滞后，落后于老龄化发展实际

由于我国老年人立法缺乏长远性与前瞻性，在实际情况产生之后才制定。如为了应对人口压力，我国把计划生育政策作为基本国策之一。虽然实行计划生育之后，我国的生育率迅速下降，人口的压力有所缓解，但是人口老龄化问题显露出来了。接着许多城市又出台了二孩的政策以应对人口老龄化问题，这样的政策并不能从根本上改变目前我国人口基数大，老年人口多，以及家庭结构小型化等问题带来的老年人口养老问题。可见，通过调整政策，尤其是调整人口政策来解决人口老龄化并不是上策。

3. 二元性的制度设计有违老年保障均等化、普惠化的发展趋势

我国的老年政策法规内容具有二元性，在城市和农村存在明显差别。如社会养老保障制度只是覆盖了绝大部分的城市地区，广大的农村只有一些老年社会救助内容。在一些政策的规定上也只是涉及或落实到城市甚至只是大中城市，关于农村养老通常只有一些原则性的规定，虽然我国的国情不能实现全面福利状态，但是在老年社会政策层面应将老年人保障的均等化与普惠化作为自己的立法理念，而不应在法律上存在二元结构。

4. 老年人社会政策的落实不到位和不落实的情况突出

地方政府往往更加重视本地的经济发展状况，重视那些易于造成社会事件的其他群体性问题，对老年人问题却没有给予足够重视，尤其是在涉及地方财政投入方面。我国老年人社会政策的颁布和实践很大程度上缺乏社会的参与和群众的支持，老年社会政策的有力执行迫切需要增强全社会的老龄意识、养老意识，并形成良好的尊老、爱老、敬老的风气。因此，应通过各种途径广泛宣传老年政策法规，尤其要建立起功能齐全的老龄问题及老年政策法规的专门网站，公布所有可以公布的政策数据，帮助公民了解在老龄化问题上全社会所面临的挑战及与老年相关政策法规的运行状况，以增强公民忧患意识，争取得到全社会对老年政策和法规出台的支持。

二、中国老年社会政策与法视的完善方向

据全国老龄委发布的《中国人口老龄化发展趋势预测研究报告》，21 世纪的中国将是一个不可逆转的老龄社会。因此，尽力完善老年社会政策应是今后我国各级政府认真关注的事情。

（一）立法理念要与经济、社会发展相适应，以满足老年人的发展

目前，我国制定老年社会政策法规的理论和文化依托之一是我国传统的尊老养老文化。我国老年政策法规立法的基准是年龄，应考虑低龄（60~70岁）老年人的需求，处于这个年龄段的老年人只要身体健康，还在努力追求自己的生活层次，大都不愿意接受“老年人”这个年龄标识。应重视这一部分老年人的发展、独立、参与需求，为其实现发展需求和价值需求提供政策支持。

（二）老年社会政策的设置应遵循科学化发展的方向

老年社会政策法规是否能够得到群众的支持和社会的认可，其根本在于老年社会政策的正确与否。因此老年社会政策的科学化始终是老年社会政策体系发展的主题。科学化中有两个方面是当前工作中必须加强的。一方面是制定政策的信息和决策系统的科学化，这需要加强对老龄问题的理论和应用研究，提供决策分析的科学手段。另一方面是加强老年政策法规的评估，这需要对老年政策法规的目标、过程和结果都进行必要的成本和效益分析，避免政策的随意性和低效率。

（三）建立并推行老年社会工作者制度

必须从政策制度设计上改变目前为老年人服务队伍专业素质较低、服务技能差，以及服务过程中人为造成的老年人意外伤害事故的现状，积极与国际社会的先进经验接轨，把专业社会工作者的资格认证等引入我国的养老服务领域，与我国实际结合，形成具有中国特色的老年社会工作者制度。

（四）老年社会政策法规应缩小区域差异，追求公平

由于社会经济发展的二元性决定了老年政策法规内容的二元性，造成城乡二元结构的对立，城乡老年社会福利割裂、反差明显的状态。应重视农村老年人的合法权益，在法律上，作为社会的公民，老年人享有所有公民应该拥有的平等权利，不得以任何形式剥夺老年人的权利，反对任何形式的忽视、歧视和虐待老年人的行为。同时老年人作为社会发展的建设者、参与者也应平等地享有社会发展的成果。因此逐步建立起城乡协调、均衡、统一的养老保险、医疗保险、护理保险、低保制度、医疗救护和贫困救助制度等，应成为今后老年人立法方面的长期任务。

总之，在我国老年社会政策的设置过程中应遵循两个趋势：从需求到权利的趋势和从保障到福利的趋势。我国老年社会政策的设置和发展应逐步建立科学、规范、完善、公平的老年政策法规体系。

【复习思考题】

1. 简述我国老年社会政策的基本目标。
2. 简述老年社会政策法规的基准，并加以解释说明。
3. 简答我国老年社会政策法规发展历程和法律层次体系。
4. 论述我国老年政策法规存在的问题以及发展方向。

第六章

老年个案工作

学习目标

1. 掌握老年个案工作的内涵、内容及沟通和交往技巧。
2. 理解老年个案工作的主要模式。
3. 了解老年个案工作应该注意的问题。

个案工作是最早出现的一种社会工作方法，老年个案工作的服务对象是老年人及其家庭，目的是帮助老年人减轻压力、解决问题、增进老年人的福利。个案工作在发展过程中形成了很多服务模式，在长期的助人实践中，社会工作提炼出实务通用过程模式，根据这一模式，将老年个案工作划分为接案、预估、计划、介入、评估和结案六个阶段，每个阶段都有不同的任务、内容、方法和技巧。六个阶段的划分并不是机械的，只是一种参考，在老年个案工作中，要根据实际情况调整工作过程。

第一节 老年个案工作的内涵、内容与模式

一、老年个案工作的内涵

老年个案工作是指老年社会工作者在专业的价值观指导下，运用专业的知识和技巧为老年人及其家庭提供物质或情感方面帮助和支持，使当事人减轻压力、解决问题，以达到良好的福利状态的服务活动。老年个案工作的基本性质有以下几点。

①老年个案工作的提供者是受过一定专业训练的人员，他们运用社会工作的价值理念、方法和技巧为老年人提供支持和服务，因此，老年个案工作区别于一般的社会公益活动和志愿服务。

②老年个案工作的服务对象是需要帮助的老年人及其家庭。

③老年个案工作的终极目标是增进老年人与社会的福利，最终实现“助人自助”。

④老年个案工作实现“助人自助”终极目标时，面临着更大的挑战。这是因为社会和老年人自身等对老年这一阶段的认识都存有误区。就社会而言，人们普遍认为老年是退出社会的代名词，因此在观念上往往视老年人为家庭和社区的负担，对老年人的作用视而不见，片面夸大其身体上的劣势；就老年人而言，他们退出工作

岗位之后，与社会的联系逐渐减少，同时某些能力亦不可避免地随着年龄的增长而下降，从而导致一部分老年人认为自己只能消极被动地适应社会。因此，老年个案工作的一个重要功能，就是要澄清这一认识上的误区，通过组织、宣传等方式改变社会与家庭对老年人的片面看法，同时，在协助老年人工作的过程中，使老年人感受到他们仍然可以改变自己和周围的环境，并非只能消极地生活。

二、老年个案工作的内容与模式

（一）老年个案工作介入的内容

①协助老年案主认识及接受老年这一阶段。

②帮助老年案主整合生活的意义，从而使老年案主对人生产生积极的、正面的感受。

③改善老年案主与家人的关系。

④支持老年案主积极参与社区活动，使其晚年生活更加充实。

⑤为老年案主建立组织、争取权益以及寻找各种社会资源。

⑥帮助老年案主建立科学、健康的生活方式，积极应对人生晚年各种“事件”（如丧偶、重病等）。

⑦辅导老年案主正确认识死亡，减少恐惧等消极情绪。

（二）老年个案工作的主要模式

1. 精神分析治疗模式

此模式主要强调老年案主的潜意识层面，协助案主进一步认识自身的心理防卫机制，帮助案主觉察在自身防卫功能下所引起的不安、焦虑、抑郁等情绪。工作过程中，老年社会工作者应加强案主与父母、子女间的行动交往分析，当老年案主把这种关系转移至老年社会工作者身上时，就能够协助老年案主披露和反省其心路历程，从而找出问题的症结。

2. 行为治疗模式

此模式强调治疗的主要目标是改变案主的行为（如减轻或消除老年案主对晚年经济状况的忧虑、改掉老年案主的酗酒恶习等），找出导致老年案主出现行为问题的原因，鼓励老年案主进行适当的学习，掌握在不同的情境下应该采取的行为模式。因此，在工作中，老年社会工作者应通过各种强化技巧，引导老年案主掌握在各种情境下应采用的行为模式。

3. 当事人中心治疗模式

此模式认为，每个人都有价值、尊严且有权利表达自己的信念和掌握自身的命运；每个人都具有有效解决个人问题的能力，因为人最基本的生存动机是全面发展自己的潜能、成长和实现自我；人都会有负面的情绪出现，如愤恨、失望、悲伤等，这主要是由于人在爱与被爱、安全感、归属感等基本需要上受到挫折和得不到满足。

因此在工作过程中，老年社会工作者要以亲切、接纳的态度，设身处地了解老年案主的心情、观点，采用适当的沟通方式让老年案主自审其说话内容，由此提供一面“镜子”，使当事人能在“镜子”中“看见”自己，然后采取行动改变自己。

此模式认为，当在工作中具备下列条件时，就可以对老年案主提出建设性的改变建议：①老年案主和老年社会工作者有心理上的接触；②老年案主处于一种无助、焦虑与混乱的状态之中；③老年社会工作者在双方的关系中处于一种真挚、和谐的状态；④老年社会工作者对老年案主产生一种无条件的接纳与尊重；⑤老年社会工作者对老年案主产生同理心，不从自己的观点和立场来看待对方；⑥老年案主能够体会老年社会工作者对自己的尊重和同理心。

运用这个模式开展老年个案工作是希望老年案主出现如下改变：①对自己有比较实际的看法。②比较具有自信和自主能力。③能够接纳自己。④对自己有比较积极的看法和评价。⑤较少对自己的经验作出负面评价。⑥行为上表现得较为成熟，比较社会化，适应能力增强。⑦压力对自身的影响程度降低，比较容易克服压力和挫败感。⑧性格上显得较为健康。⑨对他人有较大的接纳。

4. 理性情绪治疗模式

此模式认为，人从出生起就慢慢形成理性和非理性的思想，而不恰当的理性和非理性的思想是导致老年案主痛苦情绪和伤害性行为的根本原因；同时，人具有了解自己、改变基本观念和基本价值的能力，从而有可能出现新的、合理的观念和价值，最终导致新的行为出现。基于上述假设，此模式在老年个案工作中的目标是协助老年案主以理性思想代替非理性思想，释放自己，不再被不合逻辑的意念所困扰，以逻辑思维来解决问题。

此模式所采用的方法是主动的、直接的和教导式的，一般包括以下五个步骤：

①界定与老年案主情绪困扰有关的非理性思想，让他去面对。

②老年社会工作者向老年案主为自己的思想辩护，证实其真实性和确定性。

③老年社会工作者向老年案主显示哪些思想在逻辑上和验证上有谬误，同时也让他看到哪些思想的存在只会导致个人的不愉快。

④老年社会工作者协助老年案主改变自己的思想，以合理的信念代替不合理的信念。

⑤老年社会工作者教导老年案主如何进行逻辑性和科学性思考，使他们以后可

以减少非理性思想的产生和进行不合逻辑的推论与演绎。

5. 危机介入模式

此模式强调危机状态对老年案主而言是个人为适应目前生活的挣扎，这种状态可能是一种威胁，最后导致个人产生各种消极情绪，如无助、焦虑、崩溃、精神失常等；也可能是一种挑战或转机，最后积极地演变成个人较好的适应过程。利用此模式开展老年个案工作，需要老年社会工作者在危机的情境中，立即给老年案主以情绪支持和有效的实质服务，使案主在高压的状态下得以喘息，并积极协助其发挥潜在的心力、体力、人际关系以及社会资源，以应对危机情境。

6. 问题解决治疗模式

此模式有两个基本假设：①人们的生活就是由解决一连串问题的过程组成的；②假如一个老年人无法适当地处理问题时，原因可能是动机不足、能力不够和机会缺乏等，因此，必须凭借机构和他人所提供的心理的、物质的和社会的协助才能解决问题。

基于上述假设，此模式的主要目标在于帮助老年案主或家庭有意识地使用其最大的努力及能力等来应对目前老年案主不能克服的问题，并希望老年案主能从中学习，提高自己处理问题的能力，使其能够从容面对和处理今后生活中的类似问题。

为了达成以上目标，在实际工作中，老年社会工作者要从以下三种途径来具体展开工作：①引导、增强老年案主寻求改变的动机；②进一步发挥老年案主解决问题所需要的认知、理解、判断和行动的能力；③提供老年案主在解决问题时所需要的资源或机会，以便使老年案主更容易获取成功。

7. 家庭治疗模式

此模式在不同的心理治疗理论的基础上，已经形成了各种流派，主要有结构派、行为派、精神动力派、策略派、系统派等。不同的流派观点各不相同，手法也不尽相同，但是它们之间有共通的地方，即都把治疗焦点集中在家庭系统及互动方式上，主要了解老年案主与家庭成员之间如何沟通、如何维持家庭结构、如何协助或妨碍家庭成员成长，并在此基础上，修正原来的家庭结构和互动方式，以帮助老年案主解决问题。

家庭治疗模式最常用的工作技巧有三个。

①中立。老年社会工作者处在超然的立场上与老年案主家庭建立专业关系，不涉入家庭成员的纠纷，不做任何道德评判，与每一个家庭成员保持友好关系。

②循环提问。在治疗或辅导中，老年社会工作者向老年案主的每个家庭成员发问，引导他们发表感受，由此收集家庭的信息，以促进家庭成员之间的相互了解。

③积极赋义。即对较长时间困扰家庭的问题，老年社会工作者应引导老年案主及其家庭成员换一个角度重新定义，从积极的方面给予解释。

除上述模式外，还有行动交感分析模式、社会学习模式、完形治疗模式、现实治疗模式、任务中心治疗模式、叙事治疗模式等，在此不再详述。

三、老年个案工作的注意事项

1. 对老年案主要有信心

老年案主不是固执及不肯接受改变的群体，只要老年社会工作者能体察他们的需要，尤其是理解老年案主对改变所带来的缺乏安全感的恐惧，他们是愿意接受辅导的。老年个案工作成功的口诀："要体谅他们的需要、恐惧及缺乏安全感，不要说教式的指导。""您应该如此"或"应这样做"这样的话只会引起老年案主的反感及抗拒。例如，在协助老年案主处理亲子关系时，较为有效的说法是"我感觉到您似乎是害怕独子结婚后迁出，觉得这样像失去了他，但假若您勉强他留下来同住，大家亦未必相处得来"。

2. 生活应重质不重量

"夕阳无限好，只是近黄昏"，诸如此类的话对老年人说不合适，因为它令老年人感觉老年是消极和暗淡的。有些人反对老年人再婚，这是不公平的，虽然老年人身体机能等各方面都有较大下降，但这并不等于老年人样样事情都不能做。对老年人来说，生活应该重质不重量，生活得有意义，才能活得开心。所以老年工作的方针是使老年案主找到生活的满足感。

3. 接纳老年案主的思想与行为

不要批评或谴责老年案主及其行为，在处理老年案主与其家人或朋友相处的问题时更要注意。因为批判的态度只会使老年案主运用防卫机制，抗拒与老年社会工作者合作，因而阻碍问题的解决。较有效的工作方法是接纳案主，对他所做的一切给予正面的反应（如理解和关注）。例如，当婆婆不断责骂媳妇时，工作者应耐心地说："看来您的媳妇确实令您烦躁不安，可一直埋怨下去也不能消解您的愤怒，不如讲讲她应如何照顾您。"只有等老年案主将期望具体说出来，才能找出真正排斥儿媳的原因。很多时候服侍不好只是表面的现象，真正的原因可能是老年案主对这段婚姻不满。

4. 要有耐性，给予老年案主积极支持

此条适用于辅导情绪低落的老年案主，因为他们大多沉默寡言，有时更会十问九不答。这类老年人其实不想向不信任的人倾诉苦恼，如果老年社会工作者明白这点，便会在接触初期耐心、主动地倾听老年案主的述说，让其领会到老年社会工作者对他的关心。当信任的工作关系确立了，老年案主自然会找工作者帮忙。较易入手的话题，便是老年案主的健康状况及他的喜好。

5. 要信任老年案主

可从老年案主最关心的问题入手，如健康、住房及经济方面。先处理较容易处理的问题，如协助他们申请减免住院费用，有助于他们增强对工作者的信任。在指导过程之中，最好是带有同感的关心，而不是怜悯。同感是指老年社会工作者能很快及敏感地了解老年案主的感受，并对老年案主的感受做出适当的及有导向性关心。例如，“您的媳妇如此对您，难怪您如此愤怒，也许有时您会反问自己谁才是婆婆，是吗?”当信任的工作关系确立时，才易于进一步处理较为敏感的情绪问题。

6. 着重有效的沟通

辅导初期，工作者应以“少说话，多聆听”为原则，不要过早中断老年案主的倾诉，但这并不等于任他们随时更换话题。首先，善于倾听是有效沟通的第一步，除了注意表面的问题外，更重要的是了解背后的内容及老年案主的感受。例如，老年案主说：“我不了解为何我常与儿媳争吵，我们似乎不能住在一起。”老年社会工作者应回答：“经常性地争吵您觉得很烦，您担心你俩可能不能住在一起，但您又舍不得与您的独子分开住，这该如何是好呢?”其次，将话题集中于核心问题上，追问老年案主有关问题发生的情形，从而有助于选择治疗的方法。不要问老年案主为什么要这样做，因为他们通常不知如何回答。亦不可让老年案主时常更换话题，因为这样会无法集中讨论问题的根源及研究解决方法。最后，不要忘记与老年案主在主要问题上订立工作契约及日后面谈辅导的重点及目标，这样便可以避免老年案主时常更换话题，从而将讨论时间集中于工作重点上。

7. 要真诚称赞老年案主的进步

在现实生活中，老年人很少有机会被人称赞，所以当老年案主有改进时，老年社会工作者应诚恳地称赞他们，这样便可以继续鼓励他们改善问题或开放自己。赞美可以是口头上的，在进行团体活动时说出来能得到更大的支持。称赞切记要真诚，值得称赞才称赞，而不是夸大式的奉承，只有真诚的称赞，老年案主才会欣然接受。称赞若运用得当，便能很快与老年案主建立信任的工作关系，可将讨论有效地集中于主要问题上，去寻找解决问题的方法。

8. 切记不要犯以下禁忌

①一开始便指出老年案主不妥的地方。这样会引起老年案主的反感，不利于与

老年案主建立一种良好的关系。

②过早要求老年案主做这做那。在老年案主没有了解清楚情况之前，这样要求，只会让老年案主反感。

③要他们在很短时间内改变很多。这样会使老年案主感觉力不从心，产生畏难情绪，从而使老年案主不愿意与工作者继续合作下去。

④太积极推销自己的见解。太积极推销自己的见解，一方面会让老年案主觉得老年社会工作者不尊重他，从而不愿与之合作；另一方面会让老年案主觉得老年社会工作者在自吹自擂，从而对其产生不信任感。

⑤太早处理敏感而又根深蒂固的人际关系问题。对于这类问题，其原因往往比较复杂，在没有充分了解事情的来龙去脉之前，仓促处理往往会不得要领，甚至会让事情更糟糕。

第二节　老年个案工作的一般过程

在长期的助人实践中，社会工作逐渐提炼和概括出了实务通用过程模式。该模式将社会工作视为一个过程，认为其由前后相继的若干阶段构成，具有一定的工作程序。实务通用过程模式代表了对助人过程一般规律的认识，是社会工作助人活动的基本指引。依据这一模式，老年个案工作可以划分为以下六个阶段：接案、预估、计划、介入、评估和结案。每个阶段都有不同的工作任务、内容、方法和技巧。

一、接案

接案是整个个案工作的开始阶段。在这一过程中，老年社会工作者对老年案主的问题展开初步评估，根据机构的职能与拥有的资源情况确定老年案主是否可以成为个案工作的服务对象。如果老年案主求助的问题不属于机构的服务范围，经过必要的程序，可将老年案主转介至能够提供服务的机构，使老年案主的问题能够得到适当的解决。

（一）接案阶段的主要任务

1. 了解老年案主的来源

接案阶段，服务对象的来源一般包括服务对象主动求助老年社会工作者、在工作中发现的潜在服务对象、被其他机构转介而来的服务对象三种情况。

2. 了解老年案主的处境及问题

在接案阶段，老年社会工作者要通过会谈倾听老年案主对自身处境的描述，了解老年案主所面临的情况，明确其希望解决的问题。一般来说，老年案主在接受机构服务前多有尝试解决问题的经历。对此，老年社会工作者要进行了解，以利于在下一个阶段开展工作。

3. 推动老年案主成为机构的服务对象

对于机构能够处理的问题，老年社会工作者应对老年案主作出说明，表达愿意协助的态度，以推动老年案主与机构建立服务关系。这是进一步开展工作的前提，也有利于避免产生不必要的纠纷。每个机构都有自己的服务范围及具体内容，有时候可能并不能够解决老年案主的问题。在此情况下，老年社会工作者应说明情况，并提供转介建议。

（二）接案工作的开展

1. 准备面谈

一般来说，在正式的面谈开始前，老年社会工作者需要做好两方面的工作：①准备资料。研读事先收集到的关于老年案主的信息，对于不清楚的地方要作出标记；如果老年案主是其他机构转介而来的，要仔细阅读其他机构提供的老年案主资料；了解服务对象是否有特殊事项（如精神健康状况）需要注意等。②拟订面谈提纲。通常涉及老年社会工作者自我介绍，对机构服务范围、政策的介绍，陈述会谈的目的及双方的角色和责任，服务对象的问题以及对机构和老年社会工作者的要求、期望等。

2. 进行面谈

面谈是为了实现助人目标而进行的一种特殊的沟通。面谈的意义有很多，如可以了解老年案主的困扰，了解其对自己及所遇问题的看法，了解其期望达到的目标，可以澄清老年社会工作者和老年案主各自的角色，可以借助谈话对老年案主产生正向的影响等。在面谈时，老年社会工作者要努力与老年案主建立良好的沟通关系。老年社会工作者可以事先准备一些辅助工具，如老花镜、助听器、纸笔等，以便老年案主在会谈中要用这些辅助工具。与老年案主交流时要表示对老年案主的尊重以及对于老年案主问题的关注。要注意说话的节奏，要有耐心，并注意复述、查证、演绎等技巧的运用。要将自己与老年案主融合，培养对老年案主的同理心。要向老年案主表达支持和鼓励，并注意老年案主的心理、情绪的反应。面谈同样也是一个收集资料的过程。这些资料包括老年案主的年龄、文化程度、婚姻状况、职业经历、身体状况、特点、能力、所处环境等。另外，也可以向与老年案主有关系的人，如亲属、邻居、朋友、同事等搜集资料。原则上说，对这些人进行访视要征得老年案主的同意。

3. 初步判断并商定工作进程

老年社会工作者要通过面谈界定老年案主的问题，并根据机构的服务范围判断是否能够提供老年案主所需要的服务。如果老年案主的问题是机构难以解决的，老年社会工作者应对老年案主说明情况，并向其介绍能够提供服务的机构。如果老年案主的问题在机构的服务范围之内，老年社会工作者也要给予说明，表达愿意协助的态度。如果老年案主愿意接受机构的介入，老年社会工作者要和老年案主签订服务协议（也可以口头商定）。同时，老年社会工作者要和老年案主商讨工作进程，以使老年案主清楚大体的服务过程、内容、期限等。

4. 初步评估老年案主的问题及需求

老年社会工作者一般可以通过对以下几个问题的了解来对老年案主的问题及需求进行初步的评估。

（1）老年案主的求助意愿如何？是主动前来求助还是被动的？

（2）老年案主求助的主要问题是什么？问题是如何产生的？期望求助的目标与结果是怎样的？

（3）老年案主自身曾为问题的解决做过什么努力？寻求过哪些帮助？获得过什么资源？

（4）服务机构所拥有的资源或工作者自己的能力能否为老年案主提供必要的服务？

（5）老年案主、机构和老年社会工作者三者之间的期望与要求能否互相协调？

当上述工作内容都完成后，老年案主求助的问题属于机构可提供的服务范围，也愿意与机构签署个案工作协议，此时的老年案主可成为个案工作的服务对象。如果老年案主求助的问题不属于机构的服务范围，或者老年案主所在区域不归属机构提供服务的范围，工作者常常需要转介，转介时需谨慎处理，如果处理不当，可能会使老年案主受到二次伤害。

二、预估

预估是对所收集的信息进行逻辑推断的过程。在实务工作中，对情况进行判断是经常性的，因而，预估可能贯穿服务的全过程。Max Siporin（马克斯·西波林）将预估定义为“一种了解的过程及结果，是行动的基础”。预估常常是暂时性的假设，在社会工作服务过程中可能会发生变化。

（一）预估的概念

综合国内外的文献，可以从下列七个方面阐释预估的内涵。

1. 预估是个别化的

社会工作者应特别注意要从服务对象的立场、视角出发去分析问题，而不是仅仅从工作者自身的视角出发。

2. 预估应强调服务对象的优势资源

预估时，社会工作者应帮助服务对象加强对自身优势的思考，并适时把握机会来发现服务对象的潜能。社会工作者在制订服务计划时，也要朝着有助于增加服务对象成功经验的方向去努力。

3. 预估是一个持续性的过程

预估贯穿于社会工作助人历程的始终，从服务开始直至结束。

4. 预估应同时兼顾“了解服务对象”与“思考干预计划”

社会工作强调“人在情境中”，服务对象与其所处环境在不断地进行着各种互动，在制订服务计划的过程中，要科学合理地设计工作切入点。

5. 预估是工作者与服务对象共同经历的过程

在与服务对象进行会谈等互动过程中，社会工作者与之共同建构出问题情境，并为其赋予意义。在这一过程中，服务对象因为自己的参与而产生成就感，在社会工作服务实施过程中的参与度就会提高，主观能动性增强，不再仅仅依靠社会工作者为自己提供服务。

6. 纵横向探索并重

纵向信息指有关服务对象的成长经历、重要生活环境的影响等信息；横向信息指了解有关服务对象的相关内容。了解的目的在于探索问题，明确问题的范围、影响等。纵向与横向信息的了解是彼此交融的，可帮助社会工作者提高预估的全面性与准确度。

7. 预估是多面向的过程

通过对服务对象个人系统、家庭系统、社区系统及其他重要的生态系统的了解来描述服务对象面临的问题，接着进行预估，最后达成契约。契约的内容包括问题的界定、工作目标、工作计划等。

（二）预估的目的

1. 识别老年案主产生问题的原因

造成老年案主困扰的原因有两个——客观原因、主观原因。前者包括有关政策落实不到位、所处环境不良等；后者包括解决问题的态度不够积极、非理性的观念等。对原因的分析来自对会谈资料的分析、判断，以及老年社会工作者对老年案主的观察和了解。在做预估时，老年社会工作者要识别导致问题出现的主要原因，以便找到需要解决的焦点问题。当然，在工作中，老年社会工作者要避免进行简单归因。

2. 识别老年案主及其所处环境中的积极因素

预估的目的不仅在于要达到对老年案主及其所遇问题的正确认识和判断，也要通过对资料的分析找到有可能促成问题解决的积极因素。这些因素既可能存在于老年案主自身，也可能存在于外部环境之中。对老年案主的服务要在个体和环境两个层面作出努力，以促成问题的解决。识别积极因素即辨识可以改变的部分，将着眼点放在优势和能力上。

（三）预估的步骤

1. 分析资料

面谈和访视所收集的资料可能是零散的，要使资料有意义就要对其进行整理和解读。整理就是把资料按照时序、逻辑性等进行融合，以发现其整体的性质。分析资料的过程一般是排序—发现—识别—解释。

2. 认定问题

通过对资料的分析，老年社会工作者要厘清如下问题：老年案主的问题是什么？问题是如何产生的？导致问题产生的原因有哪些？问题对老年案主造成了什么影响？老年案主的需要是什么？老年案主所处的环境如何？老年案主的问题为什么得不到解决？

3. 撰写预估报告

撰写预估报告可以记录工作过程，并为设计干预计划打下基础。预估报告的结构包括对老年案主及其问题的陈述及工作者在分析资料的基础上作出的初步解释和工作设想。

（四）预估的方法

1. 社会历史报告法

这种方法是将收集到的相关资料进行纵向和横向的综合。一般包括老年案主问题的发展过程、老年案主的人际关系、身心健康状况、经济状况、老年案主曾采取的应对策略、老年案主的能力和限制等。老年社会工作者可以在相关陈述后附上简短的评价或建议。

2. 家庭图谱法

家庭图谱法即以图形揭示老年案主的家庭关系，图中可用特定的符号标明关系亲疏，或以简明的话语列明家庭所经历的重要事件。家庭图谱的优点在于比较形象直观，提供的信息也较为简要、清晰。

3. 生态系统图

生态系统图着眼于个体所处的社会环境，因此常被用来描述个体的环境状况。这一方法能够直观地展现个体的环境及资源情况。绘制生态系统图时常常用不同的线条代表不同的关系。

4. 网络评估法

网络评估法着眼于老年案主的资源系统。它将老年案主可以获得的支持分为非正式和正式两个部分。前者包括亲属、朋友、邻居等；后者包括提供资源的正式部门、曾经工作过的单位、专业组织等。对老年案主的资源系统进行分析，有助于在制订介入计划时提出相应的工作策略。

三、计划

计划是一个理性思考及决策的过程，是预估结果的展示，是提供介入的基础。

（一）计划的构成

一份计划通常会涉及以下内容。

①目的和目标。即介入要达到的效果。其中，目的着眼于长远的影响，而目标则侧重于对当下问题的解决。

②问题和服务对象。即明确陈述将要解决的问题，并界定介入的目标对象。介入的对象不仅仅是老年案主，也可能包括相关他人或老年案主的家庭。

③介入方案。这是计划书的核心内容。

④协同工作者。即在服务中能够与老年社会工作者一起工作的媒介系统，如老年案主的家庭、朋友、团体、社区等。

⑤老年社会工作者与老年案主各自的角色和责任。明确双方的角色和责任对于完成计划也是非常重要的。

⑥具体的工作程序与时间表。

（二）制订计划的原则

①争取老年案主的参与。参与既有助于为老年案主提供适合的服务，也有利于增进老年案主的自信和能力。

②计划要尽可能详尽。详细、具体的计划既能够给老年社会工作者以明确的指示，也便于进行测评。

③计划要与介入目标、宗旨相符合。虽然，能够让老年案主获益的方案不止一个，但是老年社会工作者要着眼于问题的轻重缓急，解决最迫切的问题，达成介入目标。

④要能够总结和度量。做计划时要考虑到对结果的评估，以便能够测量介入效果。

（三）计划评估标准

计划制订出来以后，老年社会工作者如何知道计划是否合理、有效呢？一个好的计划应该是以服务对象为导向的，进而能够促进服务对象产生积极改变。Siporin（1975）指出，一个好的计划应具备以下四个方面。

①目标具有远见性。

②目标是具体的、可测量的。有具有先后顺序的子目标，子目标一般有短期、中期及长期目标。

③以子目标为导向，制定具体实施策略，并整合资源。

④明确计划的时间安排及责任分工。

（四）签订服务协议

服务协议是由老年社会工作者与老年案主共同承诺合作，实现双方同意的目标和计划，是促使双方关系具有承诺和责任要素的重要途径。服务协议的一般内容包括服务目标；服务的内容及采用的方法；双方的权利和义务；服务的时间、地点及次数；双方签字。

四、介入

介入就是服务计划的执行，它是助人工作的重要环节。

（一）介入的原则

虽然具体的介入工作是灵活多变的，但有一些基本的原则应予以注意。

①个别化。即针对老年案主的具体情况采取有针对性的介入策略。

②注重老年案主的参与和自决。老年社会工作者要引导老年案主参与服务的全过程，要提供建议但不要代为决定，相信老年案主有能力决断和采取行动。

③与老年案主互相依赖。即要取得老年案主的配合，双方共同参与介入行动。

④介入应围绕计划目标进行。

（二）介入的方式

社会工作介入活动可分为直接介入和间接介入两类。直接介入是老年社会工作者与老年案主一起行动，以协助老年案主更好地应对问题，减少由于社会功能问题带来的不利影响。间接介入是老年社会工作者代表老年案主采取行动，它着眼于改变老年案主所处的环境，为其争取必要的资源。

1. 直接介入

①鼓励老年案主挖掘自身资源和能力。老年社会工作者要注意对老年案主的支持和引领，扮演好促进者、建议者的角色。

②协助老年案主运用外部资源。通过对老年案主资源系统的分析，老年社会工作者可以找到解决问题的有利因素。在制订计划时，要考虑外部环境的作用，并鼓励老年案主在利用外部资源时扮演积极的角色。

③危机干预。在特殊情况下，老年社会工作者不要拘泥于工作模式的前后顺序，例如，当老年案主处于危机状态时，老年社会工作者就应快速介入。

④发挥老年社会工作者自身的影响力。

2. 间接介入

①挖掘并运用社区人力资源。老年社会工作者代表老年案主争取社区资源时常用的一个方法就是让社区内有影响力的人士参与其中，如人大代表、媒体记者、德高望重的老年人等。

②协调和联结各种服务资源与系统。

③创新服务资源。当发现老年案主们有一些共同的需要但是机构缺乏有效服务时，老年社会工作者就要考虑筹划发展新资源，这是满足需要、拓展服务的有效途径。

（三）介入过程中扮演的角色

老年社会工作者在提供个案服务阶段所扮演的主要角色有催化者、经纪人、教育者、治疗者、倡导者。

1. 催化者

催化者是指老年社会工作者利用自身的专业知识与技巧，挖掘老年案主的潜能，促进老年案主的积极转变。

2. 经纪人

老年案主问题的解决，很多时候需要老年社会工作者能够整合多方资源，确保资源及时地输送给老年案主，监督提供的资源质量。

3. 教育者

老年社会工作者在必要的时候，需要为老年案主提供一些资料或信息，有助其理解问题，增强其解决问题的能力，增强其对新知识、新技能的学习。

4. 治疗者

老年社会工作者在必要时，要运用自己的专业技能帮助老年案主提升自我认知能力，减少或消除其不适应的行为，改善其心理适应问题，学习新的解决问题的技巧。

5. 倡导者

老年案主的一些问题往往不仅仅是个人问题，还涉及更深层次的社会问题，老年社会工作者与机构应结合实际情况，积极向社会倡导，切实保障老年案主的权益。

五、评估

评估是评判介入过程和结果，考查社会服务是否有效、是否达到了预期目标的过程。

（一）评估的目的

评估的目的是考察介入工作的效果及介入目标的实现程度。评估要参照原计划进行，要测量老年案主处境的改善状况及老年案主社会功能的改进情况。总结工作经验，改善工作技巧，提升服务水平。评估能够发现工作中存在的问题，从而有利于总结经验，改进工作方法和技巧，促进社会工作服务质量的提升，验证社会工作方法的有效性。按照“证据为本”的社会工作理念，评估的意义还在于能够检视服务方法是否适当，进行社会工作研究，将实践经验汇总、检验、分析和研究。

（二）评估的具体内容

一是过程评估。即对服务的整个过程进行评价，通常涉及介入是否及时有效、处理方式是否得当，服务的计划性与灵活性等方面。可以采取的方法有查看个案工作记录、对服务过程进行观察、听取老年案主的评价等。二是结果评估。即对介入行动的最终形态作出判断。结果评估可以采取的方法有老年案主的服务满意度测量（口头、书面形式皆可）、参照计划进行定性评估（如五级尺度法）、具有定量色彩的基线测量法等。其中，基线测量法较为实用，具体操作过程：介入前进行测量，建立基线；服务介入后做测量，绘制曲线图。基线测量法可以进行单一个案设计，也可以进行对照组设计。

六、结案

结案意味着对老年案主的介入服务将告一段落。结案通常是因完成服务计划而结束专业关系，但有时也会因某些原因导致服务终止。

（一）结案的任务

结案阶段的重要工作之一就是对整个服务过程进行总结和回顾，以吸取教训、提取经验、巩固已有的改变。这种改变包括老年案主自身的改变和其所处环境的改变。借助于结案，老年社会工作者要巩固或强化这种改变（如清理服务的积极成效，表达对老年案主的鼓励和信任等），以促使其能够延续到服务结束后老年案主的日常生活中。

结束专业关系。专业关系的结束并不意味着老年社会工作者和老年案主不再接触。如果老年案主还有其他服务要求，老年社会工作者应予以回应。如转介给其他工作者或其他机构，或者是在结案后进行一定的回访和跟进。

做好结案记录。结案记录包括老年案主求助的时间、原因，老年社会工作者提供了哪些服务，老年案主有何改变，为何结案以及老年社会工作者的感受与建议等。

（二）对老年案主结案反应的处理

结案通常意味着一个新阶段的开始。老年案主对于这种“开始”可能会抱有不同的态度。有些老年案主会觉得个案工作是有效的，他们认同自己的改变，愿意将心得、经验带入新生活。有些老年案主则对新阶段的到来表示担忧，他们不愿结束专业关系，出现“分离焦虑”症状。老年案主在结案阶段出现的情绪表现即所谓的结案反应，包括正向反应（如肯定服务效果、对未来充满信心等）、负向反应（忧郁、抱怨、依赖等）。老年案主出现对结案工作的负向反应是正常的，老年社会工作者不应抱怨或感觉沮丧，并应及时处理这些负面感受，主要处理方法有五种：①提前让老年案主知道结案时间和安排，使老年案主有一定的心理准备。②征求老年案主对结案工作的意见。③适当延长服务后期与老年案主接触的间隔期。④预见老年案主可能出现的问题，并提前予以准备。⑤必要时可以安排正式的结案活动。

实务通用过程模式不仅适用于个案工作，也适用于以团体为工作对象的小组工作和以社区为对象的社区工作。它强调助人活动是一个过程，遵循一定的程序，且有着改变和助人的共通的方法。实务通用过程模式六个阶段的划分并不是机械的，在一定情况下，助人活动可从某一个中间阶段开始（如先进行危机干预）或者是简化某些环节。尽管各阶段有先后顺序，并不是必须完成一个阶段才能进入下一个阶段。在专业关系没有结束之前，哪一个阶段都不会真正结束。模式本身只可作为实务过程的参考。在老年个案工作中，老年社会工作者要根据实际情况调整工作过程。

（三）回访

个案工作结束后，根据需要，老年社会工作者一般应在个案结束后三个月到半年内安排回访。回访包括电话回访、上门回访等方式。回访目的在于了解老年案主是否能维持个案工作的效果，有无反复，同时也能检查工作者服务后的效果。

回访后还要做好书面记录工作。常见的记录方式有过程式记录、摘要式记录等。

第三节　老年个案工作的技巧

在老年个案工作中需要运用多种技巧，本节主要介绍与老年案主交往和沟通的技巧。这些技巧对于维持有效的工作关系，达成助人目标有着重要意义。

一、倾听的技巧

这是人际交往中最基本的技巧，在建立专业关系初期经常用到，运用一些技巧有助于传达对老年案主的尊重、关注和接纳；有助于提升其动机，使之能够在没有压力的情况下表达自己的感受和想法；有助于建立并维持专业关系，使老年案主投入到积极的互动过程之中。这些主要技巧包括专注、复述、查证、鼓励和支持。

（一）专注

专注指老年社会工作者对老年案主的语言内容及非语言内容（包括音量、音调、身体语言等）的专注观察，同时老年社会工作者也要用语言及非语言方式把这种对老年案主的专注传达给他，使之能够感受到老年社会工作者的尊重和接纳。在会谈中，老年社会工作者运用专注技巧的基本要领包括以下五点。

①用眼神接触老年案主，眼神要亲切，身体适当前倾。

②与老年案主保持适当的距离，此距离以老年案主感到安全为准。

③老年社会工作者保持开放及放松的坐姿。

④老年社会工作者面向老年案主，面部表情要松弛，手势要自然。

⑤展开话题时，宜采取跟进式的说话方式，不要主动跳到新的话题，以免扰乱老年案主的思路，引起其防卫心理。

（二）复述

复述是老年社会工作者把老年案主所说的基本信息用简短的语言去重复表达。其目的：检查老年社会工作者自己对老年案主的了解程度；使老年案主感觉到工作者在陪伴他一起探讨问题；使老年案主从混乱状态中脱离；鼓励老年案主进行表达。

在运用中，老年社会工作者应注意以下四点。

①用心倾听老年案主的话语。

②将其传达的基本信息和语句综合起来，予以重复。

③在复述的过程中，应注意观察老年案主的一些暗示，如要求老年社会工作者对他的话作出回应，以确定双方的沟通是正常的、有效的，是能增进相互认识的。

④不要习惯性地使用复述，以免使老年案主产生不舒服的感觉。

（三）查证

查证是指在沟通过程中，老年社会工作者尝试用简短的回应，请求老年案主去印证工作者是否掌握了其所表达的内容。查证的目的在于保证沟通的准确性，并致力于在工作者和老年案主之间建立直接、有效的沟通模式。

在运用时，老年社会工作者需要注意四点内容。

①将自己听到的信息和感受告知老年案主。

②告知老年案主时所使用的语言应是浅显、直白的。

③鼓励老年案主对老年社会工作者的理解进行矫正。

④查证不易使用太多，以免影响老年案主表达的流畅性。

（四）鼓励和支持

即老年社会工作者通过声音、姿势、简单的句子等鼓励老年案主继续表达其感受和看法。运用这一技巧的目的在于鼓励老年案主表达并培养其表达的能力和勇气；支持老年案主面对并超越心理障碍；创造彼此信任的沟通关系。在运用中，老年社会工作者需要注意以下四点。

①事先应有心理准备，能够预见老年案主可能会出现的不利于沟通的行为。

②可以使用言语上的鼓励（如“很好”“请继续”等），也可以表达非语言的支持。

③有时可以借助在场的第三人的力量。

④在一些关键的时点（如会谈之初、老年案主陈述特别事件时），要特别注意传达对老年案主的鼓励。

二、引领的技巧

引领即引导老年案主探讨自己的经验、处境、问题，以及对人、对事的感受等。运用引领技巧的目的在于协助老年案主进行自我探查，从而对个人及所处环境有清楚的认识；协助老年案主清楚了解面谈的重点，以推动辅导的进行，增进老年社会工作者对老年案主的认识和了解。

引领的技巧主要包括澄清、聚焦、摘要。

（一）澄清

澄清即引导老年案主把模糊不清的信息和不够清晰的陈述做更详细的解说，使不够明确的信息转化为清楚、具体、深入的信息。在工作中，澄清的意义在于使老年社会工作者对老年案主的问题有更为深入的了解；有助于老年社会工作者对老年案主及其想法有比较清楚的了解。

在运用中，老年社会工作者需要注意五点内容。

①用开放式的问题引导老年案主做更多的表达。

②用封闭式的问题来获取简单、明确的答案。

③可以请老年案主举例说明或对其陈述予以补充。

④对于某些字句所表达的蕴意，可以直接询问老年案主。

⑤要注意观察老年案主的反应。

在为老年案主服务中，老年社会工作者可能会遇到老年案主无法准确、清晰地表达自己所思所想的情况，在此种情形下，对其欲表达的信息加以解说，也属于澄清。

（二）聚焦

聚焦即老年社会工作者将前期的话题、分散的讨论或多个问题集中起来，使参与者能够明确问题的重心，并继续进行会谈。由于思路不清晰、表达不明确等原因，老年案主经常会出现陈述混乱或离题太远等情况，因此，聚焦在老年个案工作中会经常运用。使用这一技巧的目的在于降低表述混乱的程度，以利于在相关问题上做具体的讨论；将问题集中在某一方向上，以使会谈更为深入；协助老年案主划定问题的先后顺序，并将各个问题逐一阐明。

在运用这一技巧时，老年社会工作者应注意五点内容。

①当老年案主的陈述出现内容散乱、偏离话题、失去方向等情况时，及时将之带回主题。

②聚焦时，不宜强行打断或阻止老年案主说话，应先对老年案主的话语做适当回应，再重申会谈的主题。

③与主题相关的讨论往往包含多个环节，老年社会工作者可以通过提问主动引导谈话朝某个方向进行。

④不宜过于局限，要视偏题的程度和时间决定是否需要进行聚焦。

⑤老年社会工作者应避免将话题带离或不经意间被老年案主带离。

（三）摘要

摘要即把老年案主一段相当长的说话内容或在不同部分表达的内容加以整理，

做重点摘述。摘要的目的在于突出老年案主在想法、感觉、行为、经验上的特点或模式，促使其在某个话题上做更深入的探讨；使老年案主对自己提出的问题有比较清晰的了解，从而有助于确定问题的先后顺序；澄清老年案主复杂、冗长、散乱的语言和非语言的表达，使老年社会工作者能够准确把握老年案主传达的信息。

在运用这一技巧时，老年社会工作者应注意五点内容。

①将老年案主所谈及的内容与感受串联起来。

②把辅导过程中了解到的主要事情、意念和感受进行综合归纳。

③根据介入的目的，有选择性地对老年案主的陈述进行概括。

④不宜过多重复老年案主所说内容，只需将有关要点摘要出来即可。

⑤可向老年案主查证所做摘要是否准确。

三、反映的技巧

反映是能够让老年案主感受到老年社会工作者已经进入他的内心世界，需要老年社会工作者把自己带入老年案主的世界去看事物。反映技巧的运用能够让老年社会工作者了解老年案主的切身感受；也让老年案主感觉到自己被老年社会工作者所理解，感觉到自己被尊重；同时有助于老年案主更有效地表达自己的想法和感受，或是将这种体验拓展到其他环境。反映的技巧包括对内容的反映、对感受的反映、对经验的反映。

（一）内容反映

内容反映是老年社会工作者用简短的话语归纳老年案主的主要见解。其目的在于帮助老年案主澄清难以表达的部分；增强老年案主在沟通过程中的自我控制感；帮助老年案主明确其所表达的重要内容。

在运用这一技巧时，老年社会工作者应注意以下三点。

①当老年案主不能清楚、恰当地表述其想法和见解时，老年社会工作者可以提供一些词汇，协助老年案主表达。

②在关系建立之初，老年社会工作者可以直接用老年案主所述进行反映，不要加入自己的判断和猜测。

③在关系建立之初，内容反映相对于感受反映而言，是一个较为中性的回应方法。

（二）感受反映

感受反映即老年社会工作者将自己带入老年案主所表达的感受中，而后用简洁的语言表达对老年案主的理解，从而表现出同理心。运用这一技巧的目的在于能够对老年案主表达出来的混乱的甚至是前后矛盾的感受进行梳理和澄清；使老年案主感觉到自己被理解，从而有助于专业关系的发展；帮助老年案主接纳自己的感受。

在运用这一技巧时，老年社会工作者应注意五点内容。

①积极投入沟通过程，尝试进入老年案主的内心世界。

②注意观察老年案主语言及非语言信息，以判断感受反映是否产生了影响。

③在进行“感同身受”的尝试时，老年社会工作者要注意调整自己的情绪，以免对老年案主产生不利影响。

④可以根据关系发展的阶段做不同程度的感受反映。如在关系建立初期，老年社会工作者可以反映老年案主语言表达的感受；在信任关系建立起来以后，可以尝试反映老年案主非语言信息传达出来的感受。

⑤老年社会工作者所采用的语句和所表达感受的层次应和老年案主所感受的强度一致。

（三）经验反映

经验反映是老年社会工作者与老年案主在一段时间的交往和沟通后对老年案主的心路历程进行综合反映的一种方法。运用这一技巧的目的在于使老年案主对自己目前的状况有整体的看法；使老年案主感觉到老年社会工作者与他同步。

在运用这一技巧时，老年社会工作者应注意三点内容。

①对观察到的行为进行描述。

②反映与行为相关的情绪，并对之进行综合反映。

③老年社会工作者应先对老年案主已经表达的行为、语言、情绪进行反映，经查证无误后再尝试进行经验反映。

四、影响的技巧

这是一组可能对老年案主的思想、行为、感受产生影响的技巧，主要包括建议、自我坦露、演绎、对质。其运用的前提是老年社会工作者与老年案主之间已建立了良好的专业关系，老年社会工作者对老年案主的问题较为了解。这一技巧的运用会推动老年案主的改变，促使其从新的角度看问题或是尝试用新的办法解决自己遇到的困扰。

（一）建议

建议即老年社会工作者根据自己对老年案主问题的了解以及自己的工作经验为老年案主提供客观、中肯、有助于解决问题的建议。建议的运用价值在于协助老年案主了解处理问题的方式和方法；扩大老年案主做决定时可以选择的范围；鼓励或劝阻老年案主的某些行为，促使老年案主采取合适的，具有建设性的行动。

在运用这一技巧时，老年社会工作者应注意五点内容。

①给出清楚的建议，并说明其原因或依据。

②留意老年案主是否明白这些建议。

③与老年案主一起分析可能的解决之道（如重要性、可行性、利弊等），鼓励老年案主认真考虑、审慎决定。

④不宜过早提出建议，以免使老年案主产生依赖性或失去探究问题的机会。

⑤坚持“案主自决”原则，不将个人建议强加给老年案主。

（二）自我坦露

自我坦露即老年社会工作者有选择地将处事方法和态度、对人对事的感受等向老年案主坦诚陈述，以使老年案主能够分享和借鉴处理问题的经验。自我坦露的意义在于有助于引起老年案主的共鸣，并深化专业关系；有助于引导老年案主与老年社会工作者进行真诚的沟通，带动其表露感受；协助老年案主从另外的角度看待问题或是参考他人的经验。

在运用这一技巧时，老年社会工作者应注意五点内容。

①坦露的内容要与老年案主所面临的问题处境具有较强的相关性。

②坦露时要考虑到老年案主的接受水平和能力。

③可以与老年案主讨论，分享所坦露的内容，以推动老年案主对自己问题的思考。

④如果老年案主认为老年社会工作者的经验对自己没有参考价值，老年社会工作者要尊重老年案主的看法，不能将自己的看法强加给老年案主。

⑤避免经常做自我坦露，以免会谈的焦点发生转移。

（三）演绎

演绎是老年社会工作者根据自己对问题的理解，根据自己对人和事的看法和体会，对老年案主所经历的事情及其前因后果进行推论，或说出他们心里的感受，或指出其行为的目的。演绎的范围包括说出老年案主语言与非语言信息所蕴含的意义及其内心深处的感受和想法；推论老年案主行为背后的目的和期望；解释老年案主所经历的人与事之间的因果关系。

在运用这一技巧时，老年社会工作者应注意五点内容。

①需要建立一种良好的工作关系。

②不要急于进行演绎，应循序渐进地去感受老年案主所表达的信息，然后再加入工作者的推论。

③运用简单明了的语句表达。

④以试探性的语句说出对老年案主话语的理解，如“您觉得……”“这也就是说……，是吗?”以促使老年案主对老年社会工作者的演绎作出回应。

⑤一般而言，只有当老年社会工作者能够整体把握老年案主的问题时才可以采用演绎的办法。

（四）对质

对质是老年社会工作者直接指出老年案主在言谈、行为、感受上的不一致和矛盾之处，或者要求其面对不切实际的想法，改变缺乏建设性的、自相矛盾、自我打击的行为。运用对质技巧的目的在于协助老年案主去审视自己在认知、感受和行为上的矛盾；协助老年案主检查、反思自己，从而认识到自己的期望和现实存在的差距。在运用这一技巧时，老年社会工作者应注意六点内容。

①一定要在建立起信任关系后才可以使用。

②进行对质时一定要表示出对老年案主的尊重和真诚的协助态度。

③注意体察老年案主的反应和感受。

④对质不意味着批判和责怪，应注意坚持“非批判”的原则。

⑤对质是一个需要谨慎运用的技巧，如果运用不当会加剧老年案主的沮丧感、挫败感，并可能会给专业关系带来消极影响。

⑥不要期望对质后老年案主会很快转变，因为他们需要时间去思考、去突破。

第四节　老年个案管理

20 世纪 70 年代中期，个案管理（Case Management）出现在美国的医疗和社会服务文献中。此后，随着社会问题的复杂化、多样化，客观上要求社会服务机构能够提供整合性的、多元化的服务，由此推动了个案管理在社会服务中的运用。个案管理是介于直接服务和间接服务之间的一种综合性的社会工作方法，在老年社会服务中有着重要的地位。

一、老年个案管理的内涵与特点

（一）老年个案管理的内涵

目前，学界对个案管理的界定有两种取向：一是过程取向。将个案管理界定为一种协调的过程，通过协调获得各种资源，协助那些面临多种问题的服务对象。二是体系取向。将个案管理定义为联结和协调各种不同的服务体系，用完善的服务方式满足服务对象的多种需求。参照上述理解，我们将老年个案管理定义为专业人员为处于困境中的老年人整合服务活动的一种过程。在此过程中，来自不同服务体系的工作者通过相互沟通与协调，以团队协作的方式为老年人提供其所需要的服务。

（二）老年个案管理的特点

1. 以面临多重问题的老年人为服务对象

作为一种整合性的服务方式，个案管理通常对其服务对象有一定的要求：一是服务对象的问题复杂，需要多个助人者的服务才有可能解决。二是服务对象在有效地获得及使用助人资源方面有困难。因此，虽然个案管理具有高效性和针对性，但却不是所有的老年人都需要进行个案管理。学者斯坦博格（Steinberg）和卡特（Carter）认为，适宜作为个案管理对象的老年人主要是身心及社会功能受到严重损害的老年人、需要两种或两种以上服务的老年人、高龄老年人、需要长期照顾的老年人、接受服务太少的老年人、缺乏非正式照顾的老年人、低收入或濒临贫困的老年人。

2. 强调“全人”“全貌”的工作方法

老年个案管理有两个工作要点：一是为面临多重问题的老年人寻找所需的服务网络。二是协调服务网络中的各项服务提供者的互动关系。即一方面关注每一项服务的有效性，另一方面更注重整个服务网络的能力建设。因此，老年个案管理所强调的是一种综融式的、全貌性的工作方法。在服务过程中，老年社会工作者要扮演多种角色，如直接服务者、计划者、管理者、评估者等。而且，这些角色也不是一成不变的，它要回应老年人的多重需要。

3. 老年个案管理具有双重功能

一是经过协调实现服务的提供，即通过计划、协调不同的服务提供者与老年人建立关系，以使老年人获得适当的、完整的协助，重视的是服务质量以及有成效的结果。二是展示责任的态度，强调效率，并且在成本效益的原则下运用社会资源。

（三）老年个案管理的角色

老年个案管理是一种可有效监督服务的方法，以确保老年案主能经过适度个别化的权衡考量，使有限的资源达到有效的运用。

老年社会工作者通常担当以下三种角色。

1. 服务协调者

面对老年案主面临的服务信息缺乏、服务组织层面的阻碍以及服务短缺的困扰，老年社会工作者应着重管理和代表老年案主，在辨别真实需要的基础上，与各类服务机构沟通、联络并把服务输送到那些有需要的老年案主身上。

2. 咨询者

老年社会工作者为老年案主提供各类有关信息的咨询并给予有益的建议。

3. 辩护者和倡导者

老年社会工作者应积极地向当地政府主管部门和有关机构游说、鼓动和竭力主张，以便设立和扩大符合老年案主需要的服务。

二、老年个案管理的系统与模式

（一）老年个案管理的系统

1. 改变媒介系统

改变媒介系统是为老年案主提供服务的工作团队，是“有计划的变迁”的具体操作者，是解决老年案主问题的推动力量。此工作团队可由多个具有不同专业背景的人构成，如老年社会工作者、护理员、心理咨询师等。他们从不同的角度切入老年案主的问题，共同合作，以推动老年案主的改变或其处境的改善。

2. 案主系统

案主系统是个案管理的重心，是服务的直接受益人。在社会工作中，老年案主成为案主通常有三种情况：主动向机构求助的，经由他人或其他机构转介的，工作过程中发现需要帮助的。

3. 资源系统

资源系统指的是在解决老年案主的问题中所涉及的相关机构或所提供的服务、财务、人力及资讯等的组合，也可称为服务网络或行动系统。

4. 目标系统

目标系统即为了达成个案管理的目标需要去影响和改变的对象。如对老年案主疏于照顾的亲属，对老年案主问题介入不够的社区服务机构，老年案主就医过程中服务质量欠佳的医疗机构等。

（二）老年个案管理的模式

1. 社会性模式

服务对象为居住在社区中具有生活自理能力的老年案主。在服务中，根据老年需求调查组建服务团队，服务计划侧重于满足老年案主在日常生活、社会参与方面的需求。

2. 初级照顾模式

此模式侧重于协调相关资源为老年案主提供照顾服务。

3. 医疗社会模式

该模式适用于处于危机状态或需要入住机构接受照顾的老年案主，服务计划关注于提供整合性的医疗与社会服务，如居家服务、护理等。

三、老年个案管理的原则与趋势

（一）老年个案管理的原则

1. 参与原则

需要的评估、问题的认定和服务规划的制订等均要与老年案主充分沟通。工作者要听取老年案主的意见，尊重其选择权和自决权。

2. 专业责任原则

老年社会工作者有责任提供老年案主所需要的服务，引导老年案主参与处置计划的制订，并执行计划中的约定事项。

3. 包裹式服务

包裹式服务强调服务的连续性、完整性，以保障老年案主所获得的服务之间紧密联结、没有缺失。

4. 协调原则

由于老年案主所面临的问题是复杂的，需求是多样的，在服务过程中，团队成员应加强沟通与协调，以提高服务的效率和效果。

5. 系统取向原则

老年社会工作者应注意老年案主的生态系统，任何分析、诊断、辅导计划都应置于系统之下。

6. 监督和评估原则

确保服务的质量能够达到老年案主可以接受的标准，评价资源的运用是否充分和有效，掌握干预计划所产生的影响等。监督和评估一方面可以作为结案的参考，另一方面也可以充分展示服务的责任，保障服务体系的协调，能够使老年案主获得所需要的服务。监督与评估应贯穿服务的全过程。

(二) 老年个案管理的趋势

1. 团队使用逐渐增多

个案管理可以采取个体负责与团队合作两种形式。个体负责的优点在于能够为案主提供连续性的服务，由于非常熟悉案主，通常也是案主的支持资源。团队的优点在于能够相互探讨、彼此支持，从而提高服务计划的科学性，并易于争取到更多的资源。随着社会的发展，在老年个案管理中，团队服务的形式日益普遍。跨机构的团队工作主要有两种形式：一是不同机构的个案参与者定期会面，以讨论与老年案主有关的事项，发展工作方法。二是采取个案管理者轮流负责制，固定时段为案主服务。

2. 吸收非正式助人者（协助工作者）的加入

为使个案管理更有实效，一些发达国家开始尝试将老年案主的家人、朋友等非正式助人者吸收入个案管理团队。因为家庭成员对老年案主的关心和照顾是长期的，所以有些国家已尝试通过业务训练由家人担任个案管理者，以增强个案管理的灵活性。

3. 与社区服务相结合

适用于需要长期治疗和照料的个案服务对象，如精神疾病的轻微患者、身心残障者、“失依”老年人、出院不久的老年人等。在工作中，个案管理团队要立足于社区现有资源，为老年案主争取便捷的社区照顾，使老年案主能够在社区中生活，并逐渐恢复部分社会功能。

四、老年个案管理的过程

老年个案管理是一种服务理念，一种服务体系，也是一个服务过程。

(一) 个案的发现与转介

在老年服务中，个案多经由转介进入服务体系。例如，医院、居委会、邻居等根据情况将老年案主介绍给有关社会服务机构。老年社会工作者因自身的职业使命也会特别关注处于困境中的老年案主，鼓励并引导其进入。当然，并不是所有被转介或被发现的老年案主都能够适用于个案管理。在全面了解老年案主的情况后初次接触老年案主时，老年社会工作者应尽可能协助老年案主表达自己的需求，以便确认其所面临的问题。在这个阶段，老年社会工作者应注意明确自己的角色、引导老年案主讲述相关问题、注意老年案主在寻求帮助的过程中可能带有的负面感受、建立彼此信任的关系、厘清角色期待等。对于不适用个案管理的老年案主，老年社会工作者应做好转介服务工作。

（二）个案的评估与选择

接触老年案主后，老年社会工作者应对老年案主的情况进行评估与诊断。一般情况下，问题或需要比较复杂的老年案主才需要进行个案管理服务。因此，应评估判断老年案主是否需要整合性的服务介入。评估的内容是多方面的，既涉及老年案主的健康状况、心理状况、经济条件、认知水平、自理能力等，也涉及老年案主的家庭情况、社会环境、支持资源等。老年社会工作者需要与心理、医疗等其他领域的服务者一起开展个案评估工作。对于符合条件的老年案主一般由最初接案的老年社会工作者对其进行问题界定和需求评估，然后由机构视情况确定个案管理者或是组建跨机构合作团队。在进行评估时，老年社会工作者要确定三个问题：明确老年案主的问题及造成问题的原因、提供解决问题的可行方案及列出可能的障碍、对老年案主所面临的问题进行排序。

（三）计划的制订与执行

计划是实行个案管理的转折点，也是一个理性思考的过程。它将接案和预估中收集到的信息转换成老年案主可以得到的协助活动。个案管理制订的计划是一个包裹式的服务方案。包裹式服务通常不是一个机构或一个老年社会工作者能够完成的，它需要相关人士和机构的合作。订立服务计划的目的是使服务能够切合老年案主的需要，并能够联结老年案主所需要的各种资源。在执行计划中，个案管理者的角色是把老年案主所需要的资源进行联合和整合，这些资源可能来自政府部门、企业、非营利机构等。在解决老年案主个人心理、情绪问题时，老年社会工作者也会扮演直接服务者的角色。一般来说，个案管理的主要策略：①联结，即个案管理者扮演老年案主及其所需资源之间的中介人的角色；②协商，即促进老年案主系统与资源系统之间的沟通与协调；③倡导，当外部环境对老年案主具有威胁性或有关资源系统的资源难以策动时，个案管理者需要做倡导工作，以确保服务计划的执行。

（四）监督与评估

在服务过程中，监督和评估有助于及时修正服务方案，以保证服务的适应性，因此，监督和评估应贯穿服务的全过程。如果服务不能够解决老年案主的问题，老年社会工作者要考虑调整工作方向，重新回到计划阶段。同样，在服务结束时，也需要通过评估来展现服务的效率和效果。一般来说，对服务效果的测评包括服务是否符合老年案主的需要、老年案主对服务是否满意、服务的目标是否实现。

（五）结案

老年个案管理随着合同的终止而结束服务。个案管理者要为结案做好充分的准备工作。如征求老年案主对服务结束的意见，应对老年案主可能出现的结案反应，表达对老年案主的支持等。

【复习思考题】

1. 什么是老年个案工作？老年个案工作的内容有哪些？
2. 简述老年个案工作的主要模式。
3. 开展老年个案工作应该注意的问题有哪些？
4. 简述老年个案工作的一般过程。
5. 老年个案工作中，有哪些沟通和交往的技巧？
6. 谈谈你对老年个案管理工作的认识。

第七章 老年小组工作

学习目标

1. 掌握老年小组工作的概念及老年小组工作的特点。
2. 理解老年小组工作的主要模式。
3. 了解老年小组工作的发展阶段及各阶段的任务和技巧。

老年小组工作是在小组工作者的协助和指导下，利用老年组员之间的互动和小组凝聚力，为老年人提供专业服务，增加其参与社会活动的机会，通过老年人在小组中的娱乐、学习、交往等活动促进老年人的改变和成长的工作过程。小组工作具有多种治疗和预防性作用，小组的变化和成长会对老年人产生深远的影响，如传播信息、获得归属感和认同感、增强对生活的控制感和价值感、情绪疏导与宣泄、形成利他主义氛围、学习处理人际关系、促进行为的改变等。老年小组工作与其他人群小组工作有许多相同之处，但是由于老年人群体的特殊性，使老年小组工作也有特殊的一面。

老年小组工作的原则：为有需求老年人提供服务；提高老年人自尊、建立彼此间的信任；组团适当；照顾特殊；及时鼓励、赞赏；适度改变。小组工作在长期的发展过程中形成了不同的工作模式，老年小组工作的主要模式有互动模式、社会目标模式、治疗模式、发展模式。老年小组工作的不同发展阶段有不同的任务，完成这些任务要求小组工作者具有一定的工作技巧。此外，由于特殊的服务对象、多变的环境因素、须设计优良的活动计划等，使老年小组工作对小组工作者个人素质和专业素质提出了较高的要求。

第一节　老年小组工作的概念、构成与类型

老年个案工作虽然在为老年人提供服务时能够比较深入、细致，但由于比较耗时费力，需一对一地开展工作，所以效率较低。老年小组工作可以充分利用小组动力来促进小组成员的改变。作为社会工作的专业方法之一，小组工作强调通过小组去影响成员的态度和行为，通过小组成员之间的相互交流、相互分享及相互支持，挖掘组员的潜能，提高组员解决问题的能力。因此，在服务老年人的过程中，可通过开展各种类型的小组，来满足老年人的不同需求，帮助老年人弥补因退休而造成的社会脱离，可以使老年人能够更好地适应晚年生活，提高晚年生活质量。

一、老年小组工作的概念及构成

（一）老年小组工作的概念

小组工作是由英文 Social Group Work 翻译而来的，它是指通过小组活动的形式，促进小组成员建立关系以获得个体的成长，实现小组的目标。小组工作是社会工作的基本方法之一。小组工作秉承的理念：人在群体中生活，能够透过群体达到改变和发展的目的。小组工作又叫团体工作，由小组工作者协助和引导个人在各种社会机构的小组中互动，促使成员彼此建立关系，并以个人能力和需求为基础获得成长的经验，达成个人、小组和社区协调发展的目标。

老年小组工作是指在小组工作者的协助和指导下，利用老年组员之间的互动和小组凝聚力，帮助老年组员学习他人的经验，改变自己的行为，正确面对困难，恢复自己的社会功能和促进自己成长的专业服务活动。

作为社会工作的专业方法之一，小组工作和个案工作、社区工作、社会工作行政相比较有其自身优势和特点，主要体现在以下三方面。

1. 效率

小组工作方法能让更多的老年人有机会得到支持性服务和治疗性服务，为老年人提供更多的信息交流，形成资源共享。

2. 交互验证

小组成员在小组辅导中与一群和自己有类似经历和问题的人互相支持，分享经验，学习处理问题的方法与技巧，更好地获得支持和接纳，以此来缓解孤独、应对悲伤。

3. 灵活性和多样性

灵活性指的是在任何工作场所都可以组织和开办小组工作，除了需要安排一定空间能让组员聚会，不受外界打扰外，小组工作不需要大量的器具或特别的安排。多样性指可以根据老年人的兴趣和能力开办各式各样的小组，如成长小组、教育小组等。

小组能为老年人提供相关信息和各种可行的选择，寻找相关的社会支持和摆脱困境的途径，有利于问题的分析和解决。小组工作不仅帮助老年人预防和解决个人及家庭问题，还能够帮助他们更有效地认识和发展自我，增强生活经验和生存能力，获得归属感、安全感、责任感和成就感。小组工作最大的好处是它构造了一种人为的环境，在这种环境中成员参与活动、彼此分享、尝试新的事物、努力寻求解决问题的方法，从而使个人获得良好的适应能力，恢复正常的功能。

（二）老年小组工作的构成要素

从内部结构角度审视，老年小组工作一般包括以下五个构成要素。

1. 老年小组

即一定数量的老年人组合体。小组是小组工作者促进老年人改变的主要工具。在老年社会工作中，小组通常是人为设计形成的。其规模一般视小组的任务而定。治疗性小组一般规模较小，以利于组员的互动和参与。

2. 老年社会工作者

小组工作者是小组工作的引导者，但不是小组成员。这是因为小组工作者与小组成员的角色不同。在老年小组工作中，小组工作者要评估老年人需要、设计小组活动计划、组织小组开展活动、为小组活动提供资源以及进行小组工作的评估等。老年人是工作者的服务对象，他们是小组的参加者和受益者。

3. 老年人

他们是老年小组工作的服务对象。他们因为加入了特定的小组，从而成为小组的一员，成为小组中的个人。在组建一个老年小组时，通常要考虑老年人的年龄、性别、活动能力以及所面临的问题等。一般而言，同龄人往往比较容易沟通，是组建小组的有利因素。性别是指小组的性别构成，根据问题，既可以组建单一性别小组，也可以组建混合性别小组。通常情况下，治疗性小组较宜采取单一性别的形式，任务性、成长性小组适合组建混合性别小组。活动能力反映了老年人的健康状态，为了便于开展小组活动，一般应将活动能力相近的老年人组合在一起。问题的同质性是指小组动力形成的基础，也是组建老年小组时应当注意的重要因素。

4. 老年小组目标

即老年小组在一定时间内力求达到的某种期望状态或结果。小组目标是一个系统的体系，由总目标、阶段性目标共同构成。小组目标是小组工作功能的直接体现。

5. 小组活动

老年小组一经形成，就要开展一定的活动来促使小组的形成，维系并促进小组的发展和稳定。小组必须从事一些积极的活动，以实现小组的目标。活动的设计应根据组员的需求、兴趣等展开。同时，活动的开展应循序渐进，成为小组不断发展的内在推动力。

二、老年小组工作类型

（一）老年小组的分类

依据小组的形成方式，可以分为自然小组和构成小组；依据组员的参与动机，可以分为自愿小组和非自愿小组；依据组员间的联系，可以分为基本小组和次层小组；依据小组的结构，可以分为正式小组和非正式小组；依据小组的开放程度，可以分为封闭型小组和开放式小组等。依据小组的性质与目标，可将老年小组分为以下几种基本类型。

1. 治疗型老年小组

此类型小组着眼于小组中老年人的“问题”，力求通过小组活动改变老年人的态度，帮助老年人恢复受损的社会功能。治疗型老年小组具有康复的功能。在小组活动中，小组工作者会通过一系列有目的的活动，运用专业技巧协助老年人解决问题。比如，通过小组活动帮助老年人改变封闭孤独的状态，使之能够较为自如地处理人际交往问题。

2. 分享型老年小组

此类型小组也叫自助小组或支持小组，是由一群具有相同经历、面临同样问题的老年人组成。成员可以通过分享人生的体验达成共识，获得心理及行动上的相互支持，也可以通过互相帮助共同应对生活中的困难。这种类型的小组具有成长和支持的功能。老年人对某些问题的分享，可以促进认知的改变。老年人之间的互相协助可以发展出新的社会支持网络。

3. 教育、娱乐型老年小组

此类型小组中，成员可以学习到自己比较感兴趣的知识和技能，也可以参与娱乐活动、兴趣活动，以陶冶情操。比如，组建网络小组，为老年人介绍网络知识，帮助他们了解现代科学技术，还有健身小组、围棋小组、书画小组等。这种类型的小组能够满足老年人学习、娱乐的需求。在小组中，老年人可以增长知识，发展自己的爱好、特长，从而增进身心健康。

4. 成长型老年小组

成长型老年小组通过老年人之间的互动，促使他们从思想、感情和行为等方面觉醒并深刻反思，从而修正自己的行为、态度等。成长型老年小组的主要目标是促进老年人的成长，以预防某些问题的发生。这类小组的活动主题通常涉及人际关系、价值观、社会规范等。这类小组活动所提供的经验，能够帮助老年人获得自信等。

5. 服务型老年小组

此类型小组是发动老年人在力所能及的前提下，发挥自己的才智，为他人提供服务。这种小组能够帮助老年人维持与社会的联系，使之保持一种较高的活动状态，能够增进老年人的能力，让老年人体验到助人与自助的良好感受。

6. 现实辨识型老年小组

此类型小组的成员一般是由轻度到中度认知混乱的老年人组成，小组工作者通过环境中的一些提示，帮助他们确认时间、方位或者人。现实辨识老年小组一般是在护理院、医院或者成人日间照料中心开办。在理想的情况下，现实辨识老年小组是这些设施中常规工作的组成部分，小组工作者需要在一天当中不断引导老年人，而不仅仅是在小组聚会的时候才引导老年人。

7. 动机激发型老年小组

小组工作者面临的较困难的任务之一，就是让老年人参加个人和群体的活动。长期缺少社会接触会让老年人的交往能力受损，变得淡漠和了无生气，强化退缩倾向。动机激发型老年小组的目的就是要激发那些不再对眼前或未来感兴趣的老年人投入到社会中。小组活动是用来帮助老年人重拾自身能力，与他人建立联系。

（二）老年小组工作的主题

不同类型、不同目的的老年小组，其工作的主题也不相同，根据老年人的特点和需要，可将老年人小组工作的主题分为以下几种。

1. 缅怀过去

通过重新审视过去、选择过去所发生的事件，使老年人达到自我认知和整合，重新感受人生的意义。

2. 现代社会知识

通过与同伴交往以及与他人交换观点，老年人可以保留他们的文化观与价值观，并能够融合他人对现实社会生活中看法一致的现代社会观点。

3. 自我独立性

通过教导和引导，向老年人传递如何加强自我照顾的技巧，如何解决与子女间的冲突，以及为了保持独立的生活如何获取社区资源的途径等。

4. 生理和心理变化

通过社会、心理、健康知识和照顾等教育活动，帮助老年人互相学习，克服身体和精神疾病所带来的困扰，通过成员间的经验分享来缓解彼此间的抑郁心情，通过互相支持和鼓励加强彼此康复的动机与持久性。

5. 家庭的人员关系

通过小组活动，鼓励家庭内的老、中、青成员互助了解和合作，共同解决生活中遇到的不和谐问题。

6. 社区资源的利用

通过小组活动，引导老年人认识社区中可利用的资源、服务及运用的方法，帮助老年人克服服务时的顾虑和恐惧。

7. 适应环境

通过小组活动，为老年人建立社区支援网络，以减轻其不安的情绪，并增加对生活环境的控制感。

8. 闲暇与文化活动

通过开展社会性和康乐性的小组交流和活动，可以帮助老年人重新定位自己的社会角色，给老年人带来满足感和成就感，使老年人能够重新找到适应社会生活的方法。

9. 死亡教育

通过小组活动，开展死亡教育，让老年人认识和讨论死亡前后的问题，也可以让老年人互相交流对死亡的看法，鼓励他们说出自己的忧虑和不安，以摆脱对死亡的恐惧与担心。

三、小组对老年人的影响

小组是一种动态的组织，小组的变化和成长会对成员产生深远的影响。一个人在小组中会得到帮助或改变，原因是小组本身为成员提供了治疗和预防。通过参加小组，老年人可以获得以下几个方面的帮助。

（一）传播信息

人是信息的载体，只要有人的聚合，就会有信息的传递，这些信息满足了老年人的认知，既给予了老年人以启迪，又给予了老年人以宽慰；既满足了老年人的参与需求，又有助于老年人驱散孤独感，保持良好的心境。

（二）获得归属感和认同感

认同感是个体对于所处小组的依恋、认同等积极的体验。这种体验对老年人的身心健康是非常有利的。老年人在小组活动中分享生活经验，互通信息和交换意见，从同龄人中学习，并得到友情的支持和回应，使他们认识到所碰到的问题并不是自己所独有的。老年人获得了群体认同感后，在小组工作进入到一定阶段后，就会出现由个体的集合到心理的小组的转变。老年人之间的关系日趋和谐，他们会非常自然地使用“我们”这种称谓，开始真正融入小组。

（三）增强对生活的控制感和价值感

通过参加小组活动，老年人在一起相互交流，分享类似经验，讨论共同关心的问题，可以协助老年人适应和应对负面的人生经历，从而建立起自尊和自信。在小组中，可以发挥每个组员的专长和优势，比如在一些服务小组中，老年人可以在助人的过程中，体会到自己的价值，从而提升自尊心，减少“老而无用”感。同时，通过小组活动，老年人可从组员的赞赏中肯定自我的才华、领导能力和获得自信。

这对于治疗老年人的问题或预防问题的发生有着非常重要的意义。

（四）情绪疏导与宣泄

在小组活动中，老年人可以在与同龄群体的互动交往中，找到共同语言，容易认识自我。同时，小组的建立常常遵循问题同质性原则，因而老年人之间更能够相互理解所碰到的问题，也更具有同理心。小组可以提供一个客观的角度，帮助老年人反思自己的人生经历。因此，老年人也更愿意在小组中宣泄自己从家庭或其他场所带来的负面情绪，从而利于其保持心理健康。

（五）形成利他主义的氛围

对于老年人来说，既然大家处境相似，面临相似的问题，就应当互相帮助、共渡难关，所以，小组内能够形成利他主义的氛围，这种互帮互助往往让老年人获得比较愉快的体验。而且，在小组活动中，也鼓励成员间的相互帮助、彼此支持、分享经验，使得成员感到被尊重、被接纳，从而愿意抛开个人的烦恼，尝试着付出、关怀和发展。这种真实而有意义的接触能够加强小组的治疗功能。

（六）学习处理人际关系

小组是多个人的组合体，在小组活动中，老年人之间必然要相互交流、熟悉，这对于巩固和发展老年人的人际交往技能具有积极的意义。老年人在小组中，可以观察他人的交往表现，可以发现自己认同的交际风格，可以学习人际交往的知识和技巧。这些无疑能够提高老年人的社交能力，能够缓解老年人在人际关系方面的困扰。

（七）促进行为的改变

在小组中，老年人会发现自己比较认同的人。老年人可以通过与认同对象的接触，向他们学习，比如，学习他们开朗乐观的精神、积极的生活态度等，从而达到改变和成长的目的。这种影响对老年人来说，可能是潜移默化的，但是它一经确立就会对老年人产生持久的影响，使老年人的行为得到改变和重塑。

综上可见，小组工作具有多种治疗和预防性作用，只要小组工作者能够充分挖掘、恰当使用，小组工作的方式就一定能够使老年人获益。

在具体开展活动时，小组也会对老年人产生消极影响。小组活动中可能会有一些被忽视的组员，对于他们而言参加小组活动可能会加重内心的孤独及自卑感。如果小组工作者在小组活动中有些技巧和态度不注意，那么就可能对个别组员造成伤害，让老年人敏感的心受到刺激，使老年人原本平静的生活带来波动和消极影响等。

第二节 老年小组工作的原则、模式与方法

老年小组工作的原则、模式与方法是老年小组工作的重要组成部分，涉及较多的技术性内容，关系到小组工作的成效。

一、老年小组工作的原则

老年小组工作是通过组织老年人参加各种活动小组，提高老年人活动水平，建立老年人之间的互助网络以帮助他们摆脱孤独和寂寞，健全老年生活。老年小组工作的原则与其他人群小组工作的原则有许多相同之处，因老年人群体的特殊性，使老年小组工作有其特殊的一面，应特别关注以下基本原则。

（一）为有需求的老年人提供服务的原则

做老年小组工作要善于观察，详细分析后再作出结论，不要先入为主，小组工作者不要先行假设老年人都有参加小组的需求。小组工作并不是对所有老年人都有益的。有的老年人害怕孤独，害怕被社会遗忘，希望能够有机会与他人接触，发动这样的老年人参加小组往往能够达到理想的效果；有的老年人并不喜欢小组活动的形式，他们喜欢独处或更愿意与自己熟悉的人接触。所以，小组工作者不能强求老年人参加小组工作，对个别不愿意参加活动的老年人应该尊重他们的选择。为有需求的老年人服务，以满足老年人的需求为工作目标，小组工作才可能富有实效。

（二）提高自尊、建立信任的原则

随着年龄的增长，老年人很难维持中青年时的自尊，特别是目前很多小组工作者都是由大学生或是年轻的社会工作者担任，接受年轻人的帮助，更让老年人觉得有损尊严。因此，老年人早期往往很难接受小组工作者。小组工作者必须澄清自己是与老年人互相学习、互相帮助的，为老年人提供一些小组资料，说明小组工作的目的，打消他们的疑虑，建立初步的信任关系。在小组活动中注重老年人的自尊需要，使他们能获得满足感、成就感和自豪感。

（三）组团适当原则

小组是由老年人构成的。为使小组成为老年人改变和成长的平台，小组工作者要仔细考虑、认真筛选小组成员。不要因为不好意思拒绝或害怕人数不够而对参与者来者不拒，以使组建的小组难以开展活动。选择小组成员时要注意选择需求相当、

问题相似、活动能力相近、文化程度相差不大的老年人。如果小组中的老年人的年龄和活动能力有很大差异，有的人行动自如，有的人却需要搀扶，那么，在组织户外活动的时候便容易产生问题。再如，在同一个小组中，有的老年人不识字，有的老年人具有较高学历，也会影响到小组活动的开展。同样，一位腿脚不便的老年人自然不愿待在一个用脚很多的活动小组中。因此，小组工作者在选择成员时把老年人的特质和小组的特质结合起来考虑，是使老年人能够继续参加活动并对小组活动感兴趣的重要因素。

（四）照顾特殊的原则

老年人由于身体老化，在反应速度、活动能力以及视力听觉等方面会有所衰退。工作者一定要耐心、细致、周到，尽可能考虑到每个老年人的特殊需要。组织活动或开展游戏应适合老年人的特点，不宜有较高的难度，最好简单易学，使老年人一听一看就明白。否则，老年人会因为做不到而感到自卑。在介绍活动规则时，小组工作者应以缓慢、清晰的语言讲解，以确保每个组员都明白规则。如果小组工作者总是举着图片向大家示意活动规则而不是讲解、传阅，必然会挫伤视力不好的老年人的自尊心。因为，活动开始后很可能只有他一人不懂规则。在开展活动的时候，应注意观察每个老年人的反应。如果发现有的老年人反应淡漠，应了解原因，以便及时调整活动的内容或节奏。一般来说，宜把教育水平大致相当、身体活动能力无明显差别的老年人组成一个小组。

（五）及时鼓励、赞赏的原则

由于刻板印象的存在，老年人得到的负面评价较多。他们往往被描述为依赖的、无能的，使得一些老年人感到自卑和沮丧。在小组工作中，小组工作者要积极把握机会，不失时机地鼓励老年人参与，对老年人的进步要及时予以赞赏，以增强他们的自信。当然，这种赞赏应是真诚的，而不是虚假的社交辞令。同时，对于个别以自我为中心的老年人，小组工作者要加以引导和规范，使他们不至于影响小组工作目标的完成。

（六）适度改变原则

相对于其他年龄段的人，老年人大多固执己见，性格已经“固化”，很难通过小组工作改变自己的性格，形成新的性格。因此，小组工作者不能期望老年人通过小组活动一定会改变自己的性格，更不能强制老年人进行改变。小组工作者也不希望能够很快地解决老年人的问题。有些问题需要经过长期周密的计划才能解决，与其希望彻底解决问题，不如以减轻问题对老年人带来的痛苦为目标更合适一点，对老年人来说，“治标”比“治本”更能满足他们的需要。

二、老年小组工作的模式

小组工作自创立以来，形成了许多工作模式，学者及专家们也对小组工作作出了不同的解释。目前小组工作模式主要有社会目标模式、互动模式、治疗模式、发展模式、过程模式、小组中心模式等。在运用小组工作模式的过程中，不同类型的小组会有不同的工作目标。老年小组工作适用于哪种模式取决于老年人的需要和能力及小组成立的目的，这里主要介绍较有影响的四大模式。

（一）社会目标模式

1. 理论基础

社会目标模式是透过一系列原则和方法培养成员的社会责任感、社会意识和社会良知。它的原则与社区工作有许多相似之处，在小组中强调参与、共识与任务的达成，更重要的是强调自我了解和专业训练。社会目标模式是最早的小组模式，它的理论基础主要来源于系统论、生态系统论、教育理论和社会学观点。这些理论主要强调社会系统与个人、群体之间是互动和相互影响的。这一模式下的小组通过一系列的社会目标的实现，培养老年人的社会责任感、社会意识和社会良知，推动社会变迁。这一模式注重老年人的社会参与和集体行为，鼓励他们关心机构、社区或社会中涉及老年人权利和福利的问题和事件。

2. 实施原则

①增加小组成员的社会行动力，激发起社会责任感。

②严格遵行民主原则，鼓励成员充分参与，并引导他们形成对小组目标的共识，形成集体行动。

③致力通过小组领袖的培养、培育有利于社区各方面发展所需的领袖人物、提升他们推动社区和社会变迁的意识与能力。

④致力小组工作目标与社会发展目标的一致性。

（二）互动模式

1. 理论基础

互动模式又称互惠模式，它关注小组中组员、小组和社会环境间的关系，希望通过个人、小组和社会系统之间的开放和相互影响达到增强个人和社会功能的目的。这个模式主张在助人的过程中应该强调个人与社会的关系。这一模式由于依靠群体的力量，在我国各方面的助人体系中运用得越来越广泛。无论在推动儿童、青少年群体的成长方面，还是在解决中年人生活工作压力方面，或减轻老年人的孤独感、适应老年生活方面，都发挥着较大作用。互动模式的理论基础主要源于系统理论和场域理论。其基本假设是个人和社会系统之间存在依赖关系，小组为个人的社会功能发挥提供了有效场所，通过小组组员互动，增强老年人应对生活压力的转变，减轻老年人的孤独感，增强个人的社会功能。

2. 实施原则

互动模式下的小组以组员之间的相互作用和影响来实现小组目标，组员之间的“面对面”和密切的互动关系是小组存在和发展的动力。小组工作者扮演着协调者的角色，主要从如下几个方面实现目标：①启发老年人主动考虑问题，明确老年人的需要及期待，挖掘小组的正向动力，动员老年人主动思考和解决问题并强化发展目标。②小组工作者应该向老年人说明自己在小组中承担的角色，说明小组的作用。同时作为协调者，还应诚实向老年人提供信息，协调老年人之间的关系，充分利用社区资源为实现小组目标服务。

（三）治疗模式

治疗模式也称作预防与康复模型，是把治疗个人当作小组工作的任务，同时也提供个人的预防和康复的一种干预方式，即将服务提供给不同需要的人。它充分地吸纳了精神医学、心理治疗与咨询的理论和技术，提供与个案工作紧密联系的个人康复和改善的机会。

1. 理论基础

治疗模式也称临床模式。其理论基础主要来源于行为修正理论、社会化理论。治疗模式关注老年人的心理和行为问题，目的是帮助长期残障的老年人和社交退缩老年人恢复其适应能力，协助老年人改变一些非功能性的行为模式。

2. 实施原则

组员一般为身体亚健康或是社会功能不是处于最佳状态的老年人，对小组工作者在精神病学、心理学和临床社会工作理论和实务方面要求较高。治疗模式实施的原则：①设定老年组员的个别性治疗目标，通过对组员个性目标的综合，寻找共同的小组目标；②建立小组规范和价值系统；③预先设定小组聚会的内容；④强调为服务对象工作，而不是与服务对象一起工作。

（四）发展模式

发展模式强调的是怎样发掘个人的能力，寻求解决问题的方式，而不是关注个人的弱点，解释人们的防御机制。发展模式特别强调，人有潜能做到以下几点：自我意识、自我评价和自我实现；意识到他人的价值、评价他人、与他人互动；意识到小组的情境，评估小组的情境，并在小组中采取行动。

1. 理论基础

发展模式理论基础主要来源于发展心理学、社会结构理论。它把人的发展作为小组工作的核心，把康复、预防和发展三者有机统一起来，强调通过发掘个人的潜力，寻求解决问题的方式。这种工作模式关注小组组员个人的社会功能性而不是有关病理方面的因素，重视自我实现而不是治疗过程。

2. 实施原则

①发展老年人的认知，形成小组共识。

②建立小组目标，促进小组和老年人的成长，鼓励每一位老年人参与小组，投入小组，推动小组，使小组达到自决和自觉的程度。

③激发老年人的潜能，增强老年人的能力。

在老年小组工作的实践过程中，单一模式未必适合小组所有的情况，这就要求小组工作者要考虑老年人的需要和小组发展特征，灵活运用不同的模式和工作技巧，以达成小组目标。比如以发展老年人兴趣、学习新知识的社会目标模式小组，随着组员凝聚力的增强，可以发展成互动小组，组员之间互相帮助，当小组成员信心增加，他们会进一步关心社会福利，组织社会行动，争取和维护老年人权益。

三、老年小组工作的方法

从有限的专业社会工作资源来说，使用小组方式辅导老年人面对生命和生活的挑战有很多好处。小组工作比个别辅导更有效和更高效，因为在小组中得益的老年人数量较多。小组工作要先做准备，以及需对老年人是否适合参与小组进行仔细的评估。小组通过辅导老年人发展社交关系及学习新技能，可以让老年人重新投入社交生活。有严重认知限制、极度情绪困扰或自困性格的老年人，较适合接受个人辅导而非小组辅导。

社交小组的效果是多方面的。由于社交小组的范围是没有限制的，只要切合老年人的兴趣和能力，都可以是社交小组的活动内容。

支持小组的方向较集中，通过小组的支持，老年人可以学习、认识和接受负面的情绪，同时发展新的适应技巧以克服生活转变带来的新挑战。

治疗小组重建老年人心灵，不会刻意避开痛苦的情绪和事件，而是将学习集中于这些痛苦中。有抑郁或其他精神健康问题的老年人，多数会从治疗小组的支持和小组解决问题的过程中获益。成员可以在小组的环境中学习新的、建设性的行为，并将这些行为用于小组以外的生活中。

小组工作者除了尊重老年人的自主权和决定权之外，亦要教育老年人懂得尊重其他老年人隐私和尊重小组保密的规则，为老年人建立一个可信赖、安全、有建设性和造就性的小组环境。老年小组工作的方法主要有六种。

1. 积极倾听

在小组活动过程中，小组工作者要关心和注意小组内每个成员，而不仅仅是那个正在说话的人。

2. 反映

小组工作者的反映技巧可以达到双重目的：既能够帮助发言的成员更清楚自己所讲的内容和感受，又让他知道你听懂了他、了解他。

3. 澄清

澄清对小组的发展有重要作用，它可以帮助组员更好地了解他（她）自己想说的话。通过澄清，也可以保持小组内沟通的高效、清晰，不让混乱的信息造成组员的疲惫和泄气，从而影响小组的过程和功能。

4. 鼓励和支持

作为一个小组领导者，这项技巧特别重要。尤其在小组成立之初，组员经常会担心犯错误或做什么蠢事而给别人留下不好的印象。在成长或治疗性的小组，组员们有时也害怕透露一些事情。小组工作者需要用温暖的话语和愉快的面部表情以及放松的姿态来传达对组员的支持，用及时的反馈传达对组员的鼓励。

5. 自我流露

小组工作者的自我流露，可以显示自己愿意透露个人的情况及愿意冒险与大家交流个人情况；自我流露可以告诉组员自己也是一个普通人，生活中也有和组员们一样要面对的问题；自我流露还可以做个样本，让组员知道小组工作者希望从组员们那里得到怎样的回应。

6. 总结

总结是小组过程中会经常采用的一种手段，也是小组工作者必备的技巧。总结是将散落在交谈过程中的信息进行归类，以精辟和简洁的语言对重点观点和内容予以陈述。

四、老年小组工作发展阶段及工作技巧

小组工作的理论、小组的发展有自身规律和生命周期。不同学者对小组工作发展阶段有不同的划分方法。比较有代表性的划分方法：①塔克门（Tuckman）的四

阶段观点，即形成阶段、风暴阶段、规范阶段和成就阶段。②米尔斯（Mills）小组生命历程的五个时期，即邂逅、试探及模塑角色、协调、生产和分离。③加兰、琼斯和科洛尼（Garland，Jonesand，Kolodny）的五阶段观点，即组合前期、权利和控制期、亲密期、分辨期和分离期。④亨利（Henry）的六阶段观点，即组建、开始、形成、冲突、维持和结束。⑤沙瑞和葛林斯基（Sarri，Galinsky）七阶段观点，即初期、形成期、中间期、校正期、中间期、成熟期和结束期。20 世纪 90 年代后，社会工作的理论家将小组工作的理论划分为小组开始期、小组中期和小组结束期三个阶段。本书采用六阶段观点来介绍老年小组工作不同阶段的任务和技巧。

（一）小组组建

即酝酿和筹备小组时期。在这个阶段，小组工作者需要解决很多问题。

第一，小组工作者要清楚小组的目标是什么。这需要在评估老年人需求的基础上作出，并要结合机构宗旨、资源状况、小组工作者自身情况等因素进行确立。尽管在老年人参加小组时，他们会带有自己的目标，机构作为服务的提供者会有自己的目标，小组工作者也有个人的打算。但是，这些目标之间可以整合成小组的协议目标，即小组在一定时间内能够达到或期望达到的某种状态。

第二，小组工作者要考虑小组的规模以及老年人的条件。一般而言，小组的规模应当予以控制，过大的小组往往比较松散，不易带领。老年人的选择应根据小组的目标而定，通常的要求是问题具有同质性、需求的层次相当。性别、民族、文化程度、健康水平等因素也常常需要顾及。

第三，决定小组的活动场所、时间、形式以及开放程度等问题。在举办老年小组时必须就近、就便，以利于老年人参加。大多数类型的小组都可以采取开放式的结构，让老年人能够比较自由地进入或退出。

第四，制订小组的活动方案。在小组正式开始前，还要制作小组活动计划书，计划书可以使工作者对小组的组织理念、理论框架和目的有清晰的认识，能够帮助小组工作者对每一节活动做好准备。计划书的内容应是比较灵活的，可以随着小组的发展而进行适当的调整。

第五，举行开组前的会谈。在小组正式开始前，小组工作者一般要将老年人聚到一块，就小组的目标、活动设想、结构、活动的时间、地点等进行介绍，使老年人对小组有一个初步的了解，以做好心理方面的准备。小组工作者也可借此机会了解老年人的情况、期望、目标，也可进行角色引导。在这个阶段中，最有难度的工作是如何吸引老年人加入小组。因为对于大多数老年人来说，小组可能是陌生的，而且和陌生人组建小组，老年人在心理上总会或多或少存有疑虑或具有防卫心理。

这需要小组工作者在开展小组工作之前，做好小组宣传工作。不能只靠海报来进行宣传，最好能够和每位老年人进行面对面的接触。如果在社区则需入户访问，在养老院需到每个房间进行探访，也可以选择在老年人聚会的时候宣传，向老年人当面介绍什么是小组、小组的内容、小组有趣的地方及参加小组的好处等，要把小组的精彩之处宣传到位。另外可为小组取一个吸引人又好记的名称，如以改善老年人人际关系为目标的小组可以取名“快乐之家”“老朋友”“开心你我他”，教老年人预防疾病的小组可以取名为“老当益壮”等。这样的名字不仅让老年人容易记住，更体现老年人参加小组的目的及可能的收获，吸引老年人加入小组。

（二）小组开始

小组第一次活动，意味着老年人进入了一个新的环境。大多数老年人都会以一种试探性的方式与其他人接触，既想有所表现又有所顾虑，老年人普遍表现出紧张、焦虑、不安的状态。另外还有些老年人更有表现欲，从而把持了小组，成为左右小组的人，小组因此形成。对于小组工作者来说，由于刚开始老年人对其没有很多的了解，组内大多数老年人都不信任他，想通过冷眼旁观的办法观察工作者的能力。因此，在这个阶段，小组工作者必须适当处理老年人之间的紧张和不友善的态度，指出小组的目标，使小组能够朝着既定的方向发展。与老年人多接触、多聆听、多解答问题、多鼓励参与都是重要的。由于小组尚未形成，小组工作者必须为小组活动负较多的责任。小组工作者要扮演引导者的角色，通过一些活动，帮助老年人相互熟悉，以免他们感到孤单、无趣。

在第一次小组活动时，小组工作者要精心准备活动方案。在准备时要通盘考虑全体老年人的情况，按照他们的能力安排活动。一般来说，在小组第一次聚会时常采取的办法有自我介绍和做游戏等。自我介绍可以让大家围坐在一起，由每位老年人轮流介绍自己的基本资料（姓名、年龄、住址、爱好、家庭情况、以前的职业等）。当小组成员较多时，采取这种办法就显得有些冗长而呆板，可以尝试变换自我介绍的方式，比如，把老年人分成若干个小组（2~3 人组），先让他们在小组内自我介绍，然后由每一个小组推一个代表把大家的资料介绍出来。这种方式一般比第一种方式能给人留下更深的印象。为了营造良好气氛，小组工作者还可以发动少数老年人表演节目或让大家一起唱歌，也可以做一些集体性的游戏，比如词语接龙等，活跃一下气氛。一旦气氛活跃起来，就要及时回到小组的目的。小组第一次聚会除了让老年人彼此熟悉外，还要解释小组的意义、目标、活动方式等，让老年人对以后的活动做到胸中有数。小组聚会要结束的时候，小组工作者可以让老年人谈谈参加活动的感想或以后的打算等，也可以采取“绕圈发言”的方式请老年人对自己周围的人进行描述和评价，这也有助于活跃气氛或获得积极的体验。鉴于老年人的身体条件，活动的时间不宜太长，每次最好在一个小时左右。

（三）小组形成

经过几次聚会以后，老年人开始慢慢与他人互动起来，并尝试着与他人建立关系，按照小组的规范行事。这时候，小组就逐渐形成了。而且，随着活动次数的增多，小组发展的迹象会日益明显，老年人开始使用“我们”等称谓，开始融入小组之中。老年人之间的关系更加和谐，互动更自然主动，小组的活动也更加丰富。在这个阶段，老年人开始形成角色意识，弄清了小组的目标、方向，对组内其他老年人更加依赖，小组的凝聚力、沟通网络、决策方式开始形成。在这个阶段，小组工作者应当鼓励老年人参与活动，协助他们体验归属感及相互依赖关系，这是形成组织凝聚力的关键阶段，小组工作者要避免成为小组的领导者，以免限制了小组的发展。在设计小组活动方案时要考虑老年人本身的需求和能力，活动本身的目标、技巧和形式，小组分化和规范的动力等。活动形式应当以小组的方式进行。活动的技巧性不必太强，以免老年人有畏难情绪。消耗的体力也不能太大，以免发生意外，比如，抱球跑、突围等游戏对老年人就不太适宜。小组工作者可以根据老年人小组的特点设计活动，并没有固定的模式。其实，日常生活中常做的游戏都可以成为小组活动的素材，比如各种形式的同心协力游戏。当然，小组的活动不是为了游戏而游戏，小组工作者应当把游戏本身包含的意义揭示出来，以加深老年人的认识。

（四）小组冲突

随着小组内老年人的相互熟悉和互动行为，每个人都逐渐放下了伪装，成为真实的自己，但由于老年人的背景特征、习惯、观点、期望不同，沟通会很复杂，从而带来了冲突和分化。从本质上看，小组冲突是组员间相互竞争的表现，他们竞争地位和权力，想超越他人，以确定自己在小组中的位置。因此，这是一个分化和整合的阶段。对于小组工作者来说，冲突并非坏事，但是应当认真面对。如果能正确引导老年人面对冲突、澄清问题、消除误会或打破僵局，对老年人和小组的发展是非常有益的。一般来说，小组工作者在解决冲突时可以采取的技巧主要有五种：①让步。这是解决冲突时常用的办法，即小组工作者劝说矛盾各方互相理解，各自做出一定的让步，从而缓解各方间的紧张关系。在推动双方做出让步的时候，小组工作者不能够偏向某一方，要让各方都能够得到一定利益，作出较为均衡的妥协。人为的偏向只可能使矛盾激化，导致新的矛盾产生。②仲裁。即由小组工作者或有关人士充当仲裁者的角色，对矛盾进行判断和处理。一般来说，仲裁者应当有一定的地位，能够被小组所接受，这样才能保证仲裁者提出的方案被认可，使矛盾能够得以解决。此外，这种方法要做好输掉一方的思想工作，以使矛盾能够真正解决。③冷处理。就是暂缓对问题的处理，等待时机成熟再进行解决。这种方法适合不是十分激烈的冲突，通过冷处理可以使矛盾各方能够更加理性地、冷静地看问题。④目标转移。就是通过开展其他的小组活动，促进矛盾各方将注意力转移到新的任务上来，这样可以避免矛盾的激化。比如，寻找一个外部的竞争者，往往能够增强小组的凝聚力、使矛盾各方联合起来、一致对外。⑤重组小组。当冲突非常激烈且对小组有极大的破坏力时，小组工作者可以考虑重新组建小组，尤其是拆开与小组目标存在冲突的次群体，以使工作能够开展下去。

（五）小组维持

经过小组的冲突，小组的目标往往更加明确，小组变得更加稳，组员会更加亲密地结合在一起。他们对小组更关心、更投入，小组的活动更加顺畅，达到最佳境界。这时候的小组是最成熟的，归属感使小组有了明显的边界。维持期意味着小组进入了“分久必合”的状态，经过了冲突的考验，小组会达到一个新的高度，因此，维持期是小组生命力达到顶峰的阶段。这时候，小组的内在结构已经在发挥作用，小组更加凝聚、有更活力。另外，在这个阶段，小组的规范、法则已经被成员所接受和内化，组员都表现得较为成熟。而小组工作者的角色是边缘化的，他要“让自己在小组中凋零”。在小组的维持期，由于小组工作者和组员间的关系已经较为融洽，相互间产生了更多的情感，所以，小组的活动应当坚持以小组为导向，活动方案的选择应当得到小组的认可。具体来说，可以由组员经过讨论来决定，并由小组来实施，小组工作者只要进行一些辅助就可以了。

（六）小组结束

这个阶段小组要走向终结。小组的结束有很多原因，比如目标已经实现、到了预期的期限、组员已经不需要小组、严重分裂或成员太少等。当然，小组的结束是组员间的分离，这种分离和日常生活中人际关系的中止有着相似的表现。在分离时刻，组员会有一定的情绪反应，一般来说，这种情绪反应会经历从对小组的留恋到组员间的恋恋不舍，组员会有一种伤感的体验，但最后都会接受现实，回到小组建立前的状态。但是这种返回已经不是单纯地回到从前，而是经由小组的分离以后的返回，组员总会或多或少地受到小组的能响，实现一定程度的改变。在这个阶段，小组工作者要做好小组的结束工作，总结小组，成功分离。

1. 评估

评估是为了老年小组的绩效而进行的，是老年小组工作的重要一环。小组工作者在小组结束之前要做好相关准备，如制作量表。量表的制作应当根据小组的类型和目的着手，治疗型老年小组应侧重于测量老年人的康复程度；成长型的老年小组可以从人际关系、个体成熟度等方面进行测量；教育、娱乐型的老年小组应当偏重于老年人的收获和感受等，不应千篇一律。

2. 总结

总结就是对小组活动进行回顾和升华，往往具有强化学习效果和增强个体经验的功能。总结可以由小组工作者进行，也可以由老年人进行，总结小组的成绩和不足。对成绩的总结有助于激励老年人，对不足的总结则有助于老年人理性反思，有助于小组工作者进行以后的工作。

3. 告别

通常表现为举行一些有纪念意义的活动，比如进行毕业典礼、拍照、赠送纪念品、交换联系方式、参观、聚餐等。机构的有关人员和小组工作者要善始善终，搞好送别工作。

4. 其他工作

对于那些需求没有得到满足的老年人可以通过转介的方式，鼓励老年人到其他机构寻求帮助。对于那些仍然需要进一步关注的老年人，可以考虑进行跟进工作，以达到更加理想的效果。

第三节　老年小组工作对小组工作者的要求

从服务对象的角度来讲，小组工作者面对的是不同年龄、不同身份、不同性别以及不同需求的老年人；从问题的角度讲，小组工作者在服务的过程中会面对形形色色的问题，如心理问题、贫困问题、法律问题等；从小组的角度讲，小组工作者会面对不同性质的小组。因此，要做好小组工作，我们需要进一步了解老年小组工作对小组工作者的要求。

一、小组工作者的价值观

小组工作者应该坚守以下几个方面的价值观。

（一）接纳原则要求下的价值观

真诚地接纳每一位老年人。小组工作者可以有自己看待他人的价值观念，无须对老年人的行为和品行表示赞同，但应该完整地接纳每一个人，包括其优点与缺点。

（二）尊重权利和能力原则要求下的价值观

小组工作者必须认可并接受每位老年人的能力差异，适当地修正小组工作过程，帮助和鼓励每位老年人按照自己的能力去参与小组活动，不应该使他感到力所不及。

（三）互助互惠原则要求下的价值观

小组工作者和老年人之间应该有目的地去建立专业关系，鼓励和促进老年人之间发展起有积极意义的关系，这有利于促进老年人发生转变。

（四）尊重隐私权要求下的价值观

小组工作者要做一个真诚、热情和具有人道主义精神的人，要严于律己，有规则地运用自己的权利，对老年人隐私及相关资料要进行保密。

（五）个别化原则要求下的价值观

这包括两个方面的内容。一是认可每个老年人的独特个性及行为的多样性。小组工作者必须清楚认识组内每位老年人的独特差异以及他们的不同需要和不同问题，对每位老年人的需要采用适合的介入方法，并制订有针对性的治疗计划。二是认可小组是多种多样的，行动是多样化的。每个人的差异使得由人组成的小组也有差异，小组有不同的需要和不同的互动模式，小组工作者对不同的小组要采用不同的治疗目标和计划。

（六）赋权原则要求下的价值观

小组工作者不应高高在上，应把自己摆放在增强老年人解决问题的能力的位置上，小组工作者要做的是帮助老年人自己赋权给自己，将老年人视为有能力、有价值的个人，降低老年人因标签带来的自我负面评价和无力感。在小组活动中，赋权的过程如下：意识的觉醒化过程（通过对老年人进行赋权使老年人对自身处境重新认识，从而实现自我提升，释放潜在的能力）、能力分析过程（通过老年小组活动，使老年人肯定自己对家庭和社会的付出，发现并欣赏自己的优点）、集体经验分享过程（鼓励老年人说出自己的声音，并从与其他老年人的分享中获取经验）、产生批判性思维以及付诸行动的过程（在老年小组工作中，老年人之间可以建立一种互助和维护自己权益的意识，并敢于联合起来向社会提出自己的要求和需要）。

二、小组工作者的素质要求

在老年小组工作中，小组工作者首先要具备综合的基础理论素质，这是从事小组工作的前提条件。这些素质主要指社会科学和人文科学的知识，如政治学、经济学、法律学、管理学、心理学以及社会学等方面的知识。除此之外，特殊的服务对象、多变的环境因素、设计优良的活动计划等都对小组工作者提出较高的要求。

（一）小组工作者的特质

斯拉夫松认为，小组工作者需要具备的个人特质包括心理健康，泰然自若，成熟，有判断力，有认同感，有想象力，懂得避免先入为主的偏见，想帮助人和对沮丧有容忍能力等。迪也指出，小组工作者要同时面对来自多个组员的抗拒、失控、敌意、移情、依赖等，因此，要求他（她）能够关心每一个人，能够明白组员之间的互动，对不同的意见都抱着开放的态度，感应全体组员的感受，同时也能了解自己在小组中的位置。科瑞对小组工作者的行为进行了研究，认为有效的小组工作者通常具有八个特征：及时回应、个人能力强、有勇气、愿意自我对质、真挚与诚实、有认同感、对小组历程的信念与热情、发明与创造。

从以上学者的观点可见，成功的小组工作者具有亲和力，乐于助人，并具有较高的自我觉察能力和敏锐的观察力。他们能够在小组活动过程中起到显著的催化作用。这些观点对于我们理解小组工作者的要求是富有启迪性的。

（二）小组工作者的条件

1. 个人特质

①小组工作者应具有敏锐的自我觉察能力。在小组中，每个人都会把自己的态度、经验、价值观等带进去，小组工作者本人也不例外。有时候，他会有自己的个人需求，会夸大自己的能力，甚至会出现反移情。但关键在于他能够及时发现自己的问题，调整自己的状态。一位有效的小组工作者，应随时保持高度的自我觉察，能够及时处理个人各种可能对小组造成影响的问题。

②小组工作者应愿意对质自己。优秀的小组工作者是真实的、真诚的，他们不逃避自己，不把自己隐藏在种种面具之后。当他们处理问题不当的时候愿意承认自己的过失。当他们遇到困难时，能够以开放的态度与老年人共同面对问题。他们真诚地对待自己，也真诚地对待老年人，他们的这种态度会对老年人产生良好的示范作用，从而推动小组工作的进行。

③小组工作者应具有尊重、关爱老年人的情怀。小组工作者需要具备的最重要的特质之一就是对老年人的福利和成长真正关心，愿意无条件地关怀那些需要帮助的老年人。尊重老年人，不因老年人的贫富、种族、文化背景等区别对待。他们允许老年人按照个人的节奏、习惯、风格行动，他们会留给老年人足够的空间去变化发展，会认真地聆听老年人的表达并及时地回应，会真诚地对每一位老年人。

④小组工作者认同并乐于从事小组工作。小组工作者对小组的价值和功能深信不疑，是小组成功的一个重要保障。因为，只有当小组工作者对小组怀有坚定的信

念时，他们才会对小组投入真挚的情感和希望，即使小组处于逆境，他们也能够千方百计寻找出路，而绝不会轻言放弃。

2. 专业素质

作为一个小组工作者，必须具备社会工作的理论知识、小组工作的理论知识、技巧以及从事小组工作的实务背景及专业的能力。小组工作者应具备的专业能力主要有以下六点。

①评估需求、制订小组计划和小组目标的能力。

②建立专业关系和协调各种关系的能力。如容易被老年人的接纳，善于与老年人互动，能够有效协调老年人之间、老年人与家庭及机构之间的关系。

③组织和参与小组活动的能力。小组工作者在老年小组工作中的角色是多重和多元的，小组工作者要能够根据小组的发展，调整好自己在小组中的角色，能够参与小组活动，并能够引导小组的发展。

④激励小组成员和控制小组的能力。在小组工作中，小组工作者要不失时机地鼓励老年人，肯定他们的进步，提升他们的自信，同时在小组面临冲突、出现危机时，小组工作者要能及时控制小组，使小组朝着既定的目标发展。

⑤处理情绪和情感的能力。能够对老年人的认知和情绪问题进行及时的检查和反映，能够对小组中出现的问题作出适当的回应，并具备评估和总结经验的能力。

⑥评估小组工作的能力。评估可以指导、干预工作方向，可以帮助自己和成员明白小组的目标和实现目标的程度，优秀的小组工作者能够选择恰当的评估方法、利用各种评估工具并能够根据有关资料做出评估结论。

【复习思考题】

1. 如何理解老年小组工作?
2. 试分析老年小组工作的特性。
3. 简述老年小组工作的主要工作模式。
4. 简述老年小组工作的发展阶段及各阶段的任务和技巧。
5. 尝试自己开展一次老年小组工作并将这次活动形成文字材料。

第八章

老年社区工作

学习目标

1. 掌握老年社区工作的内容。
2. 理解开展老年人社区照顾应该注意的问题及开展老年社区工作的策略。
3. 了解利用运用优势视角开展老年社区工作的方法。

随着我国老龄化社会的到来，老年人问题成为社会关注的热点。老年社会工作的开展既离不开个案工作、小组工作等微观层面的服务，也不能忽视以社区为服务对象的社区工作，即在社区层面为老年人提供服务，调动我们身边可以利用的资源立足社区为老年人提供服务。老年社区工作是为解决老年人问题，满足老年人需要，由社区宏观层面调控的工作方法。对于工作者而言，应有效运用老年社区工作方法，掌握基本策略，并注意优势视角的运用。

第一节　老年社区工作概述

一、老年社区工作概念、目标与原则

（一）老年社区工作的概念

老年社区工作是指老年社会工作者在专业价值理念的指导下，以社区为单位，充分利用社区资源，为社区内的老年人提供社会服务，以提高他们生活质量的工作过程，它是老年社会工作的方法之一。社区工作方法是老年社会工作领域的具体运用，通过老年社会工作者的介入，组织社区中的老年人有计划地参与集体活动，以解决社区中老年人的社区生活环境问题，满足社区老年人的需要，达到改善环境、提高生活质量的目的。在参与过程中，建立老年人社区归属感，培养老年人的自助、互助及自决精神，培养老年人社会参与的意识及能力，发挥潜能，建立一个不分年龄、人人共享的和谐社会。

老年社区工作的基本性质有以下四点。

①老年社区工作是一种专业的工作方法，服务提供者需受过专业的社会工作训练，在工作中采用专业的服务方法。

②老年社区工作突出社会工作的价值取向，这种取向包括尊重、接纳、平等及老年人的参与、自助和互助等。

③老年社区工作的目标是在社会工作的协助下，通过社区内老年人的广泛参与，最终提高老年人的生活质量和社会福利。

④老年社区工作是一种服务活动而非行政性工作。

（二）老年社区工作的目标与原则

1. 老年社区工作的目标

（1）任务目标：第一，降低老年人与社会的疏离，推动老年人的社会参与，促进自助与互助，增强归属感；第二，发挥老年人的潜能，善用社区资源，满足社区需求，巩固老年人的权益，改善老年人的人际关系，更好解决自身问题；第三，引导老年人利用内外资源为老年群体谋利益。

（2）过程目标：第一，向他人和社会展示积极的老年人形象；第二，通过社会参与加强老年人的社会与政治影响力。

2. 老年社区工作的原则

（1）注重以老年人为中心的发展目标，给予老年人亲身参与的机会。协助老年人改善自身的生活状况，凝聚老年人集体力量，对老年人有全面、深入的分析和认识，根据老年人的共性，考虑老年人的个性、爱好及能力差异，使老年人在参与和实践中得到学习和改变。

（2）有足够的耐心发展老年人，给予老年人适当的支持和鼓励。相信老年人是有潜力的，有计划地将老年人的参与程度逐步提升，关注、重视每一位老年人，发掘他们的参与潜能。

（3）积极正面地看待老年人的形象，发掘更多的社区资源。要尊重和接纳老年人，积极、正面地看待老年人，要与老年人建立一个相互支持、信任和平等的关系；要在不同群体中建立桥梁，发掘更多社区资源，争取更多的社会支持。

（三）开展老年社区工作的重要性

老年社区工作的作用主要是动员社区内的人力和物力资源，满足社区内老年人的多种需求，帮助他们在社区内幸福地生活。具体来说，开展老年社区工作有如下四点意义。

1. 有利于老年人的家庭照顾，缓解人口老龄化的危机

随着工业化和城市化进程的发展，加上我国老年人口数量庞大，长期以来我国推行的计划生育政策和人口寿命的增长共同导致的4—2—1甚至8—4—2—1的家庭结构已极大地削减了家庭的养老能力。老年社区工作开展的一些便民服务，如家政服务、代缴费用、上门看病等，可以让老年人不离开家庭也能得到一定的照顾，这样既减轻了子女的负担，也可以提高老年人的生活质量。

2. 有利于老年人生活在熟悉的社区环境中，满足其心理需求

社区是一个人社会生活的具体场所，人类生活的意义和价值很多是由社区提供的，尤其对于老年人来说，他们对所生活的社区环境很熟悉，在社区中他们有自己的朋友，不愿轻易到新的地方去生活。更换生活环境意味着剥夺了老年人曾经拥有的一切，会给老年人造成很大的失落感。因此在社区开展老年工作，一方面可以满足老年人的怀旧心理，另一方面让老年人生活在自己熟悉的社区中，使老年人保持原有的生活习惯和规律，有利于老年人的生活。

3. 有利于充分利用社区内的资源，形成资源共享

就我国现阶段而言，面对日益庞大的老年人群体，比较现实的选择是依靠各方面力量兴办社会福利。例如，从人力资源角度看，社区中有一些较年轻的老年人和下岗工人，他们可以依据政府的优惠政策，开展便利服务，为老年人的生活提供服务；从物力资源角度看，社区内的旧房、闲置房屋以及其他利用率低的设施都可以经过改造、修缮来为老年人服务；从财力资源角度看，社区内的老年人有一定的财力资源。开展老年社区工作可以利用这些现有的和潜在的资源。

4. 有利于老年人实现老有所乐

社区老年工作强调以社区为介入点，重视老年人与社区的关系，强调发掘老年人的潜能，鼓励老年人参与社区事务，改善社区生活。加强老年人对社区的认识，有助于鼓励老年人参与社区活动；增强老年人的自助及互助能力；发展、培养老年志愿者，实现老有所为；有助于向老年人灌输权益保护的意识，帮助老年人维护自身权益。

二、老年社区工作的内容

我国的老年社区工作从20世纪80年代起，经过了多年的发展已经形成了设施服务、定点服务、上门服务等形式，服务的内容也日渐丰富。

（一）老年人包户服务

这是城市社区中开展最早、最广泛的老年服务项目，也是比较发达的项目。其一般做法是由居委会和参加服务的单位、个人签订包户协议，规定服务人员、服务项目、服务时间和服务要求。例如，粮店送粮、菜场送菜、理发师上门理发、医疗机构定期体检、物业公司代收各项费用等。被包户的老年人可以是社会孤老，也可以是身边无子女照顾以及生活上有困难的老年人。包户也可以采取邻里包户的做法，倡导有能力、有意愿的居民为老年邻居提供必要的照料。

（二）老年人收养和寄托服务

这项服务一般由街道和居委会兴办的老年公寓和托老所承担，收养对象主要是“三无”老年人，退休、孤老、身边无子女照料的老年人也有这方面的需求。这类老年公寓和托老所，一般规模较小，通常设在社区中，多利用旧房改造或空地建房而成的，也可通过换房，把分散在社区内需要照顾的老年人集中在一起。老年公寓把有偿服务和无偿服务结合起来，对“三无”老年人实行无偿服务，对其他老年人适当收费。这种做法顺应了人口老龄化的发展趋势，在一定程度上满足了社会化养老的需求。老年人可以根据自身情况选择服务项目。老年公寓既负责老年人衣食住行医等问题，也经常开展老年人的健身、娱乐、兴趣活动，满足了老年人多方面的需求。

（三）组织老年人开展互助服务

老年人虽然离开了自己的工作岗位，但他们可发挥自己的余热。老年社区工作可挖掘老年人自身的资源，在社区中，身体硬朗的老年人，老年知识分子以及那些有一技之长的老年人都是宝贵的人力资源，可以把他们组织起来，开展老年人之间的互助服务。比如，组建老年人义工小组，由退休医生为其他老年人看病，由退休电工为老年人维修家电，由低龄老年人为高龄老年人提供生活协助等。近年来，一些地方推出了“时间储蓄”的服务方式，可以视为推动老年人互助、挖掘志愿资源的长效机制。“时间储蓄”即由低龄老年人照料高龄老年人，或是发动其他志愿者提供社区服务，其所付出的劳动以时间或工时的方式记入个人账户，等到服务者本人有需要时，可以从其他服务者那里得到同样时间的免费照料。这种方式既发扬了老年人之间互助的人道主义精神，也有利于老年人发挥余热，实现其社会价值。

（四）老年人生活服务

老年人生活服务的项目很多。例如，为方便老年人生活而开展的家政服务，为丧偶或独身老年人提供婚姻介绍，为老年人提供职业介绍服务等。除了物质生活上的便利服务外，城市社区还致力于丰富老年人的精神文化生活。为了使老年人活得充实、活得精彩，社区纷纷兴办老年人活动中心、老年人之家、老年茶社等。这类活动场所通常设有游艺室、阅览室、健身房，可举办书画展、老年舞会等，是老年人休闲娱乐的好去处。

（五）老年人庇护服务

即由有关社会保护组织依据法律法规，为那些人身和基本生活权利受到侵害的老年人提供服务。在西方国家，老年人的庇护服务往往是由专门性的非政府组织承担。在我国，承担这种职能的主要是一些官方组织和群众组织，比如老干部处等。

老年人的庇护服务，包括三方面内容：一是法律庇护。即为老年人提供法律咨询服务、开展纠纷调解活动以及为老年人寻求法律援助等。帮助老年人依法维权，涉及面较广，比如，子女虐待老年人问题、强占老年人财产问题、干涉老年人婚姻问题等。二是生活庇护。即为受侵害的老年人提供短期的生活照顾，以便在解决问题期间，使老年人有安身之地，不至于流落街头或出现其他问题。三是舆论庇护。即借助于大众传媒，呼吁社会关注老年人、关爱老年人。例如，报道敬老典型，批判不良现象，开展尊老讨论，呼吁建立家庭伦理规范等。

三、老年社区工作的实施模式

美国学者罗斯曼将美国社区工作的实践经验加以总结，提出了社区工作的模式基本有三种：地区发展模式，社会计划模式和社会行动模式。这些模式都是“理想类型”。在实际的社区工作中这三者并非截然分立的，往往表现出综合的特点。

（一）地区发展模式

地区发展模式是一种强调居民的参与、合作，集体组织起来控制、利用社区资源，解决社区问题，满足社区福利需求，增强社区凝聚力和归属感的社会工作方法。在老年社区工作中，这一模式主要是依靠社区的力量，有目的、有计划地改善社区老年人的经济、文化和生活状况，解决老年人在社区生活中所遇到的各种问题，提高社区老年人的生活水平，促进社会协调发展。

地区发展模式主要是以过程目标为导向，是一种组织的过程和教育的过程，是在建设当地社区经济、社会、基础设施及具体的项目建设中注重培养居民的自助合作态度。其策略是以内部资源的动员、参与、行动为主，注重居民的组织教育，培养居民发展项目的能力，动员居民，广泛讨论，协商一致，自下而上地民主决定社区公共发展事务。具体措施：立足社区基层群众公共利益的扩大，通过沟通、对话和讨论促使成立不同的居民小组；社区组织之间进行协商、妥协、合作；争取、团结和支持社区精英；争取、包容社区大众，并使其参与发展项目；促进老年人的个人发展、邻里团结、社区教育、提供服务和发展资源等。

地区发展模式的优点：着重建立社区自我发展的良性机制；采用和谐渐进的工作手法，并强调老年人团体间的互助合作；社区内的组织和老年人在参与过程中易于寻到共识和民主意识；目标和工作手法的运用比较符合中国人的文化传统。缺点：未必能有效和彻底地解决问题；对老年人不同利益的调和手段乏力；只能触及一些影响较小、无足轻重的问题，对于由基本矛盾引起的问题常显得无能为力；民主参与导致成本过高。

地区发展模式适用的社区情境：地区发展模式比较适用于简单的社区，即居民背景比较一致；居民关系状况不佳的社区，即居民对社区中的其他居民不关心，对社区共同面临的问题不关心；社区政治情况比较稳定，居民信任政府；社区变迁比较缓慢。

（二）社会计划模式

这一模式强调专家的参与，由专家运用专业的知识和技术，了解老年人的实际需求，制订合理可行的问题解决方案和服务计划，并促使方案和计划得以顺利实施。这个模式强调以理性的、谨慎的计划控制社区变迁和利用可行的技术解决具体的、实质性的老年人问题。依靠各类专家的合作，了解社区内老年人的真实需要和各类问题，制订详细的解决老年人问题的方案和为老年人服务的计划，并以最有效的方法予以实施，把各种服务输送给有需要的老年人。它注重的是任务目标的实现，即老年人问题的预防与解决，老年人服务的有效提供及社区的协调发展。

社会计划模式的实施策略：针对社区存在的社会问题，评估需求和目标，并设计提供具体的社会服务项目来满足居民的需求。措施包括两方面：一是理性技术性措施，包括调查社区问题，收集事实资料，比较分析方案的利益得失，选择最优方案，并学会组织管理，落实方案，监督方案的执行，评估方案的成效。二是社会关系措施，要根据具体的情景，选择冲突或者共识性策略措施。其步骤包括以下几点：了解社会服务组织的使命和满足老年人需要的目标；分析环境和形势；老年人自我评估；界定和分析问题；确定老年人的需要；确定目标和达成目标的标准；寻找、比较并选择好的方案；测试方案；执行方案；评估结果。

社会计划模式有助于保证为老年人服务的质量，满足老年人的即时需要，较有效率。但是老年人参与率低，依赖性高，专家提供的服务对老年人可能并不适用等，降低了老年人使用的动机和兴趣。这个模式常用于存在一种或多种严重问题，且针对这些问题缺乏合理的解决方案。

（三）社会行动模式

社会行动模式是组织社会上受到忽视、压迫或受政策不合理对待的群体，通过集体行动，采用非正规的途径及较多运用冲突对峙的策略，争取第三者支持，以伸张居民权益，向当权者争取群体的本身利益，以期获得应得的资源，使社会权利、地位及资源得到合理的再分配，并在此过程中提升参与者的社会意识，减弱他们的无能及无助感，形成更公平、更公正的社会氛围。

社会行动模式的假设是冲突。社会问题产生于冲突，利益被忽视及受到剥夺的弱势群体有权获得更符合社会公正和民主的资源及待遇，但是通过协商和正规途径不容易获得。社会行动模式的目的是改变制度，使权利、资源及决策权得到再分配，并影响基本政策使其作出改变。其主要服务方式是把处于边缘地位的老年人组织起来，组织他们为寻求权利和资源的再分配而抗争，直至改变有关老年人的社会政策。

这一模式在西方的社区工作中十分常见，适用于社区内矛盾较多、政府部门官僚化严重、部分老年人处于劣势、老年人利益缺乏保障的社区。用这一模式指导老年社区工作，就是要充分发动老年人，组织他们为资源的再分配而抗争，直至改变有关老年人的社会政策。由于这一模式易被一些组织者、机会主义者、政党操纵，直接行动和对抗会迫使对手处于防备状态，有时会导致对手的反抗与报复，可能激化矛盾甚至无法控制，因此我国的老年社区工作往往采取前两种模式。

第二节　老年人社区照顾

中华民族自古以来重视家庭，崇尚孝道，在老年人的照顾问题上，历来主张由家族成员尤其是子女来承担责任，所以有“养儿防老”之说。这种后代照顾前辈的“反哺式”的养老形式沿袭相传，保持了我国家庭和社会的安定和绵延发展。但是在现代化的过程中，以家庭为主的传统遇到了挑战，家庭满足老年人各种需求的能力有所削弱，包括照顾老年人在内的一些家庭事务，于是家庭逐渐转到向社会寻找解决的办法，使得社区照顾悄然成为社会福利服务的发展方向。

老年人社区照顾是指通过非制度性的方式对老年人进行照顾和安置，它产生的初衷是由政府及非政府组织在社区里建立小型化、专业化的服务机构，发展以社区为基础的服务设施，以提供更贴合人们正常生活的养老服务。

一、老年人社区照顾的发展

老年人社区照顾的目的是保持老年人在社区中的长期护理照顾，减少公共依赖，以降低长期护理照顾的成本。

社区照顾服务有三个发展阶段。

第一阶段由专业人员提供社区照顾服务。

第二阶段以非正规人员为主体提供社区照顾服务。

第三阶段以专业人员与非正规人员合作提供协调发展的社区照顾服务。

老年人社区照顾是指由正规服务、社区志愿者及社会支持网络为有需要的老年人提供帮助和支援，使他们能在其熟悉的社区环境下维持自己的生活，避免不必要的住院或隔离。因此，社区照顾是介于老年人家庭照顾和老年人社会机构照顾之间的一种运用社区资源开展的老年人照顾方式，可以从四个方面来理解老年人社区照顾。

其一，老年人社区照顾是一个社区服务支持网络，这一网络包括家人、邻里、朋友、各种民间服务组织、政府有关部门、义工、老年社会工作者、志愿服务者等。

其二，老年人社区照顾是一种专业化和职业化的社区工作方式。老年人社区照顾要通过专业的甚至是职业的老年社会工作者的努力工作，发动社区群众，建立社区网络来加以实施。因此老年人社区照顾是一项有专业知识与技巧的、有专门人员组织的专业化和职业化的服务工作。

其三，老年人社区照顾是一个社会服务过程。在社区照顾网络中，老年社会工作者结合有关人士和有关组织，在深入调查研究的基础上，调动社区资源，有步骤、有计划地为有实际困难而需要帮助的老年人提供必要的物质帮助和精神帮助。这种服务不可能一蹴而就，而是随着社区的发展变化和照顾对象各种需求的变化不断反复进行的。

其四，老年人社区照顾对象是那些有特殊困难，不能依靠自己的力量加以解决且需要较长时间照顾的老年人个体及其家庭，比如失去生活依靠、无生活来源、无生活自理能力的老年人及有特殊问题的老年人等。

二、老年人社区照顾的内容

老年人社区照顾包含“在社区照顾”和“由社区照顾”两个方面的内容。“在社区照顾”主要指机构形式的照顾，根据老年人日常生活照料和护理等需求的不同，可以采取老年公寓、社区活动中心等机构照顾方式。“由社区照顾”是老年人在家接受各种政府及民间机构、社区自治服务团体、家人照顾，主要有家庭照顾（非正式照顾）、居家照顾、日间照料三种形式。

1. 社区活动中心

社区活动中心由政府出资兴办的，具有综合性功能的社区服务机构。它按照社区居民的一定数量规模设置，工作人员为政府人员。社区活动中心为老年人提供服务，主要包括为本社区内居住的老年人提供一个娱乐、社交的场所，那些行走不便的老年人可由中心定期用车接送到中心参加活动。

2. 家庭照顾

这是政府为使老年人留在社区、留在家庭而采取的一种政策措施。即对在家居住、接受亲属照顾的老年人，政府会发放一定的津贴。

3. 日间照料

日间照料是为解决家庭成员因长年累月护理而使其身心交瘁、不堪重负这一问题而设置的一种短期护理服务机构。

4. 居家照顾

这是对居住在自己家里、尚有部分生活能力但又不能完全自理的老年人提供的一种服务，项目包括上门送餐或做饭、洗衣、洗澡、理发、清洁卫生、购物、陪同上医院等。目的是使那些年老体弱、行动不便、家中无人照顾的老年人能继续生活在自己家里，生活在自己熟悉的社区环境中。

5. 老年公寓

这是政府为社区内有生活自理能力但身边无人照顾的老年夫妇或单身老年人提供的一种服务设施。

三、我国的老年人社区照顾现状及应注意的问题

我国的老年人社区照顾服务已初成系列。一些社区以高龄、空巢、多病和白天无人照顾的老年人为重点，依托居家养老服务实体，创办了日间照料室、托老所、居家型社区养老院，不仅开展了日托、陪伴、家政、送餐等基本服务，而且为社区老年人开展了大量低偿、无偿的服务，满足了老年人的部分服务需求。部分社区服务中心及社区服务网点还制定优惠政策，吸引社区商家加盟社区服务网络，获取中介组织和社会单位支持，按照准市场方式的运作，为老年人提供各种日常生活服务，使老年人足不出社区就能获得各种服务。

社区医疗保健体系初步形成。随着医疗机构配套改革的深入和职工基本医疗保险制度的改革，社区的医疗保健功能已大大增强。很多社区的卫生服务已改变了传统的以疾病为中心的服务模式，从最基本的社区养老服务来说，发展社区医疗保健服务，建立社区老年医疗援助系统，着力为社区老年人提供综合、连续、及时、便利的卫生服务，使社区中的老年人大病进医院、小病在社区，人人享有卫生保健。

老年人社区照顾的精神文化服务逐渐受到重视。如北京市西城区所辖各社区为居民养老提供了社区照料室、养老院、健身场地、老年人活动室、老年人健康咨询讲座、对孤寡老年人的“一帮一”服务、老年人救助电话等服务。也有社区根据老

年人的不同特点、兴趣和爱好，开展了丰富多彩的精神文化活动，开办了老年学校，开设了书法、音乐、绘画、英语、计算机等课程，消除老年人的孤独与寂寞感，丰富老年人的精神文化生活。

我国是一个传统文化悠久的国家，有家庭养老的传统，“孝”的观念根深蒂固，子女通常视不赡养老年人为耻，老年人也多愿意居家养老。此外我国财力的薄弱、4—2—1 型的家庭结构等对我国的老年人社区照顾提出了新要求。我国的老年人社区照顾应该注意以下几个方面。

第一，要处理好社区照顾和家庭养老的关系，把“家庭养老为主、社会养老为辅”作为相当长时期里应予贯彻的主导方针。我们谈老年人社区照顾的发展并不是否定家庭养老的作用，尽管在现代化进程中家庭的养老功能有所削弱，但家庭毕竟是老年人生活的主要场所，家庭成员是奉养、照顾老年人的主要责任者，以家庭亲友为主组成的社会支持网络本身就是老年人社区照顾的主要资源，因此，家庭养老的主导地位在相当长时期内是不容怀疑和动摇的。但是鉴于家庭养老所面临的困境，我们还必须通过运用正式与非正式的资源来支持家庭养老，发展支持社区服务，老年人社区照顾要以老年人所在的整个家庭为服务对象，提供的服务既针对需要照顾的老年人，同时也针对照顾老年人的其他家庭成员，这样既有助于满足家庭中个别成员的需要，又照顾到家庭群体的共同利益，可以避免出现社区照顾与家庭养老、照顾者与被照顾者之间的矛盾关系。

第二，要处理好保持原有传统和推进新的服务模式的关系，即在保存原有的老年人社区照顾的基础上，努力创建服务内容综合化、照顾形式多样化、覆盖范围全体化的老年人社区照顾体系。过去为社区中无子女亲友、无经济来源的孤寡老年人送医、送药、送钱、送物的传统做法应予以保持，因为在老年人社区照顾的发展中，这部分人仍是照顾的重点对象。与此同时，应该把社区照顾的覆盖面扩大至社区内有照顾需要的老年人。因为照顾需要的内容是多方面的，只是在不同老年人身上表现的方面和程度有所不同而已。有的老年人更需要经济资助；有的老年人更需要医疗照顾；有的老年人更需要生活照顾；有的老年人更需要精神慰藉；有的老年人更需要社会交往；有的老年人更需要文化娱乐。

第三，要针对老年人的不同需求，开展多种多样的老年人社区照顾和服务。在服务形式上，可采取居家服务、社区中心设施服务、社区支援网络服务等多种模式，方便老年人根据自己的需求和习惯利用不同的服务项目和服务形式。要以加强社区建设为主，以培育和发展非营利组织为辅。社区在当代中国承担了大量的福利服务职能，因而加强社区建设尤其是社区服务方面的建设对于老年人社区照顾的发展至关重要。老年人社区照顾本身便可以被看作社区服务的核心内容，政府的福利基本上通过社区传递到民众，因此社区就成为目前中国民间组织中掌握资源最多、发展最完备、也最有能力为大众提供正式服务的社会主体。在我国推行社区照顾模式，建立一批组织完善、技术精湛又具有一定规模的非营利组织是必不可少的。

第四，要调动社区民众的参与与互助意识，重视志愿者队伍的建设，为有需要的老年人提供不同层次的服务，社区参与和社区民主是社区照顾的核心原则，只有社区民众热心社区问题，广泛参与社区事务，积极为社区建设献计献策，并能为社区中有需求的老年人提供服务，社区照顾最高层面上的价值理念才能得以实现，社区照顾才能良性运行、不断发展。为了调动社区居民的参与与互助意识，使居民间的互助成为辅助家庭养老的重要的非正式力量，我们必须在公众中大力宣传互助精神，提倡志愿者服务活动，尤其要重视低龄老年人的“余热”发挥，强调老年人照顾的“时间储蓄”。在社区照顾志愿者中，刚从工作岗位退下来的低龄老年人的潜能不可低估，一来因为他们在老年人队伍中还年轻，身体较健康，二来因为刚退休下来尚不习惯无所事事的生活，总想为社会为别人做点事，三来因为从自己的经验出发较了解老年人的生理、心理特征和需要，所以把低龄老年人的“余热”发挥出来，一方面可以成为社区照顾的重要人力资源，另一方面使老年人做到自我增能、“老有所为”。

第五，要发挥政府的引导和促进作用，引导和推动老年人社区照顾的发展。政府从直接的社区福利职能中退出，并不意味着政府对其不再管理，只是在管理责权和手段上有所变化。①政府应该有强制性的规定。例如，对于人均收入低于社会平均水平，而家庭中收入者人均赡养老年人数量多于 1 人时，托老所实行费用减半政策。这样就保证了当收入较低的家庭产生养老需求时，仍然可以享受到专业的服务。相应的，政府应该给予托老所免税政策。托老所承担起了社区养老功能，因而应通过税收等政策，降低其成本，从而使其能提供在同样的服务水平下价格低于市场价的服务。②政府可以借鉴“时间储蓄”的做法，实行服务换服务制度。如果社区居民预期自己无法支付托老所的费用，又无能力家庭养老，可以在年轻的时候加入社区养老无报酬服务的队伍中。在接受培训并上岗后，给每个人发放专业的养老服务卡，记录其工作的性质和时间，等其退休之后，可获得同样性质和时间的养老服务。③政府还需要建立专业的社区福利监督办公室，定时对其账目和服务等进行监督和评估，使社区照顾真正能给老年人带来实惠，建立和谐社区。当建立起一套完整的制度之后，再在制度框架内根据各个社区的特有情况进行微调，从而达到社区养老的功能。

第三节 老年社区工作的策略和技巧

老年社区工作是为解决老年人问题，满足老年人需要的，对于老年社会工作者而言，有效运用老年社区工作方法并不那么容易，因此，老年社会工作者要掌握一些基本策略和技巧。

一、老年社区工作的基本策略

（一）开展老年社区工作的策略

针对老年人的问题和需要，社区工作作为一种介入手法，可以从以下几个方面来促进老年社区工作的开展。

1. 引导老年人了解相关资源

鼓励老年人参与社区活动，要增进老年人的社会功能，使老年人能够较为自主地安排晚年生活，就要将老年人与所需要的资源系统连接起来，这也是社会工作的一个基本功能。有一些老年人需要服务，但不知从何处获得。有些老年人权益受到侵犯，却不知该向哪些机构求助。由于参与社会生活逐渐减少，加之身体的老化，老年人很容易脱离现实生活。因而，开展老年社区工作，要注意引导老年人了解与自己有关的资源。例如，让他们多了解社区的新发展，明白社区内各机构的职责，掌握社区内所发生事情的最新资料等。在老年人中心的服务中，可以组织老年人进行机构探访，到民政局、社保局等部门去了解相关新政策，咨询办事程序。可以利用社区的宣传栏、广告板等把社区发生的最新事情及重要时事进行张贴，让老年人有机会知悉。若资源许可，可以在中心社区及宿舍内，安装播音设施，每天定时播报社区新闻。老年社会工作者应该主动留意社区活动的资料，尽量多运用社区的资源，使老年人可以有机会参与其中。当然，这些活动未必特别为老年人而设，但也应让老年人多与社区内外人士接触。

2. 促进老年人的自助与互助能力，提升老年人信心

老年社区工作应经常推行自助及互助计划，以加强居民的自助能力，并弘扬邻里相助的优良传统。因此，在老年社区工作中，应多推行一些自助及互助服务。其实老年人还有不少精力与潜能。在老年人中心，我们可发动老年人协助机构工作，例如，让有文化的老年人协助处理文字工作，鼓励老年人参与活动的策划及推行，或者鼓励老年人之间互助，相互帮忙料理生活琐事、代为剪发购物等。除此以外，

还应鼓励有能力的老年人参与服务单位或以外的义务工作。例如，成立老年人义工小组，制订有效的互助计划。既可以定期探访有需要的老年人，如伤残、患病及独居的老年人，为他们建立支援网络，也可提供有关情绪及日常生活的帮助。这种义工小组也是老年人保持社会联系，实现人生价值的渠道。它对于接受照顾的老年人来说是一种福祉，对于老年人自身来说也是一种成长的经历。在院舍内，义工小组可参与社区内一些义务工作，如探望病人、筹款等。义工小组可协助老年人发表对社区服务的意见，并让他们参与决策的讨论。根据经验，定期举办职员与义工小组的咨询会较为有用，不但能多了解老年人需要及对服务的意见，更使老年人加深了对服务单位的归属感。

3. 发动老年人关心社区事务，树立积极的晚年形象

社区工作通常成立一些居民小组去动员居民关心社区事务。居民小组的主要作用是将居民组织起来，发动居民共同讨论及发掘社区问题，反映他们对问题的看法及建议，从而进行改善。在老年人服务中，也应尝试把老年人组织起来，动员他们去关心一些与老年人切身相关的社区问题。尽管一些人对老年人的认识存在刻板印象，把老年人描述成迟钝的、落伍的消极形象，但事实上，我国学者的诸多实证研究都发现，在社区中，老年人的参与意识是比较强的，他们对社区的关注和爱护要高于中、青年人。这也充分说明，老年人有能力、有意愿参与社区管理。因而，社区工作切不可忽视老年人，老年人自身的参与既对他们自己有利，也对社区建设有利。因此，发动老年人参与社区事务对我国老年人实现“老有所为、参与社会发展”具有一定的现实意义。

4. 向老年人传递权益保护意识，使老年人权益保护深入人心

意识提升是社区工作所强调的，我们不可以只为老年人解决问题，而忽略了老年人对自身权益的认识及觉醒。在社区工作中，老年社会工作者在处理老年人问题时，要适时引导老年人思考问题背后的原因，激发他们的权利保护意识。老年社会工作者要让老年人明白争取更多表达权及参与决策权的重要性，要打破老年人觉得自己是社会负担的看法，让他们重新认可自己的价值。因为，他们曾经是社会劳动者，对社会做出过不少贡献，所以，他们在老年阶段得到一定的照顾是自己应得的权利，而不是他人的怜悯和施舍。

5. 发展培养老年志愿者，实现老有所为

发展培养老年志愿者是老年社会工作者的一项重要工作，我们可以协助老年人成立志愿者小组，参与社区内的一些义务工作，如协助维护社区的治安、争取社会资源等。志愿者还可以成为老年人与老年社会工作者的沟通桥梁。通过志愿者使老

年社会工作者更多地了解老年人的需要和对服务的意见，让老年人加深对社区或服务单位的归属感，并使他们获得被尊重和有能力参与的感受。在这一过程中，老年社会工作者应该身体力行，和老年人一起工作，对老年志愿者的贡献和付出，要经常加以鼓励，同时还应建立老年志愿者管理制度，鼓励老年人朝着自主自决的方向发展。

6. 组织地区性老年组织

有时老年人所遇到的问题不仅仅是一个社区中存在的问题，可能也是整个社会中存在的问题。面对这样的问题，仅依靠某个社区单方面的行动是难以达到行动效果的。因此，有必要组织跨社区的、地区性的老年组织，通过联合各社区的力量，发动更大的居民行动，发挥大范围的影响力，才能达到解决问题的目的。在这个方面，需要老年社会工作者借助社区中的老年领袖人物，通过联系其他各社区中的老年领袖人物，一起关注社会问题，协调资源，统筹力量。老年社会工作者还可以带老年人去接触一些社区的其他组织，鼓励他们一起参与行动计划，将其化为老年人社区行动的后援力量。

（二）老年社区工作开展步骤

老年社会工作者在社区层面开展老年社会工作，一般有如下几个工作步骤。

1. 建立关系

老年社会工作者探访社区机构，如街道民政部门、退休工人管理机构、居民委员会、社区社会工作站以及其他社区发展相关社团、社区资源单位等，访问社区重要人士，如街道办事处主任、党工委书记、街道民政部门和退休工人管理机构负责人、居委书记和主任、社会工作站站长，以及居住在社区的热心于老年工作的企事业单位负责人和对老年工作颇有研究的专家、学者等，与之建立良好的社会关系，了解社区居民尤其是老年人在物质、教育和发展等方面的需求或问题，以利于老年社区工作目标的界定及未来工作的开展。这一时期的工作主要在于“让社区居民知道老年社区工作做什么和负责该社区的社会工作者是谁”以及“让社会工作者知道社区居民尤其是老年居民的需要是什么”。

2. 社区评估

社区评估主要指进行社区调查，了解社区在老年人，生活、照顾、医疗、教育、沟通等方面存在的主要问题、可利用的社区资源，以及提供老年人相关服务的社区组织等，在充分调查和评估的基础上，确定老年社区工作开展的方向和服务的内容与项目。评估社区环境的方法，最经常使用的是问卷法与访问法，也可以视其需要同时采用观察法、文献资料法、社会指标、焦点小组等。具体而言，社区评估和社区分析需要涉及以下几方面的内容，这些内容对开展老年社区工作至关重要。

①社区环境分析。包括社区内牵涉老年人生活、休闲和活动的社会、人文与自然环境等。

②社区老年人的人口分析。包括老年人的人口总数、年龄结构、性别结构、受教育程度、未退休之前的职业状况等。

③社区老年社会问题分析。这里的社会问题主要是指在社区范围内影响老年生活和活动的带有全局性的问题，如老年人的经济保障问题、老年人的就医保障问题、高龄老年人的照顾问题、老年人的家庭关系问题、老年人的违规违法行为、老年人闲暇时间活动安排问题、老年人精神健康问题等。

④社区老年人各类需要分析。包括服务对象要求服务的种类、项目、形式、数量及其服务收费标准、时间安排等。

⑤社区促进老年人良好生活的资源分析。包括各类机构资源的存量、权属、运用等。

3. 接触社区老年人

通过正式或非正式、一对一或集体谈话、访问、电话等形式。充分准备，建立信任关系和引起谈话兴趣，包括制定目标和出发点，访问时间，穿着得体，介绍自己，引导访问，展开话题，预想问题及应对方法，结束访问。

4. 建立专业关系

通过开展全区性活动，举办大众化的参与性活动、宣传咨询活动，介入社区事件，经常深入社区，进行家庭访问，利用社区媒介展开宣传动员。在此过程中要积极沟通，个别化对待老年人，与不同组织交往，了解影响专业关系效果的因素。

5. 制订服务计划

制订服务计划要随着环境的转变而不断更新。制订服务计划步骤：掌握基本目标；研究老年人的特点、需要、兴趣；配合机构的宗旨、赞助团体的期望；评估本身拥有的资源以及可以动员的资源；制订初步计划；评估可行性；确立详细计划；预期困难及解决办法。

6. 老年人活动组织

即社区活动的实施，将社区评估、社区发展计划的结果正式纳入行政运作，付诸实施。以社会网络为中心的价值理念，强调以老年人感觉到的需要为依据的原则，重视协同合作，提供机会使老年人相互支持，创造更加平等和相互关怀的社会环境。

组织老年人参与多样化的社交康乐宣教活动和公益活动，召开老年人会议，培养老年人领袖，培训老年人志愿者队伍，有效连接社区资源，推动老年人的社会参与，建立老年人支持网络，提高老年人的生活品质。

7. 评估

分为过程评估、结果评估和效益评估。评估步骤有确定目标，建立量度准则，选择适当的研究设计，选择适合的资料收集方法，评估计划的有效性。

二、老年社区工作存在的问题与注意事项

社区工作是一个宏观层面的社会工作方法，是通过社区组织、社会计划、社会行动来解决问题的方法。这种方法无论是对社会工作者而言，还是对社区居民而言，都存在着一定的难度。

（一）老年社区工作的问题

从老年人角度看，这些问题主要有以下几点：当前社区老年人受教育程度普遍偏低，在某种程度上影响了一些项目的拓展；老年人生理功能衰退影响了老年人社区参与的深度与广度；老年人的情绪低落与自卑心理，导致了与社区的疏离，需要花较多时间才能够改善；许多身体硬朗的老年人要料理家务、照顾晚辈，没有时间、精力参与社区事务，而一些高龄老年人又无法参与；老年人对事物的判断通常基于经验，对于社区工作的手法不太认同，这常使老年社会工作者感觉到挫败。以上这些局限，有的是老年社会工作者不能控制的，如身体的老化、文化水平低等。有些则能够尝试进行改变，比如，开展一些老年人喜爱的活动，把老年人吸引到社区事务中来。可以说，老年社区工作开展得是否顺利，关键因素还在于老年社会工作者，取决于其价值观和实务工作的技能。

（二）老年社区工作的注意事项

1. 老年社区工作中应注意的四个重要概念

①赋权，即将社区中的老年人组织起来，通过行动以争取自己应享有的福利及权益。

②充实力量，帮助社区内老年人凝聚力量，降低老年人的无力感及无助感，帮助老年人消除社会对他们的负面印象。

③政治与经济层面的老龄化，主要是在政治经济层面中，要正视因社会制度而导致的老年人问题，并鼓励老年人积极参与社会发展，才能使老年人群体与其他社会群体紧密联系，成为不被社会隔离的群体。

④增加生活方式的选择机会，指的是由于老年人的年龄跨度非常大，其健康状况与自我照顾能力也有很大的不同，因此，应该根据每一位老年人的具体状况，增

加老年人选择生活方式的机会及能力，帮助老年人寻找最适合自己的生活环境。

2. 运用优势视角开展老年社区工作

优势视角的概念框架是基于对缺陷模式的挑战而建构起来的，缺陷模式指导下的社会工作看问题总是关注不足和缺陷，优势视角认为“缺陷模式背后是一系列的假设，这些假设反过来为案主刻画了一幅并不可爱的画面”。这种假设包括案主已经存在的问题和病态、悲观主义、以问题为本的评估等。而优势视角的实践要求我们从一个完全不同的角度来看待案主、看待他们的环境和他们的现状，不再是孤立地或专注地集中于问题，而把眼光投向可能性。塞勒伯明确提出，优势视角是对传统社会工作实践的一次戏剧性飞跃。优势视角取向的实践意味着作为社会工作者所应该做的一切，在某种程度上要立足于发现和寻求、探索和利用案主的优势和资源，协助他们达到自己的目标，实现他们的梦想，并面对他们生命中的挫折和不幸、抗拒社会主流的控制。在老年社区工作中，社会工作者要注重优势视角的运用。

①对老年人和老年人系统要保持一种乐观、积极的看法，不要随便给老年人贴问题标签。优势视角相信个人、团体、家庭和社区都有优势，在老年社区工作中，也许最初这样的优势并不明显，甚至表面上看起来不可能，然而老年社会工作者的职责就是与老年案主或老年案主系统一起探讨那些有可能用于扭转不幸、对抗疾病、消除痛苦、从而实现目标的力量和资源，而所有这些资源都来自老年人、老年人家庭或社区。问题标签对老年人具有蚕食效果，重复的次数多了之后，就改变了老年人对自己的看法和周围人对他们的看法，长远来看，这些变化融入了个人对他们的自我认同，导致他们对自己越来越没有自信心。

②正面、均衡地看待老年人的经验。在优势视角看来，人们不但获益于成功的经验，而且获益于困难和失望的经验，创伤、虐待、疾病和抗争具有伤害性，但它们可能是挑战，也可能是机遇，因为个人和社区都具有反弹和重整的可能。人们在与逆境和可怕的事件抗争中、在经历痛苦和危难中也伴随着成长。

③与老年人合作才能更好地服务于老年人。优势视角坚持认为我们所服务的所有人都如同我们自己一样，是同样的成员，并享有伴随成员身份而来的自尊、尊重和责任。然而很多时候，我们的老年案主无处容身、没有归属感，这样个人很难改变。只有与老年案主建立合作的、没有怀疑的关系，老年社会工作者才能从老年案主的故事、叙说中得到启示，并促进共同的改变。

④激发老年人的抗逆力和优势的话语与叙事。抗逆力指的是个人的自我纠正取向，是弯曲而不折断或弯曲之时可以反弹的能力。随着生理的变化，老年人的心理也在发生着微妙的变化，他们常常抗拒承认自己的能力和资源，很多优势特征在多

年的自我怀疑、他人谴责中被埋没或者被问题标签磨损掉。所以，老年社会工作者要激发老年人的抗逆力，鼓励老年人讲述生活中每天的抗争和成功的故事，使老年人承认自己的优势。

因此，从优势视角出发，强化老年人的优势，培养老年人发掘其内部的和周围生活环境中资源的能力，确保优势不断凸显、相互促进、持续发展，可最终为老年人找到适当的解决问题的方法。

【复习思考题】

1. 老年社区工作的内容有哪些？结合你所在的社区情况，谈谈他们是如何开展老年社区工作的。
2. 简述老年人社区照顾的内容及开展老年人社区照顾应该注意的问题。
3. 开展老年社区工作的策略有哪些？
4. 如何运用优势视角开展老年社区工作？

第九章

老年社会工作行政

学习目标

1. 掌握老年社会工作行政的基本过程及老年服务社会化体系的内容。
2. 理解第三部门及其在老年服务社会化过程中发挥的作用。
3. 了解老年社会工作行政的构成要件。

老年社会工作行政是一种宏观层面的老年社会工作方法，是把老年社会政策转化为具体的老年服务的重要过程。它具有服务手段的专业性、服务范围的有限性、服务目标的非营利性、服务实施的层次性及以老年人为中心等特点。近年来，在党中央、国务院领导下，全国老龄工作得到迅速的发展，各省、区、市先后成立了很多老龄工作机构，如老龄问题委员会（老龄工作委员会）、老干部局（老干部处）、离退休职工管理委员会等。此外，一些群众性、学术性的老年组织机构也相继成立。这些机构的成立在很大程度上推动了老年社会工作行政的发展。老年社会工作行政的关键环节在于执行，其核心是执行社会政策，过程包括计划、组织、人员募集与分工、资金筹集、领导与沟通、协调与控制、预算和评估等，行政运行的状况直接关系到我国老年服务的质量和效果。应根据我国的基本国情以及人口老龄化的现状，建立和完善以居家为基础、社区为依托、机构为补充、医养相结合的社会养老服务体系。

第一节 老年社会工作行政概述

一、老年社会工作行政的内涵与构成要件

（一）老年社会工作行政的内涵

社会工作行政也称社会福利行政，或简称社会行政。有学者认为，社会工作行政是一个双向的过程：一方面是把社会政策转化为社会服务的过程，另一方面是用执行政策所获得的经验去修改社会政策，或社会工作行政是促成社区资源包括人力资源和财力资源转化为社区服务的过程，主要侧重于社会服务机构的内部管理。也有人认为，社会工作行政是一个连续的行动过程，这一过程的运作是为达到共同的目标，在这一过程中要善于发掘并运用人力和物力资源，为实现共同目标必须运用

协助与合作的方法，从而是一个有计划、有组织和领导行政运行的过程。我们将老年社会工作行政定义为各级各类社会工作机构按照行政程序，妥善并充分利用各种资源，实施老年社会政策，为老年人提供社会服务的过程。或者说，老年社会工作行政就是把老年社会政策转变为实际的老年服务活动，并使老年人普遍受惠的一种转换机制，是依照行政程序，妥善和充分利用各种资源，实施老年社会政策，向有需要的老年人提供社会服务的活动。

（二）老年社会工作行政的构成要件

老年社会政策与社会立法的制定是推进老年社会工作行政的要件之一。社会政策是社会工作行政的依据和指导方针，而社会工作行政又是社会政策的执行。老年社会政策是指国家或相关机构为解决老年人的社会问题，增进老年人的社会福利，以实现和促进社会平等、进步所采取的基本原则或方针。近年来，为了应对人口老龄化带来的挑战，国家出台了一些与老年人有关的政策和社会立法，这些法律和政策的出台反映了老年人的需求，对老年工作和老年事业的发展起到指导和规范作用，为增进老年人的福利提供了政策支持和保障。

1. 老年社会工作机构或组织

建立完整有效的老年机构或组织，是推进老年社会工作行政的必要条件，因为这些机构或组织是执行社会政策的主体。在我国有老龄工作委员会、老干部局、离退休职工管理委员会等工作机构。从层次上看，该组织体系主要由各级政府中主管老年人社会福利事业的职能部门构成，从中央到地方形成了自上而下的组织网络，其中既有上下级之间的层级管理关系，也有同级部门之间的协调合作关系。从性质上看，可以把老年社会工作机构大致分为两类：一类是政府及准政府部门，另一类是各类老年非营利组织。前者主要扮演政策的制定者、宏观管理者、服务购买者、监督者和评估者等角色，后者主要扮演服务者的角色，把有关政策转化为具体的服务。

2. 老年社会工作行政的对象

老年社会工作行政的对象是老年人，尤其是特殊老年人，如“五保老年人”、身患疾病以及生活贫困的老年人等，他们是老年社会工作行政的主要对象，由民政部门实施服务，如五保供养、低保、机构养老等。随着社会的发展，老年社会工作行政的对象也在逐渐扩大，除关注传统的弱势老年人外，也在不断惠及普通老年人，如发展老年社会保障、开展老年文化教育活动等，实现了由关注“生存”到关注“发展”的转变，这是适应人口老龄化和老年人口照顾模式社会化的必然要求。

3. 老年社会工作行政的执行

执行是连接主体与客体的桥梁，是老年社会工作行政的核心和灵魂，主体必须借助一定的方式方法才能将社会政策落到实处，进而实现为老年人服务。而社会工作行政执行的过程非常复杂，它需要整合各方面的资源，调动各种因素，其中，组织、协调、沟通、评估等环节尤为重要。

二、老年社会工作行政的内容和特征

（一）老年社会工作行政的内容

1. 从机构的层面考察

社会工作机构包含各种类型和层级，政府机关及其职能部门的工作内容更宏观。主要有七方面：①老年社会政策与社会立法的制定与修订；②老年事业发展规划的制定；③老年社会工作制度与标准的建立；④老年社会工作机构的建设与管理；⑤老年社会工作经费的预算、筹集和配置；⑥组织召开老年工作会议，开展老年工作制度方法的研究；⑦社会资源的开发与利用等。

相对于政府及其职能部门，各类基层机构的职责有四方面：①研究所在地区老年人的情况，确定服务对象；②实施本机构的服务方案，实现工作目标；③选择本机构的工作人员，并做好员工的考核和评估，对服务效果进行评估；④维护机构的设施等。

2. 从专业的角度考察

从社会工作专业责任的角度来看，老年社会工作行政的内容主要有七方面：①确定和修正机构的目标；②发展老年工作计划，并适应环境的新需要；③协调各方面的关系，包括机构内部以及机构与服务对象的关系；④招募、使用、考核、培养工作人员；⑤争取服务对象的支持，与之建立积极的工作关系；⑥管理资源，记录、评估、报告工作情况；⑦向有关方面反映情况，促进老年社会政策的制定与修改。

（二）老年社会工作行政的特征

社会工作行政作为一种社会工作方法，它与个案、小组以及社区工作方法不同，它不是直接面对工作对象，而是一种间接的社会工作方法，其主要特征有五点。

1. 工作手段的专业性

老年社会工作行政的执行者是老年福利行政机关和其他社会工作机构，多带有社会工作者的特征，在具体实施福利服务时，更具有社会工作专业化的特点，强调社会工作专业价值观，要求有专门的社会工作团体、从事各类老年福利服务的机构、公认的职业守则、专业的社会工作人员等。

2. 工作范围的有限性

老年社会工作行政以提升老年人的福利水平为己任，服务对象仅仅是老年人，尤其是那些在生活等方面面临困境的老年人。服务内容仅涉及老年社会福利政策及其实现问题，相对于社会管理和公共行政，其服务范围是有限的。

3. 服务目标的非营利性

由于老年社会工作行政的内容多涉及老年社会福利，所以比社会管理和公共行政更具有服务的色彩，其宗旨在于最大限度、最为合理地使国家的老年社会政策得到贯彻落实。因其服务行为追求的是社会效益，不存在营利目的，有别于商业组织的营利行为，但非营利性并不等于无偿服务，可以根据相关规定合理收费。

4. 服务实施的层次性

老年社会政策层次上的差异性导致老年社会工作行政的层次性，它既包括执行宏观政策的活动，也含有执行具体社会政策的活动。因此，从政府部门到具体实施福利服务的机构和单位，构成了一个老年社会工作行政的层次序列。

5. 以老年人为中心

老年社会工作行政作为一种管理活动，目的是实现组织目标。社会工作机构的主要目标是满足案主的需求，所以老年社会工作行政的出发点和立足点是服务老年人。组织决策和绩效评估都应围绕老年人展开，如决策是否有利于满足老年人的需求，提供的服务是否提升了老年人的社会功能、是否改善了他们的生活质量。

三、老年社会工作行政组织体系

1982 年 7 月，老龄问题世界大会在维也纳召开，按照大会一致通过的《维也纳老龄问题国际行动计划》（简称国际老龄行动计划）的要求，国务院正式批准中国老龄问题全国委员会作为常设机构成立，各省、区、市先后成立了老龄工作机构，一些群众性或学术性的老年组织机构也相继成立。许多地方成立了老年人活动室、老年人协会。老年工作的开展迅速得到了许多部门的支持，例如，民政部门分管特殊老年人的社会福利工作；劳动部门负责管理老年职工的社会福利；卫生部门负责老年职工的医疗保健工作；人事部门负责管理老年干部的社会福利；工会、妇联、残联等作为官方的群众团体主要为推进老年人福利以及开展老年人权益保护方面提供协助。

（一）老年社会工作行政组织

1. 民政部

民政部是承担老年人福利事业管理的行政机关。民政部的主要职责第三条规定：“统筹推进、督促指导、监督管理养老服务工作，拟订养老服务体系建设规划、政策、标准并组织实施，承担老年人福利和特殊困难老年人救助工作。”民政部下设养老服务司，主要承担老年人福利工作，拟订老年人福利补贴制度和养老服务体系建设规划、政策、标准，协调推进农村留守老年人关爱服务工作，指导养老服务、老年人福利、特困人员救助供养机构管理工作。此外，民政部还负责社会团体的登记和管理工作，各类民办老年非企业单位、老年社团等都属于民政部的管辖范围之内。如中国老龄协会由民政部代管，各级老龄协会的办公室也设在民政部。

2. 老干部局和退休职工管理委员会

根据国务院关于老干部离退休制度改革的有关规定，各省、区、市以及地、市、县相继成立了老干部局，基层还成立了老干部处等工作机构，它们是各级党委和政府派出的老干部管理机构。老干部局的主要工作职责：指导全市离退休干部党建工作，加强离退休干部党组织政治建设、思想建设、组织建设、作风建设、纪律建设、制度建设；开展离退休干部工作和离退休干部党建工作调查研究，向市委、市政府提出工作意见建议；研究拟订离退休干部管理服务相关政策。指导离退休干部管理、服务工作，督促落实离退休干部政治待遇、生活待遇；负责组织宣传离退休干部工作和离退休干部党建工作，总结推广工作典型和先进经验；组织、引导离退休干部在党的建设中发挥作用。随着老龄化社会的到来，退休职工数量不断增加，为了做好退休职工的管理工作，各地成立了退休职工管理委员会。退休职工管理委员会具体有六大职能：管理、服务、维护、教育、参与和协调。因此，退休职工管理机构的建立健全，对认真做好退休职工的管理工作，维护退休职工的合法权益，加强对退休职工的管理，更好地为退休职工提供服务，具有重要意义。

（二）老年非营利组织

我国的老年非营利组织主要有老年社会团体、民办老年非企业单位和老年基金会三类。

1. 老年社会团体

老年社会团体是指以老年工作为主要内容，以满足老年人的需要为活动目的或是以老年人为参与主体的非营利组织。主要包括老年协会组织、老年学会组织、老年研究会、老年促进会、老年联谊会等。

2. 民办老年非企业单位

即由企事业单位、社会团体、公民个人利用非国有资产举办的，以老年人为服务对象的非营利组织。如为老年人提供培训、教育服务的老年学校、民办敬老院、老年公寓、托老所、康复中心、社区养老服务机构，以及民办研究院、文化馆、体育馆等。民办老年非企业单位主要是面向社会，为满足老年人某些需要而开展活动。其社会定位是凭借专业知识和技能，服务于社会，满足老年人需求的社会服务组织。其组织形式是由一些具有专长的人员，根据个人意愿结合在一起构成稳定的单位实体。

3. 老年基金会

基金会是利用个人、法人或组织捐赠的资产从事公益活动的民间非营利组织。主要在教育、文化、卫生、扶贫等领域开展活动，在社会公益事业中发挥了重要作用。基金会的设立和活跃是社会进步的标志，是维护社会公平、促进社会发展的有效途径。

第二节　老年社会工作行政的基本过程

老年社会工作行政作为一种间接的老年社会工作方法，是一个把有关老年人的社会政策转变为各种具体的为老年人服务的过程。一般来说，老年社会工作行政的基本过程主要包括计划与组织、人员的募集与分工、资金筹集、领导协调与控制、预算和评估环节。

一、计划与组织

（一）计划的含义与内容

计划是行政管理活动中最重要的环节，组织、领导和控制都是由计划衍生而来。所谓计划是指确立老年社会服务机构的目标，并预先设计适当的行动去实现目标的过程。计划是经过系统的思考而有目的地解决老年人问题的一种手段，是人们试图控制事件或社会发展进程的一种方式，与社会工作行政的实施有直接关系。它将在一定时期内的活动任务分配给组织的每个部门、环节和个人，并为这些部门、环节和个人提供在该时期工作的具体依据，为决策目标的实现提供组织保证。

老年社会工作行政计划在范围和内容上主要包括决定行动的主题；根据目标与政策制订方案与服务措施；选择达到目标的最佳途径；按设计分配资源；制订分层计划，包括整体、部门、社会工作者等各层次的计划；将计划按期限分为短期、中期和长期三种；编制预算与分配，包括计划的成本与收益。计划的成本主要有老年社会工作机构的活动经费，为实现目标而动用的人力、物力、财力等；收益表现为通过一定的活动达到的经济增长或问题的解决。成本和收益反映了实现目标所需付出的代价和计划目标的实现程度。

（二）计划的制订

1. 制订计划时应遵循的原则

老年社会工作行政计划包含目标性、普遍性、可行性、具体性、适应性和价值性等特点。完善的老年社会工作行政计划的制订应遵循实际性、具体性、可受性、整体性、民主性、连续性、权变性和发展性这八个基本原则。

2. 制订程序

（1）调查研究。对服务对象各个方面的基本情况进行调查，充分掌握资料，深入了解服务对象的问题和需求以及相关的政策法规。

（2）确定目标。确定机构将要做什么，重点放在哪里。在设定目标时，老年服务机构可能会面对各种不同的建议，并从中作出选择，目标的确定要考虑到机构的主客观因素，可以通过员工民主参与的方式共同设定目标。

（3）拟订草案。在调查研究和确定目标的基础上，制订工作草案，并对备选方案的可行性和优缺点进行评估，从前瞻性的角度预计各个可行性方案达到的效果，最后选择出理想的方案。

（4）规划具体的行动方案。具体的工作确定后，选择理想的方案，拟订具体明确的行动方案。该阶段的焦点是绘制出实现目标的流程图和排列出目标的优先次序。在计划书里列明服务项目名称、工作任务、开始和预期完成的时间、负责人和预算等。

（5）方案的修正。为应对突发情况，计划在实施过程中需有一定弹性，以应对方案确定后甚至付诸行动后出现的意外变化，可以根据对老年服务机构带来的结果，对计划方案进行适当调整。

（三）组织

老年社会工作行政组织是国家为了推行老年社会工作事务，在工作过程中职权分配所形成的管辖体系。老年服务计划即工作目标确定之后，如何配置资源去达成目标以及选择怎样的组织形式能更有效地实现目标都至关重要，老年社会工作行政人员必须了解组织结构的性质，并把它作为老年人服务的一个要素。组织的目的在于分工与合作，分层负责，有效地发挥社会工作专业服务人员的作用，为老年人提供所需的服务。有效的组织系统与工作调配关系着老年社会工作目标的实现与政策的落实。社会工作组织必须遵照下列原则和实务：适当的工作单位、工作分配明确、责任职权明晰、有效的沟通、工作单位和工作人员的协调、标准化实务、容许例外规定、正确的记录等。老年社会工作的组织形态包括有形的组织力量和无形的组织力量，无形的组织力量通常是指上下级之间或平级之间在日常工作过程中的联系和协调。领导者与下属之间的双向沟通和工作人员之间和睦关系，都是无形的组织力量，不可忽视。

二、人员的筹集与分工

老年社会工作机构要达成目标和功能，必须依靠专业的社会工作行政工作人员。人员的募集、分工以及训练是老年社会工作机构的一项重要事务，主要可以从以下两个方面来考察。

（一）人事功能

人事功能：①人员的招募与解雇；②职员的训练；③维持有利的工作环境；④制定健全的晋升和考核制度等。

（二）对工作人员的任用和训练

对工作人员的任用和训练内容：①人事制度与专业伦理；②工作说明与职业分类；③人员的任用、甄选和训练；④专业督导与行政督导；⑤人员的考核与晋升；⑥工资给付与资助办法；⑦专业人员与非专业人员管理；⑧人员之间的分工合作；⑨志愿工作人员的参与。

具体来说，人员的募集与分工包括以下几项工作。

①任用。即持续分配员工到组织设定职位上的过程，包括下列活动：吸引有条件的人员进入机构，从候选人员中选取最佳人选，训练新人，分配工作，调整员工职务，处理员工离职。

②训练与发展。包括对员工的训练，协助员工学习新技术，增进员工的工作能力，发现其在组织中的工作表现。此外，还要将员工个人长期发展的目标与组织目标相结合，协助员工完成职业生涯发展。

③员工关系与维持。员工关系是单位管理人员与员工之间的关系。包括改善与管理层的关系、公平对待员工，员工辅导等。维持是指提供适当的工作条件和环境，以保持或增进员工对组织的认同，如提供有效的员工福利方案，建立安全及健康的工作环境及保持适当的沟通与申述渠道等。

三、资金筹集

老年社会工作机构须有可靠的经费来源，以推动各项计划和各项服务的实施。老年社会工作行政的资金筹措主要有五种途径：①政府资助。政府资助一般通过购买服务或奖励来实现。购买服务即由政府和老年服务机构订立购买服务的契约，政府要求老年服务机构提供公共服务或为其指定的对象提供服务。政府奖励一般可分为补助和协议合作。补助是政府拨出一笔经费直接协助老年服务机构提供服务，政府扮演奖励者的角色；协议合作则是政府与老年服务机构共同决策并拿出经费给老年服务机构提供服务，政府扮演着伙伴的角色。②保险费。保险费主要由国家、单位和个人共同按比例缴纳的社会保险费用的收入。③受益者承担的部分。主要是在医疗健康等有关社会服务方面对受益者收取适当的服务费用的收入。④社会工作机构通过自己的生产经营所获得的收入。如国家为扶持社会工作机构而减免部分税收或费用等。⑤其他收入。主要是民间社会团体或个人的慈善捐款所得的收入。

四、领导协调与控制

（一）领导与沟通

领导与沟通是老年社会工作行政执行的关键环节之一，领导是指老年社会工作机构中的各级主管对下属的指挥、调度、安排及影响，监督社会工作机构的执行情况，使各部门齐心协力，共同完成机构的目标和任务。领导的任务主要包括界定机构的任务与角色、使机构的目标具体化、综合考虑后作出合理的决定、有效授予责任与权威等。一个成功的领导者有很多自身特质，如个人魅力、进取心、学识与经验等。不同的领导者，其领导方式也不尽相同，一般有民主式、独裁式和放任式三种。老年社会工作行政领导应采取民主式，以调动下属工作的积极性和创造力，分工合作，各尽其职，更好地为老年人服务。沟通是领导程序中较为主要的技术之一，主要包括三个要素：信息来源或传送者、信息及信息接收者。沟通是双向的而不是单方面的提供信息，包括上下级之间的垂直沟通及平级之间的横向沟通。良好的沟通有助于化解冲突，培养员工的集体荣誉感，激发员工的热情和创造力，使老年社会工作机构关系和谐，进而顺利实现目标。所以，民主式的领导和双向式的沟通是建立良好的工作关系和达成目标的有效途径。

（二）协调与控制

协调是老年社会工作行政的重要环节和基本过程之一。协调是使机构的各单位之间、工作人员之间能分工合作，相互配合，以协调一致的步调去完成共同的使命。协调可以通过不同的途径实现，其作用在于使机构的各部分相互联结，以发挥整体功能。协调与沟通联系紧密，沟通是协调的前提，协调是沟通的结果。沟通的目的在于达成思想上的共识，而协调更注重谋求行动上的一致，二者互为表里。老年社会工作机构在内部人员协调方面的主要内容：对每位工作人员的职责做明确规定，并确立权力与责任的范围；与其他工作机构之间的协调；减免机构间的分立与冲突；尽可能地发挥最高的行政效率，为维系老年服务组织的生存与发展共同努力。控制是指领导者或工作人员为了掌握本机构内工作的局势和进程，使工作向前推进，调动所属成员努力完成任务所采取的措施。行政控制的首要前提是计划，并要有组织机构做保证。控制的一般过程包括确定标准、衡量成效和纠正偏差三个步骤。有效的控制必须做到令行禁止，要实现有效的控制，需讲究控制的方式方法，做到以理服人。

五、预算

预算是指在一定时期内收支平衡的计划，是行政计划的重要项目。预算的功能是对机构的财源加以运用和稽核，目标是尽可能达到收支平衡，主要包括建立良好的会计制度、年度账目和稽核手续，从而保证经费的用途不违反机构的目标和政策。预算的关键是确定各项工作所需的款项和筹措方式，然后对机构的各分支部门在经费上作出合理的分配，使各老年单位有足够的资金去提供服务。预算的编制可以分为四个步骤：一是列明推行各项方案和服务活动所需的经费；二是复查计划内的各项要求是否合理及每项活动所需经费；三是修改预算草案，以制订切实可行的方案；四是最后拟订经费预算方案。

六、评估

（一）评估的内容

评估是对于各项方案、各部门的工作和整个机构的行政措施加以评定和审查，检查老年社会工作的实际效果与原有行政计划目标是否符合，检查老年社会福利和社会工作政策的贯彻执行情况，肯定成绩，发现问题或困难，以明确下一阶段应改善和努力的方向。评估的内容包括老年服务的投入情况，服务的工作进度，服务的效果，服务活动与工作计划的偏离情况。

（二）评估的目的

1. 协助行政决策

评估的结果可协助主管人员发展创新性的服务或对可行的服务方案做出更明智的抉择。

2. 改善服务质量

要使社会工作的服务方案能够满足老年人的需要，就必须对现在社会工作机构所提供的服务和使用情况方面进行详细分析，并了解现有服务在满足服务对象需要上的程度。在评估中，机构管理者和服务策划者需要系统地收集资料，并对其进行综合分析，从而找出老年人的社会需求与现有服务提供模式之间的差距，以更好地改善服务质量和服务提供方式。

3. 证明服务目标的实现程度

评估可以证实机构的效率、效能，帮助社会工作机构制定正确的行政政策，确保服务方案与服务对象及社会需求的完美结合。因此，推行社会工作行政评估，可以了解服务方案是否达到既定的目标及其实现程度，以便机构管理者和服务提供者进行反思。

4. 向有关政府部门和资助团体做出说明

老年社会服务机构因受到外界资助而开展的各项服务，每年要向政府部门和有关团体呈交评估报告，以便审核。同时，机构也要向资助者、服务对象作出说明，帮助他们了解服务的情况，鼓励自助与互助，让老年人更好地融入社区。

5. 建立连续不断的支持

通过评估可以证实服务机构的效能，提供有关资讯，以协助机构获得有关方面的支持。如果机构能证明自己优良的服务成果，就能在有限的资源竞争中占据优势，获得源源不断的财政支持。

（三）评估的类型

老年社会工作行政的评估主要分为机构评估、方案评估、过程评估和结果评估。

1. 机构评估

对机构的评估，一般从机构的目标、工作人员情况、服务所涵盖的范围、工作效果是否符合机构目标等方面来进行。

2. 方案评估

方案评估是对机构服务方案的评估，要解决的问题是某一服务方案是否合理、可行，方案实施的把握性，该方案是否为较优方案等。

3. 过程评估

过程评估针对的是机构运行或服务提供的过程。过程评估可及时发现问题，采取适当措施保证计划的落实。过程评估所要解决的问题：机构提供了哪些服务、如何提供的、服务过程是否指向计划目标等。

4. 结果评估

结果评估是对机构运行或服务结果的评估。主要评估机构为老年人所提供服务的实际效果，效果是否达到了预期，达成这种效果的原因及影响因素。

（四）评估的方法

老年人服务评估主要采取社会调查方法进行，针对要评估的项目，通过访问、问卷、座谈和观察等方式获取必要的资料，并同计划进行比较。在评估项目时，文字资料也很重要，尤其是资金的运用情况，要根据收支账目进行评估。在对服务过程进行评估时，有关实施服务的工作记录也是重要的参考资料。

第三节　构建我国老年服务社会化体系

伴随着老年人口数量的迅速增长、家庭的核心化以及养老观念的改变，社会化养老的需求在急剧增长，养老问题的社会化和产业化成为必然的趋势。政府、社会、家庭应共同推动社会福利事业的发展，走“社会福利社会化”的发展路线。

一、老年服务社会化体系的目标和主要内容

（一）老年服务社会化体系的目标

持续完善以居家为基础、社区为依托、机构为补充、医养相结合的养老服务体系，到 2022 年实现城乡社区居家养老服务全覆盖、面向所有老年人的老年社会福利机构。

（二）我国老年服务社会化体系的主要内容

1. 投资主体的多元化

采取政府主导、动员社会广泛参与的方针，大力倡导以个体民营为主，采取个体兴办、民间联办、民办公助、政府与民营联合举办等方式，并融入慈善捐助与福利彩票公益金。

2. 服务对象的公众化

在确保国家供养的“三无”对象之外，服务面向所有的老年人。无论城乡、性别、健康状况、年龄等情况如何，都有权利享受社会提供的老年服务。

3. 服务内容的系列化

贯彻以人为本和因地制宜的原则，了解老年人的生理、心理和社会特点，根据老年人的需要不断拓展服务领域，扩大服务范围和覆盖面，明确服务内容，开发服务项目，形成服务系列，满足老年人的养、医、乐、学、为、教等方面的需要。

4. 服务方法的科学化

首先，服务方法灵活多样。应从实际出发，根据老年群体的健康状况、支付能力和服务需求，开设不同的服务层次和收费标准，使老年人及其家庭能根据自己的实际情况，选择满意的服务层次，实现高、中、低不同服务档次共存，收入水平不同的老年人都能如愿地进住社会养老机构，无忧无虑地安度晚年。这样才能达到资源共享，以人为本。可根据服务对象的不同情况，实行有偿、减免或无偿等多种服务。开展服务机构提供的阵地式服务、上门的分散服务及二者结合的社区照顾。其次，要积极引入社会工作方法。社会工作中个案工作、小组工作、社区工作、社会工作行政等方法都从不同角度为有需求的人提供了专业化的服务。可运用社会工作特有的价值和理念、知识和方法技巧帮助老年人解决自我认知、人际交往方面的困难，增强社会适应能力。最后，要充分利用现代科学技术。利用电子技术和网络技术为老年人提供快捷的信息服务，为老年人的出行、旅游提供快捷、优质的服务。

5. 服务队伍的专业化

服务人员需要受过专业训练，懂得老年学、心理学、社会学、社会工作、教育学、管理学等方面的知识，经过相关职业资格证的考试，取得资格证书。在工作过程中还要继续进行不定期的业务培训，才能保证服务的质量和效果。

6. 服务管理的规范化

第一，进一步完善法律法规和政策管理。掌握当前我国社会的现状和发展趋势，制定出符合客观实际的，具有针对性的方针、政策和法规，为老年服务的社会化创造良好环境。第二，各级财政和民政部门要加大投入，建立完善评估指标体系。第三，机构应加强和规范内部管理。提高养老机构规范化管理的水平，引入现代化的管理理念，建立健全规章制度，引进竞争激励机制，增强管理人员的责任感、危机感，提高自身素质，提升管理水平。

二、政府在老年服务社会化体系中扮演的角色

老年社会服务事业是现代社会保障体系的重要构成部分，我国的老年社会福利服务可划分为三个层次：一是以政府或社会公共组织为实施主体的福利；二是以社

区组织为实施主体的社区福利；三是以企业或用人单位为实施主体的职业福利。政府从过去的主要从事保障和服务活动，逐步转到执法和监管以及培育社会中介组织和市场上来，通过宏观引导、政策制定、监督协调，努力营造公平的市场竞争环境。具体而言，需要做到以下几点：第一，政府是构建老年社会服务中的主体。老年群体的服务带有较强的社会性和福利性，因此，政府在老年服务的政策制定、经费支持等方面扮演更为重要的角色。第二，发扬尊老传统，积极动员更多人关注老年人的生活质量。需要政府积极倡导“敬老养老、老有所属”的社会价值观念，明确个人、家庭和社区在老年社会服务中的责任。第三，加强制度建设。完善养老社会保障基金的筹集、管理制度，扩大养老保险的覆盖面，鼓励有较高需求且具有一定经济能力的老年人购买商业保险，以满足不同层次老年人的需要；加强老年社会服务专职队伍的建设，促进老年社会工作以及医疗队伍建设。

三、第三部门与老年服务社会化

第三部门的介入是实现老年服务社会性和福利性的必要途径，老年社会服务质量和水平的提高，除了政府主导以及市场机制运作以外，离不开专业化的第三部门力量的参与。

（一）第三部门的含义与特征

1. 第三部门的含义

第三部门是除政府机构和营利机构以外的社会组织的总和。

2. 第三部门的特征

第三部门有六个基本特征：一是正规性，即第三部门必须具有正式注册的合法身份；二是民间性，即第三部门从组织机构上与政府分离；三是非营利性，即它不得为其拥有者谋取利润；四是自治性，即第三部门要能控制自己的活动；五是自愿性，即在活动和管理中有显著的志愿参与成分；六是公益性，即第三部门要服务于某些公共目的和为公众奉献。我国的第三部门主要包括社会团体、事业单位和民办非企业单位，它们与政府之间是一种合作的关系。第三部门涉足老年社会服务领域，不仅是现代社会发展的需要，同时也体现第三部门自身的优势。第三部门与老年群体的良性互动，不仅能够以低成本获得较高的社会效益，减轻政府的负担，而且在多样化和多层次的需求满足中，有利于整个社会的老年服务事业的发展。

（二）第三部门介入老年福利服务领域的路径选择

第三部门参与老年福利服务领域的路径主要有以下两种：

1. 非正式的老年福利服务提供

非正式的老年福利服务提供，指第三部门参与非正式的老年福利制度并发挥作用的方式。非正式的老年福利制度，包括个人、家庭、邻里和社区为增进老年福利，履行文化和道德责任所承担的各种活动。例如，个人帮助和照料年老的家庭成员的活动，帮助周围需要帮助的老年人等。

在非正式的老年福利制度中，第三部门主要是起到帮助和补充作用，如向社区内参与老年服务的人员提供专业的服务指导和培训，为非正式老年福利服务提供部分资金或物质帮助，鼓励生活在社区内的本机构成员业余参与非正式老年福利服务等。

2. 正式的老年福利服务提供

第三部门介入正式的老年福利服务的方式是通过"社区内照顾"来完成的。所谓"社区内照顾"，指由政府及非政府的服务机构在社区里建立小型的、专业的老年服务机构，发展以社区为基础的治疗与服务设施、技术和计划，使所提供的福利服务更贴近老年人的生活需求，如建立社区老年活动中心、老年人之家、日间照顾中心等，为老年人提供生活照顾、医疗和精神慰藉等方面的服务。这是第三部门参与社区老年福利服务的主要途径。

（三）发展和完善第三部门在老年服务社会化中的作用

第三部门在老年服务社会化中发挥了较好的作用，老年社会服务是一种重要的、需要专业技术与专业方法的福利性工作，第三部门的人力资源环境是其良性发展的重要保证，因此应加强第三部门的内部管理和外部监督，积极推动第三部门参与老年服务社会化的进程，确保第三部门具有良好的社会公信力。

【复习思考题】

1. 简述老年社会工作行政的构成要件有哪些。
2. 简要谈谈老年社会工作行政的基本过程。
3. 老年服务社会化体系的内容是什么?
4. 如果您是一位老年社会工作行政管理人员，您将如何管理一家老年服务机构?
5. 何谓第三部门？它在老年服务社会化过程中发挥怎样的作用?

第十章

特殊问题老年人的社会服务

学习目标

1. 掌握为失智老年人提供社会服务的内容。
2. 理解“空巢老人”的常见问题及预防老年人自杀的策略。
3. 了解为有特殊问题的老年人提供服务的方法。

在人的生命历程中，老年阶段是人生中较为漫长的一段时期。在这一时期，人会经历很多重大事件，如离退休、丧偶等，这些都是老年阶段存在的特殊问题。老年人一生经历丰富，但伴随着老年阶段的到来，家庭规模的小型化、核心化，老年人会遇到从未经历过的特殊事件，如困扰老年人的慢性病、家庭空巢、配偶丧失、离退休导致的生活不适应及其他生理、心理疾病等。如何做到老有所养、老有所乐、老有所为，不仅给社会工作者提出了挑战，也带来了机遇。社会工作者可以从社会工作的角度，运用专业知识和方法更好地为老年人服务，提高老年人晚年的生活质量。

本章介绍了失智症、“空巢老人”、老年人自杀和临终关怀这四个特殊问题的概念、国内外发展现状、问题表现及具体的服务措施，对于推动老年社会工作的发展具有重要意义。

第一节　失智老年人的社会服务

失智症是因记忆力和认知思维缺失而导致的疾病，是老年人的常见疾病之一。但由于不易被诊断或者被误认为是正常老化过程的一部分，初期常被忽视。据有关调查显示，老年人中失智症患病率为4%～5%，而且随着年龄的增长，老年人患失智症的概率将逐步增高，80岁以上老年人失智症的患病率可达17%～20%。因此，了解、预防和治疗失智症，以及为失智老年人提供良好的社会服务，需要社会工作者的努力，也需要整个社会的关注。

一、失智症概述

（一）失智症的概念与分类

1. 失智症的概念

失智症是指由不同原因引起的大脑萎缩、神经细胞变质和神经纤维增生而出现的记忆力、推理能力、思维能力以及定向力的减退，有时会伴有性格和行为的改变，产生幻觉并丧失自我照顾的能力。

2. 失智症的分类

失智症根据病因的不同可以分为阿尔茨海默病（AD）、血管性失智症和混合性失智症三类。阿尔茨海默病是指老年人因生理、心理机能的变老，由神经细胞本身的原发性变形或萎缩等所引起的缓慢发展的认知能力缺陷症，是人体脑功能失调的表现，是以脑组织的退行性变化和智力衰退缺损为特征的一种高级神经活动功能障碍，它是最普遍的一种失智症。血管性失智症是指由各种原因引起的脑血管供血障碍所致的失智。该病病情发展迅速，病史中有反复的中风发作，老年人通常会出现梯级式的脑功能障碍，是造成失智症的第二大原因。混合性失智症是指同时存在阿尔茨海默病和血管性失智症的症状，有时鉴别比较困难。随着老龄人口的逐渐增多，失智症将给我们带来沉重的经济和社会负担。

（二）失智症的症状

失智症的症状主要表现在记忆力下降、空间定向障碍及思维能力的下降等，具体表现如下。

1. 记忆力下降

记忆力下降常常是失智症的首发症状和突出症状。其往往从近期记忆力下降开始，通常表现为“丢三落四”“说完就忘”，特别是对数字、人名、地名和不常用的术语记忆能力变差。此阶段对已熟悉的工作还能胜任，但学习新知识困难，工作稍有变动就难以完成后期工作，对自己经历过的事情不能回忆或胡乱回答问题，用虚构来填补记忆中的空白，最后连亲人也不认识。

2. 空间定向障碍

通常表现为不能准确地判断物品位置，伸手取物时会因没有够到物品而抓空，或伸手过远将物品碰倒；放物品时不能正确判断应放的位置；回家时走错方向，经常迷路，甚至找不到自己的房间；穿衣时分不清前后和正反，甚至把裤腿当衣袖；不会使用最常用的物品或工具，如反拿汤匙盛汤。

3. 语言障碍

早期词不达意，词汇量减少，谈话常因找词困难而突然中断。不能说出物品的名称，或不适当地加入无关的词汇或变换主题，给人以“说话东拉西扯”的感觉。发展到后期，老年人所说的话不能使人理解，甚至不能参与交谈。

4. 计算能力、理解能力和判断能力下降

早期患者计算速度变慢，复杂的计算不能完成；晚期患者计算出现错误，甚至买东西也不会算账。另外，还表现为不能正确处理工作、生活中的问题，大事被忽略，琐事纠缠不清，工作能力下降。

5. 出现情感与行为障碍

表现为坐立不安、多疑、易激动、淡漠、抑郁、焦虑，甚至出现妄想、错觉、幻觉、冲动性地伤人或毁物行为。有的老年人一改以往的生活习惯，变得不修边幅，甚至收集废物，有的老年人会经常无目的地来回走动。

（三）失智症的预防

失智症目前在医学界尚无根治的方法，主要是以预防为主。对于老年人而言，一是要保持良好的心理状态，要注意调整心情，乐观开朗，保持活跃的思维状态。养成多看书、勤思考的好习惯，同时要保持广泛的社会联系，进行社交活动，使脑细胞保持活跃状态，防止脑功能的退化，延缓智力的衰退；二是要做到起居有常，并坚持适当锻炼，老年人空闲时间较多，一定要合理安排时间，经常参加体育锻炼，这不仅能增强体质，而且能加速血液循环，增强脑的活动；三是注意饮食调养，饮食方面应清淡，多吃新鲜的水果蔬菜及富含维生素的食物，多吃蛋白质和胡萝卜以满足大脑营养的需要。此外，家人要关爱老年人。随着年龄的增长，老年人体力下降，患病概率增加，需要家庭的照顾，子女要理解老年人的心理变化及需求，从物质和精神生活上给予帮助。同时要尊重他们，切莫冷落和轻视他们。由于失智症病程较长，一旦发生，对老年人及其家庭会带来无尽的痛苦。因此，早发现、早治疗尤为重要。

二、失智老年人的社会服务

失智症是一种慢性、进行性的精神衰退疾病，其病症发展缓慢且不明显。老年人的家人或照顾者往往不了解这种疾病，缺乏处理失智行为的知识和方法，容易使老年人产生孤立无援甚至衍生出生理或心理问题。因此，需要社会力量尤其是专业的社会工作者参与对失智老年人的照顾，如支援小组、社区照顾和社会支援服务（特别是医疗和家务助理服务），都是失智老年人最为需要的社会服务。

（一）社区服务

1. 日间护理中心

日间护理中心为60岁及以上体弱的老年人在日间提供个别起居照顾，提供有限度的护理服务及群体生活。服务内容较为丰富，如记忆训练、运动治疗、缅怀活动、游戏活动、音乐治疗等。目的在于缓解家庭成员的照顾压力，并有益于患者的身心健康。

2. 家务助理服务

家务助理服务是社区支援服务的一种，主要为缺乏自我照顾能力和不能维持家庭正常功能的个人及家庭提供协助和支援，使他们在社区内得到照顾和关怀。

（二）院舍服务

1. 护理服务

此类服务专门为一些因体弱而不能独立生活的老年人，如患有失智症的老年人，提供个别起居照顾和有限度的护理服务。

2. 短暂住院服务

短暂住院服务是社区支援服务的一种，专为老年人提供短暂的照顾，以分担家人长期照顾的责任。

3. 医疗护理服务

医疗护理服务为65岁及以上的老年人提供因心理、社交问题或精神病而需要的专业性的评估、治疗及康复服务，为社区内怀疑患有失智症的人士做评估及为患有失智症的老年人提供专科住院服务。

4. 综合救助金

凡是符合申请综合救助金资格的失智老年人可申请长期照护保险。

（三）为照顾者提供的服务

①教育性专题讲座。以增加参与者对失智症以及社区资源的认识和处理问题的技巧为重点。②支援小组。在专业社会工作者的引导和协助下，运用团体活动的形式将照顾者组织起来，提供机会使他们互相分享感受，互相扶持和互通信息，以获得情感上的支持并扩大自己的支持网络。③辅导服务。协助有需要的照顾者解决他们个人、家庭或照顾失智老年人的问题。④日间照顾服务。协助社区内失智老年人的家属，为他们提供短暂的照顾患者的服务，使他们有喘息的机会。

（四）增强照顾者权力的介入模式

增权理论认为个人或团体本身有能力去处理事情。增权最基本的价值观是相信人有潜能，而且每个人都可以改变。在增权的工作模式下，社会工作者与照顾者同步进行，尊重照顾者的感受，提供选择服务的机会，携手合作。在相互尊重、信任和共同参与的基础上建立专业关系，协助照顾者找出适合的解决问题的办法。

1. 个人层面：照顾管理模式

目前最有效的介入方法是照顾管理模式。该模式由一名照顾专员作为主要负责者，提供一项有连贯性和协调性的综合照顾服务。照顾专员对个案进行全面性的评估，认定问题的根源，经过与案主磋商，订立合约，在双方同意的前提下选择最有效的解决方法，在完成任务后，照顾专员还会跟进和反思，并处理新的需要。在这一过程中，照顾专员能全面地感受照顾者的压力和需要，可以提供适当的支持和辅导，照顾者得益的不是服务本身，而是被照顾专员视为伙伴，不再是带着问题的无助者，使增权的价值观得到体现。

2. 小组层面：支援互助小组及专题讲座

成立小组，社会工作者应不断鼓励组员参与，通过专题讲座提高对失智症的认识和照顾患者的技巧。了解社区内的资源，使组员增强照顾患者的能力，勇于改变自己和患者的生活，进而达到增权的目的。

3. 政策与社区服务层面

社会工作的目的不仅在于增强人的社会功能去解决问题，而且要协助案主分析环境。社会工作者应鼓励他们提出自己的需要，并组织案主从政策层面去争取应得的服务和福利。一个完整的增权模式，必须包括发展个人的权力、发展技能和改变社会政策。

第二节 “空巢老人”的社会服务

空巢家庭是随着经济、社会的发展而产生的一种社会现象，“空巢老人”成为社会关注的一个特殊群体，而且其数量和比例正以前所未有的速度增长，如何解决因“空巢”而带来的关于老年人照顾的诸多问题，还需要社会各方面的积极支持和配合。

一、“空巢老人”的现状及面临问题

（一）空巢家庭的内涵

空巢家庭的概念是美国学者杜瓦尔在 1977 年根据独立生活的核心家庭所做的家庭生命周期的划分。家庭生命周期理论认为，自某一家庭的最后一个子女长大成人并离开家庭开始独立生活起，就标志着这个家庭的生命进入了空巢期；自老年夫妇的其中一方死亡，剩下的老年人单独生活起，家庭就从空巢期进入消亡期；当最后的老年人去世时，也就意味着这个家庭的解体。“空巢”说明代际关系的演变，其最本质的特征就是父母和子女在居住上开始分离。因此，所谓空巢家庭是指无子女

共处、只剩下老年人夫妇或老年人独自生活的家庭。“空巢老人”是指没有子女在身边共同生活的老年人。

（二）空巢家庭的现状

空巢家庭的出现是社会发展的趋势、社会进步的体现及人们价值观念改变的结果。空巢家庭日益增多导致了一些特殊问题的产生，如老年人寡居及独立居住很容易带来老年人的精神问题。许多“空巢老人”退休以后都面临着精神空虚、沮丧、孤独与寂寞。

（三）“空巢老人”普遍面临的问题

空巢家庭的增多会给社会、家庭及老年人带来很多方面的问题，主要包括经济供养、生活照料、精神慰藉方面。

1. 经济供养问题

老年人由于受各种条件的限制，获得收入的途径有限，在空巢家庭中，经济困难突出的老年人主要是没有养老金收入或退休早且养老金收入低以及患重病、慢性病的高龄老年人和农村“空巢老人”。由于子女上学、结婚以及老年人个人的医疗需求都使得“空巢老人”面临巨大的经济压力。

2. 生活照料问题

“空巢老人”在身体状况好时生活可以自理，但随着年龄的增长和精力的衰退，总有一天会难以照料自己的衣食住行，而我国大多数老年人一直是由家庭提供养老保障，子女在老年人生活照料上的缺位，使其生活面临诸多困难。

3. 精神慰藉方面问题

“空巢老人”普遍都有一种“空巢感”，即孤独感，这种孤独感里又增添了思念、自怜和无助等复杂的情感体验。调查显示，“空巢老人”存在精神空虚、情绪低落和心理孤独的感受，表现为情绪不稳定、孤独、食欲减退、失眠等症状，称之为“空巢综合征”。这些症状又容易引发抑郁症、焦虑症甚至失智症，给老年人及其子女带来无尽的痛苦。

二、“空巢老人”的社会服务

如何为“空巢老人”建立一种完善的照顾体系并提供他们所需的各种服务，是我们必须面对的问题。从社会发展趋势看，家庭养老正逐步向社会养老过渡，但社会养老并不能取代父母与子女之间的亲情，解决“空巢老人”的问题，需要个人、家庭、社区和社会的共同努力，构建较为完善的社会救助和支持系统。

（一）老年人个人

首先，“空巢老人”自己要对子女“离巢”提前做好心理准备，逐步减少对子女的依恋，要安排好自己的生活。“空巢老人”不仅要解决好自己所面对的现实问题，而且要从实际出发，理解子女的难处，不能对子女有过高的要求。身体状况不好的老年人要事先与子女、亲友、邻居、社区工作者等打好招呼，以便在出现紧急情况时得到帮助，做到有备无患，老年人心里自然会踏实。其次，“空巢老人”要增强心理上的自立程度，关注自身心态的调整，以积极、健康的态度面对生活。多参与各种娱乐活动，丰富老年生活，增强人际交往，建立良好的人际关系，参加社区活动等，把自己融入社会中，丰富自己的老年生活。

（二）家庭

家庭成员要为老年人提供经济供养、生活照料和精神慰藉方面的养老支持，以及帮助老年人实现其他合理的需求并维护其合法权益。配偶、子女等家庭成员要营造良好的家庭氛围，尽可能地帮助“空巢老人”克服“空巢综合征”。子女应常回家看看，多听听父母的要求和需要，或者经常打电话问候，注重对父母的精神赡养，加强相互间的沟通与情感联系。在居住距离上，应提倡日本学者提出的“一碗汤式”的就近居住，以方便照顾老年人。应鼓励他们对自己的生活进行自我选择和计划，支持他们积极参与家庭和社区事务，发挥老年人的自助能力，让老年人感觉到“老有所为”。

（三）社区

在社会养老中，社区照顾服务是为“空巢老人”提供社会服务的主要形式，以弥补家庭养老的不足。如建立社区老年人活动中心、老年心理诊所、老年之家、社区老年人护理中心等。组织社区服务人员上门为老年人提供各种服务，如社区志愿者上门聊天等。大力开展社区服务，如提高社区服务能力，可以减轻家庭在照料老年人方面的负担，对老年人来说，周到的社区服务可以给予老年人强烈的心理归属感，感受到“大家庭”的温馨。

（四）社会

社会应健全相关的老年人社会保障制度体系。大力完善老年福利政策、兴办老年服务事业，进一步发展和完善养老机构，安排确有困难的“空巢老人”入住养老机构，实行社会化养老。在相关的家庭养老政策上，国家应采取财政支持或税收减免政策，鼓励子女与老年人共同生活，承担家庭养老责任。此外，可借鉴一些已进入老龄化社会的发达国家的经验，对需要照顾的老年人提供相应的生活服务。

第三节　老年人自杀及其社会服务

老年人在精神方面缺乏慰藉或身体状况不佳都会使老年人采取自杀这种极端的方式结束自己的生命，以寻求解脱。目前，老年人自杀问题已经成为全球性的社会问题，如何开展老年社会工作已成为国际社会工作共同关注的问题。

自杀是一个人以自己的意愿与手段结束自己的生命，是一种人类生理、心理与家庭、社会关系等各种因素混杂而产生的偏差社会行为，以逃避内心深处的罪恶感及无价值感。西方现代社会学、自杀学的奠基人埃米尔·迪尔凯姆将自杀定义为“任何由死者自己完成并知道会产生这种结果的某种积极或消极的行动直接或间接地引起的死亡”。因此，我国将老年人自杀定义为任何由死者（60岁及60岁以上的人群）自己完成并知道会产生这种结果的某种积极或消极的行动直接或间接地引起的死亡。

一、老年人自杀的原因

（一）家庭矛盾

进入老年期后，生活的中心是家庭。因此，家庭当中的人际关系直接影响老年人的心理健康。如果家庭中人际关系紧张，儿女不孝，老年人容易忧郁烦躁，认为活着是一种负担，容易产生厌世悲观的情绪，在行为上就会走向极端，国内大多数研究都揭示家庭矛盾是老年人自杀的第一诱因。

（二）孤独、抑郁

老年人自杀是自杀学中的特殊问题，引起的原因在相当大的程度上与抑郁症有关。我国学者穆光宗提出的“丧失理论”认为，老龄化可以理解为一个人生资源不断丧失的过程，个人在老龄化过程中所遭受的一系列“丧失事件”——如健康、角色、社会地位、亲友、价值及理想的丧失——都有可能引发老年人的“心理危机”，处理不当就可能导致老年人对生命的自弃。

（三）疾病

老年期是各种疾病的多发期和高发期。慢性病的长期折磨及由于病痛带来的经济困难、子女的厌烦等都会使老年人丧失生存的勇气和信心，这时老年人可能把自杀看成一种更好的选择，这样可以摆脱长期生病带来的经济上和情感上的负担。

（四）经济困难

有关调查显示，自杀者的家庭收入普遍偏低，贫困是导致老年人自杀的重要原因。尤其是农村地区的老年人基本都是家庭养老。由于缺乏经济保障，老年人的活动受到很大限制，甚至缺乏基本的生存保障，导致一些老年人感觉活着受罪进而产生轻生的念头。

（五）区域社会环境的影响

在江汉平原的京山农村，老年人非正常死亡情况非常典型，自杀在京山农村已经成为老年人的一种社会习惯，他们认为个体可以自主处置自己的身体，该地区已经形成了一种关于自杀的文化秩序和地方性共识，即老年人自杀是其生命的自然演绎，是当地生活逻辑的必然结果。

二、老年人自杀的预防与介入策略

（一）老年人自杀的预防

对老年人自杀的预防可以从以下几方面入手。

保障老年人的合法权益，加强宣传教育工作。当前老年人受侵害的原因主要是家庭纠纷、赡养纠纷和经济纠纷，对于这些老年人应有的权益应确实给予法律上的保护和支持。同时还应开展孝文化的宣传教育，包括加强青年人赡养老年人、尊重老年人等新型孝观念的宣传教育，也包括对老年人自身持有的悲观观念的教育。

加快和完善社区养老建设，为老年人提供更好的服务。当今我国正在遭遇家庭养老功能弱化和机构养老尚不发达的养老困境。社区养老作为家庭养老的一种重要补充，能够弥补家庭养老的不足，是走出养老困境的一条重要途径。因此，加快和完善社区建设，增加社区养老服务，如老年长期照料护理服务及老年人心理咨询服务等，对预防老年人自杀，提高老年人的生命和生活质量具有重要意义。可做好老年人的医疗护理和照顾工作，建立一些为老年人服务的社会福利设施和场所，为其提供休息和学习的空间，使老年人在这里进行情感交流，得到归属感，消除或减轻孤独感。

（二）老年人自杀的介入策略

1. 危机干预模式

危机干预模式通过综合运用各种模式的观点、程序和原则介入个人及家庭。首先，老年社会工作者需要帮助老年人区别出可能导致他们采取自杀行为的因素，并与老年人一起叙述问题，借此达到认知重建；其次，老年社会工作者不仅要明白老年人有情绪表达的需求，而且要运用同理心接纳其混乱的情感和非理性的行为，并根据实际情况探讨其形成的原因；最后，运用人力资源和机构资源，协调正式组织、机构及其他相关人员，尤其是家庭资源，纳入危机干预处理之中。

2. 理性情绪治疗模式

理性情绪治疗模式强调思维、信念在老年人自杀问题上的作用。这一模式坚信以下假设：人兼有理性和非理性的思想，而非理性思想是导致老年人出现痛苦情绪和伤害性行为的根本原因。如有些老年人认为子女一定要孝顺，如果不孝那活着就没意思了；有些长期受病痛折磨的老年人认为活着是一种负担，自己和家庭都受累，不如死了算了。往往是这些非理性的情绪导致了老年人的自杀率偏高。

该模式的目的是协助老年案主以理性代替非理性，释放自己，以逻辑思维来解决问题。它主要采用主动、直接和教导式的方式来处理老年案主自杀问题：①界定困扰老年案主情绪的非理性信念，让他去面对；②要求他为自己的信念辩护，证实其真实性和确定性；③向老年案主显示哪些信念在逻辑上和验证上存在谬误，有些烦恼根本就没什么，它的存在只会导致产生不愉快的情绪：④协助老年案主改变自己的思想，以合理的信念代替不合理的信念；⑤教导案主进行逻辑性和科学化的思想，预防和减少再次出现自杀这样不合理的念头。

3. 家庭治疗模式

由于我国的老年人自杀大多数是由于家庭矛盾引起的，因此，家庭治疗模式把治疗的中心集中在家庭系统和互动方式上，主要了解老年案主与家庭成员之间如何沟通，其怎样维持家庭结构，如何协助或妨碍了家庭成员的成长，以便修正原来的家庭结构和互动方式，帮助老年案主解决自杀危机。该模式常用的工作技巧有三种：①中立。即老年社会工作者处在中立的立场上，与老年案主家庭建立专业关系，不做任何道德判断，不涉入家庭纠纷，与每个家庭成员保持友好关系。②循环提问。老年社会工作者向老年案主的每位家庭成员提问，引导他们发表感受，从而收集家庭信息，促进家庭成员的相互理解。③积极赋义。对于长期困扰家庭、导致家庭矛盾的问题，老年社会工作者应引导老年案主及其家人换位思考，从积极的方面给予解释。

4. 关键事件应激报告法（CISD 模式）

关键事件应激报告法被用来干预那些遭受创伤而激愤自杀的老年人。老年人由于生理的衰退、角色和地位的丧失，很容易遭受生理或心理的创伤。CISD 模式对于减轻各类事故引起的心灵创伤，保持内环境稳定，预防老年人自杀有重要意义。CISD 模式通过小组的形式对企图自杀的老年人进行治疗，具体步骤如下：介绍小组成员和干预过程，与老年案主建立相互信任关系；鼓励案主揭示与自己有关的事件最初和最痛苦的想法，让情绪表露出来；要求老年案主回顾各自在事件中的情感、行为和认知，以便对事件产生更深刻的认识；要求老年案主认识到他们的自杀想法是在非常压力之下的过激行为，需要冷静下来重新思考积极解决问题的办法，同时为他们提供一些促进整体健康的知识和技能；总结修改有关应对策略和计划。

第四节　老年人的临终关怀

死亡是老年社会工作不可逃避的一部分，如何为临终的老年人提供周到、人性化的服务，给老年人以力量来影响其生命质量，让逝者保持尊严，是医学界和社会学界共同关心的问题。临终关怀正是让临终者舒适安详、有尊严地走到生命的终点。本节将从社会工作的角度探讨老年人的临终照顾问题。

一、临终关怀原则和内容

（一）临终关怀的概念

所谓临终关怀，从社会学的角度定义，就是通过特殊的沟通方式，帮助临终者减少死亡痛苦，以体面的方式、平和的心态告别人世。从医学的角度，临终关怀是向临终病人及其家属提供一种全面的照料，包括生理、心理和社会等方面，使临终病人的生命得到尊重，症状得到维护和缓解，使病人能够坦然地、舒适地走完人生的最后旅程。世界卫生组织对临终关怀的定义做了解释，肯定了生命的意义，但同时也承认死亡为自然过程，人不能加速死亡，也不需无所不用其极地拖延死亡过程。临终关怀的对象主要是濒临死亡的人，即通常诊断生命只有 6 个月或不足 6 个月的人，有时临终关怀也会将服务延伸至老年人家属或者是医护人员。临终关怀的目的既不是治疗疾病或延长生命，也不是加速死亡，而是通过提供缓解性的疼痛处理和症状处理来改变老年人的生命质量，让每一个生命步入老年的人都能够得到关爱和帮助，舒适安详而有尊严地走完人生的最后旅程。

（二）临终关怀的发展现状

现代临终关怀开始于 20 世纪 60 年代，由西西里・桑德斯于 1967 年在英国伦敦创办了世界上第一座临终关怀护理医院，即著名的圣克里斯托弗临终关怀院，它的建立标志着现代临终关怀运动的开始。美国于 1974 年建立首家临终关怀医院。自美国以后，法国、加拿大、澳大利亚、日本等国相继开展了临终关怀服务。

1987 年建立的北京松堂关怀医院是我国第一家临终关怀机构，1988 年，我国第一个研究死亡的机构——天津医科大学临终关怀研究中心成立，同年上海市也诞生了第一家临终关怀医院。1990 年，天津医科大学建立了我国第一家临终关怀病房。2006 年 4 月，中国生命关怀协会成立。该协会的成立标志着我国的临终关怀事业进入了一个新的发展阶段。我国老年人的临终关怀组织主要有三种形式：①临终关怀专门机构，如北京松堂关怀医院。②附设的临终关怀机构，即综合医院内的专科病房或病区，这是目前最主要的形式。③家庭临终关怀病床，一般是以社区为基础、以家庭为单位开展临终关怀服务的。

（三）临终关怀的原则

在向临终老年人提供照顾时应倡导四个原则。

第一，病人及其家人是主要的照顾对象。临终者及其社会支持系统在临终者离世的过程中有一些特殊的需要。

第二，由多学科人员组成的团队负责提供临终照顾，团队成员包括身心健康方面的专业人员和满足精神需求的人员，承认临终者及其家人有生理、心理和社会方面的全面需要。

第三，控制疼痛和病情是第一位的。有尊严地去世意味着临终者有权接受缓解疼痛的药物治疗和服务。

第四，提供丧亲后续服务来支持丧亲的家人。情感和社会支持不仅在丧亲的过程中十分重要，而且在家人丧亲之后重新组织自己的生活时也十分重要。

（四）临终关怀的内容

临终关怀的理念就是给临终老年人及其家人提供重要的支持网络，以防止在最后的一段时间里可能出现的危险的社会隔离，其内容主要有三方面。

1. 控制疼痛

临终关怀的一项最重要的工作，就是控制与不治之症有关的疼痛和不适症状。疼痛不仅影响了老年人睡眠、饮食、活动和情绪，还会使老年人及家人感到绝望。可通过使用药物与非药物相结合的方法，如音乐疗法、宠物疗法、意象疗法等，使疼痛得到缓解与控制，最大限度地减少临终老年人的痛苦。

2. 心理关怀

作为社会工作者要理解老年人的心理需要，主动取得家人配合，帮助解决实际问题，增加临终老年人的生活内容与人生乐趣，从而转移对死亡的恐惧。以恰当的语言、表情和行为去影响和改变老年人的感受，使之正视现实，平稳情绪，坦然面对死亡。

3. 安抚家属

作为临终老年人的家人，在老年人患病期间，消耗了大量的体力和精力，会表现出悲伤、忧虑等各种不同的心理反应。要给予家人心理支持，并与之建立相互合作关系，指导家人参与临终关怀护理。死亡对老年人是痛苦的结束，而对家人则是极大的悲哀，社会工作者要理解、同情和帮助，尽可能地为家人提供发泄内心痛苦的机会并尽早疏导悲痛过程，使之重建生活的信心。

二、老年人临终关怀中社会工作者的作用

老年社会工作者作为临终关怀团队中的一员，要提升专业地位，扮演好专业角色，发挥社会工作在临终照顾中的功能，工作重点应放在以下几个方面。

1. 提供情感支持

对老年人及其家人而言，在濒临死亡的过程中社会工作者最显著的作用是提供情感支持。老年人及其家人需要敞开心扉谈论将要离开这个世界的种种感受，这些感受可能会令人十分恐惧。老年社会工作者要为老年人及其家人提供情绪疏导与支持，让他们在有限的时间内能处理好重要的情感方面的事宜。

2. 帮助老年人达成愿望

老年社会工作者可以帮助临终的老年人计划其临终生活，完成一些特殊的心愿，帮助老年人进行后事的交代工作，制订葬礼计划等。

3. 帮助老年人回顾人生

老年人一生经历丰富，老年社会工作者可以通过帮助老年人回顾自己的人生，找到生命中有意义的事件及其存在的价值，使老年人对自己的一生作出有意义的总结，领悟生命和死亡的意义，并无悔地与他人做完整的道别。

4. 代表老年人及其家人争取权益

临终老年人及其家人可能会因为心绪不宁，不能积极地为自己向医护人员争取权益，老年社会工作者可以发挥重要作用，代表老年人及其家人与其他专业人员打交道，确保医护人员能敏锐地体察和理解老年人及其家人的需求。

5. 提供资讯，整合资源

老年社会工作者为临终老年人及其家人维权的另一项重要工作是帮助他们得到有关病情、备选处置方案、临终关怀和支持性服务的资讯。老年社会工作者可以帮忙组织资料，让家人了解清楚疾病情况；另外，老年社会工作者还要整合各种资源，如临终者的社区照顾、生前的意愿达成、死后的各项事宜等，都需要老年社会工作者发挥专业特长，最大限度提高资源的整合和利用，以满足老年人及其家人的需求。

6. 老年人家人的哀伤辅导

在老年人经历生命的最后一段历程时，其家人面临着如何照顾老年人、承受失

去亲人的痛苦、善后事宜的妥善处置以及如何回归到个人社会生活等问题。尤其是在老年人去世后，临终关怀还会给哀伤的家人提供后续服务：协助其家人安排葬礼，提供持续的哀伤辅导等，需要注意的是，老年社会工作者在提供这些服务时需要有扎实的专业知识和很强的专业素养，尽量克服自身的心理压力，在老年人面前表现得沉着冷静，认真自信，注意自己的言行举止，为老年人及其家人提供良好的心理支持。

【复习思考题】

1. 作为一个老年社会工作者，如何为失智老年人及其家人提供社会服务？
2. 请结合具体事例说出“空巢老人”的常见问题。
3. 你如何看待老年人自杀？
4. 在工作中遇到有特殊问题的老年人，应提供怎样的服务？

参考文献

［1］梅陈玉婵，林一星，齐铱．老年社会工作：从理论到实践［M］．2 版．上海：格致出版社，2017.

［2］吴华，张韧韧．老年社会工作［M］．北京：北京大学出版社，2011.

［3］方青，赵怀娟．老年社会工作［M］．芜湖：安徽师范大学出版社，2012.

［4］朱佩兰．安老与社会工作［M］．香港：中文大学出版社，2000.

［5］朱眉华，文军．社会工作实务手册［M］．北京：社会科学文献出版社，2006.

［6］黄耀明．老年社会工作理论与实践［M］．吉林：吉林大学出版社，2008.

［7］刘静林．老年社会工作［M］．北京：中国轻工业出版社，2005.

［8］刘梦．小组工作［M］．北京：高等教育出版社，2003.

［9］裴梅晓，房莉杰．老年长期照护导论［M］．北京：社会科学文献出版社，2010.

［10］王思斌．社会工作概论［M］．2 版．北京：高等教育出版社，2006.

［11］何雪松．社会工作理论［M］．上海：上海人民出版社，2007.

［12］曾群．社会工作行政［M］．上海：上海人民出版社，2007.

［13］周玉萍，薛仲，康永征．老年社会工作［M］．北京：知识产权出版社，2008.

［14］张恺悌，郭平．老年社会工作实务［M］．北京：中国社会出版社，2009.

［15］徐永祥．社区工作［M］．北京：高等教育出版社，2004.

［16］徐柳凡，阳光宁，赵怀娟．社会工作行政［M］．合肥：合肥工业大学出版社，2005.

［17］谢秀芬．社会个案工作：理论与技巧［M］．台北：双叶书廊有限公司，2002.

［18］仝利民．老年社会工作［M］．上海：华东理工大学出版社，2006.

［19］方青，董根明，汪志国．社会工作概论［M］．合肥：合肥工业大学出版社，2006.

［20］邓恩远，卞国凤．社会工作方法与实务［M］．北京：北京大学出版社，2009.

［21］童敏．社会工作实务基础：专业服务技巧的综合与运用［M］．北京：社会科学文献出版社，2008.

［22］范明林．老年社会工作案例评析［M］．上海：华东理工大学出版社，2010.

［23］王树新．老年社会工作［M］．北京：中国劳动保障出版社，2007.

［24］凯琴琳·麦金尼斯－迪特里克．老年社会工作：生理、心理及社会方面的评估与干预［M］．2版．隋玉杰，译．北京：中国人民大学出版社，2008.

［25］陈蕃，李伟长．临终关怀与安乐死曙光［M］．北京：中国工人出版社，2004.

［26］殷磊．护理学基础［M］．3版．北京：人民卫生出版社，2002.

［27］周春美，张连辉．基础护理学［M］．3版．北京：人民卫生出版社，2014.

［28］杨根来．中国老龄政策法规建设40年成就概览［EB/OL］．(2018－12－14)［2020－05－19］．https：//www.sohu.com/a/281849503_120059680.

附　录

一、《联合国老年人原则》

联合国大会于1991年12月16日通过《联合国老年人原则》（第46/91号决议）。大会鼓励各国政府尽可能将这些原则纳入本国国家方案。

原则概要如下：

独立

老年人应能通过提供收入、家庭和社会支助以及自助，享有足够的食物、水、住房、衣着和保健；

老年人应有工作机会或其他创造收入机会；

老年人应能参与决定退出劳动力队伍的时间和节奏；

老年人应能参加适当的教育和培训方案；

老年人应能生活在安全且适合个人选择和能力变化的环境；

老年人应能尽可能长期在家居住。

参与

老年人应始终融合于社会，积极参与制定和执行直接影响其福祉的政策，并将其知识和技能传给子孙后辈；

老年人应能寻求和发展为社会服务的机会，并以志愿工作者身份担任与其兴趣和能力相称的职务；

老年人应能组织老年人运动或协会。

照顾

老年人应按照每个社会的文化价值体系，享有家庭和社区的照顾和保护；

老年人应享有保健服务，以帮助他们保持或恢复身体、智力和情绪的最佳水平并预防或延缓疾病的发生；

老年人应享有各种社会和法律服务，以提高其自主能力并使他们得到更好的保护和照顾；

老年人居住在任何住所、安养院或治疗所时，均应能享有人权和基本自由，包括充分尊重他们的尊严、信仰、需要和隐私，并尊重他们对自己的照顾和生活品质做抉择的权利。

自我充实

老年人应能追寻充分发挥自己潜力的机会；

老年人应能享用社会的教育、文化、精神和文娱资源。

尊严

老年人的生活应有尊严、有保障，且不受剥削和身心虐待；

老年人不论其年龄、性别、种族或族裔背景、残疾或其他状况，均应受到公平对待，而且不论其经济贡献大小均应受到尊重。

二、《2002 年马德里老龄问题国际行动计划》（节选）

1. 在维也纳举行的第一次老龄问题世界大会通过的《老龄问题国际行动计划》，在过去 20 年来各项重大政策和倡议不断演变的过程中一直主导关于老龄问题的思考和行动方向。1991 年制定《联合国老年人原则》时讨论了老年人的人权问题，该原则在独立、参与、照顾、自我实现和尊严等方面提供指导。

2. 在 20 世纪里，人口寿命发生了巨大变化。平均预期寿命从 1950 年延长了 20 年，达到 66 岁，预计到 2050 年将再延长 10 年。人口结构方面的这一长足进展以及 21 世纪上半叶人口的迅速增长意味着 60 岁以上的人口将从 2000 年的大约 6 亿增加到 2050 年的将近 20 亿，预计全球划定为老年的人口所占的比率将从 1998 年的 10% 增加到 2025 年的 15%。在发展中国家，这种增长幅度最大、速度最快，预计今后 50 年里，这些国家的老年人口将增长为 4 倍。在亚洲和拉丁美洲，划定为老年的人口比例将从 1998 年的 8% 增加到 2025 年的 15%，但是在非洲，同一时期内这一比例预计仅从 5% 增加到 6%，可是到 2050 年这一比例将增加 1 倍。在撒哈拉以南的非洲地区，与艾滋病毒/艾滋病的斗争，以及与经济和社会贫困的斗争还在继续，因此这一比例将只达到上述水平的一半。在欧洲和北美洲，1998 年至 2025 年，划定为老年人的比例将分别从 20% 增加到 28% 以及从 16% 增加到 26%。这种全球的人口变化已经在各个方面对个人、社区、国家和国际生活产生深刻的影响。人类的每一方面——社会、经济、政治、文化、心理和精神上——都将产生变化。

3. 目前正在发生的显著的人口结构转型变化，将在 21 世纪中叶在世界人口中造成年老的和年轻的各占一半的现象。就全球而言，2000 年至 2050 年，60 岁以上的人所占的比例预计要增加1倍，由10%增加到21%，而儿童的比例预期将下降1/3，即从30%下降至21%。在若干发达国家和转型期经济国家，老年人人数已超过儿童人数，而且出生率已降到更替水平以下。在某些发达国家中，在2050年年底以前，老年人人数将比儿童人数多出1倍以上。在发达国家，每71名男性平均对100名女性的比例预计会增加到78名。在较不发达区域，老年妇女超过老年男性的比例不如发达国家那样高，因为预期寿命性别差异一般要小一些。目前发展中国家两性的比率是，在60岁以上的人口中，平均每88名男性对一百名女性，预计到21世纪中叶，将稍稍发生变化，成为87名男性对100名女性。

4. 人口老龄化即将成为发展中国家的一个主要问题，因为预计21世纪上半叶人口将迅速老龄化。在2050年年底以前，老年人所占比例预计将由8%上升到19%，但儿童所占比例将由33%下降到22%。这种人口变化对于资源是一重大挑战。虽然发达国家是逐渐地老龄化，但这些国家仍面临着老龄与失业及退休金制度的可持续性之间关系所造成的挑战；而发展中国家却同时面临发展问题和人口老化问题。

5. 发达国家和发展中国家之间还存在人口结构方面的其他重要区别。目前在发达国家，绝大多数老年人生活在划定为城镇的地区，但在发展中国家，多数老年人生活在农村地区。对人口结构的预测表明，到2025年，发达国家82%的人口将生活在城镇；而发展中国家生活在城镇的人口不到其人口比例的一半。在发展中国家，农村老年人比率超过城镇地区老年人比率。对于老龄化与都市化之间的关系还需要做进一步研究，但目前的趋势表明，今后许多发展中国家的农村地区老年人比率将会增加。

6. 关于老年人所生活的家庭形态，发达国家和发展中国家之间也存在着显著区别。在发展中国家，许多老年人生活在几代同堂的家庭。这些区别表明，发展中国家和发达国家的政策行动也将会有区别。

7. 在老年人口中增长最快的群体就是最老的老年人，即80岁以上者。在2000年，他们总共7000万人，预计在未来50年内，将增加至5倍以上。

8. 老年妇女人数超过老年男子，而年岁越高超过越多。世界各地老年妇女的境况必须成为采取政策行动的优先问题。认识到老龄对妇女与男子影响的差异对保证男女地位充分平等以及制定有效措施来处理这一问题是必不可少的。因此，在所有政策、方案和法律中保证纳入性别观点是至关重要的。

9. 必须将全球老龄化发展过程纳入更大的发展过程。关于老龄化问题的政策应从更广的生命过程的发展观点以及整个社会的角度来仔细审查，并且考虑到最近提出的全球性倡议以及主要的联合国会议和首脑会议制定的指导原则。

10.《2002 年马德里老龄问题国际行动计划》（以下简称《计划》）呼吁各部门各级别改变态度、政策和做法，从而可发挥 21 世纪内老龄化的巨大潜力。许多老年人的确有保障、有尊严地进入晚年，并增强他们本身参与家庭和社区生活的能力。《计划》的目标在于确保全世界所有人都能够有保障、有尊严地步入老年，并作为享有充分权利的公民参与其社会。虽然认识到健康充实的老年生活奠基于早年，《计划》旨在作为一个实际工具，来协助决策者侧重同个人和人口老龄化相关的主要优先问题。《计划》确认老龄化的性质的共同特点及其所带来的挑战，并针对每个国家大不相同的情况提出具体建议。《计划》认识到发展的许多不同阶段和目前在各不同区域发生的转型变化以及在全球化世界中各国的相互依存关系。

11. 1999 年国际老年人年的主题是不分年龄人人共享的社会，包括下列四个方面：个人终身发展；多代关系；人口老龄化与发展之间的关系和老年人处境。国际年有助于提高全世界的认识、促进研究和加强政策行动，包括把老龄问题纳入各部门、创造人生各阶段应有的机会。

12. 主要的联合国会议和首脑会议及大会特别会议和审查后续进程已在各级确定了目标、目的和承诺事项，以便改善所有人的经济和社会状况。必须在这些框架内考虑老年人的特定贡献和关心事项。实施上述各项规定将能帮助老年人充分地为发展作出贡献、并平等地从中获得利益。《计划》中贯穿了一些中心主题，与这些目标、目的和承诺事项一脉相承，其中包括：

（1）充分实现所有老年人的所有人权和基本自由；

（2）使老年生活安全无虞，这涉及重申消除老年贫穷的目标以及在《联合国老年人原则》的基础上做进一步发展；

（3）使老年人能够除其他外通过赚取收入工作和志愿工作，充分和有效地参与其社会的经济、政治和社会生活；

（4）通过诸如终身学习的机会和参与社区生活，为整个一生和晚年的个人发展、自我实现和幸福提供各种机会，但同时认识到，老年人并不是一个没有差异的群体；

（5）确保老年人充分享有经济、社会和文化权利以及公民和政治权利，并消除对老年人的一切形式的暴力和歧视；

（6）通过消除性别等方面的歧视来确保老年人的性别平等；

（7）认识到家庭、世代相互依存、团结和互惠对于促进社会发展极为重要；

（8）提供老年人所需的保健和支助，并对其提供社会保护，包括预防和康复性保健；

（9）促进各级政府、民间社会、私营部门和老年人本身各方间的合作，把《计划》变为实际行动；

（10）特别是在发展中国家内，利用科学研究和专门知识，并发挥技术的潜力，集中注意老龄化所涉及的个人、社会和保健等问题；

（11）认识到老年土著人的境况，其独特的处境，并认识到有必要设法使其对直接影响到自己的决定有实际的发言权。

13. 促进和保护包括发展权在内的所有人权和基本自由，对于建立一个能包容所有年龄者并使老年人能充分、不受歧视而平等地参与的社会来说，是必不可少的。制止基于年龄的歧视以及增进老年人的尊严，对于保证老年人受到应有尊重而言，至关重要。促进和保护所有人权和基本自由对于实现不分年龄人人共享的社会有着重要的意义。在这方面，必须通过广泛而有效的对话，培养、强调和鼓励世代之间的互惠关系。

14. 行动建议是按照下列三个优先方向安排的：老年人与发展；促进老年人的健康和福祉；确保有利的和支助性环境。老年人生活保障的程度大部分取决于在这三个方向取得的进展。这些优先方向的目的在于指导政策的制定和执行，以便实现成功地适应老龄化世界的具体目标，从而可以按照社会发展、老年人生活品质方面和维系一生幸福的各种正式的和非正式，制度的持续性方面改善的程度来衡量成败。

15. 把老龄问题纳入全球议程的主流至为重要。必须作出一致努力，以便对政策一体化采取广泛公正的观点。其任务是把老龄化问题同其他社会经济发展和人权的框架联系在一起。虽然具体政策会因国家和地区而异，但人口老龄化是一种全球性力量，同全球化一样，足以改变未来。必须认识到老年人不仅有能力带头改善本身的情况，而且有能力带头改善整个社会，从而对社会作出贡献。前瞻性思考要求我们发挥老龄人口的潜力作为今后发展的基础。

三、《中华人民共和国老年人权益保障法》

新修改的《中华人民共和国老年人权益保障法》已由中华人民共和国第十三届全国人民代表大会常务委员会第七次会议于 2018 年 12 月 29 日审议通过，由中华人民共和国主席习近平签署第二十四号主席令公布，自公布之日起施行。

第一章　总　则

第一条　为了保障老年人合法权益，发展老龄事业，弘扬中华民族敬老、养老、助老的美德，根据宪法，制定本法。

第二条　本法所称老年人是指六十周岁以上的公民。

第三条　国家保障老年人依法享有的权益。

老年人有从国家和社会获得物质帮助的权利，有享受社会服务和社会优待的权利，有参与社会发展和共享发展成果的权利。

禁止歧视、侮辱、虐待或者遗弃老年人。

第四条　积极应对人口老龄化是国家的一项长期战略任务。

国家和社会应当采取措施，健全保障老年人权益的各项制度，逐步改善保障老年人生活、健康、安全以及参与社会发展的条件，实现老有所养、老有所医、老有所为、老有所学、老有所乐。

第五条　国家建立多层次的社会保障体系，逐步提高对老年人的保障水平。

国家建立和完善以居家为基础、社区为依托、机构为支撑的社会养老服务体系。

倡导全社会优待老年人。

第六条　各级人民政府应当将老龄事业纳入国民经济和社会发展规划，将老龄事业经费列入财政预算，建立稳定的经费保障机制，并鼓励社会各方面投入，使老龄事业与经济、社会协调发展。

国务院制定国家老龄事业发展规划。县级以上地方人民政府根据国家老龄事业发展规划，制定本行政区域的老龄事业发展规划和年度计划。

县级以上人民政府负责老龄工作的机构，负责组织、协调、指导、督促有关部门做好老年人权益保障工作。

第七条　保障老年人合法权益是全社会的共同责任。

国家机关、社会团体、企业事业单位和其他组织应当按照各自职责，做好老年人权益保障工作。

基层群众性自治组织和依法设立的老年人组织应当反映老年人的要求，维护老年人合法权益，为老年人服务。

提倡、鼓励义务为老年人服务。

第八条　国家进行人口老龄化国情教育，增强全社会积极应对人口老龄化意识。

全社会应当广泛开展敬老、养老、助老宣传教育活动，树立尊重、关心、帮助老年人的社会风尚。

青少年组织、学校和幼儿园应当对青少年和儿童进行敬老、养老、助老的道德教育和维护老年人合法权益的法制教育。

广播、电影、电视、报刊、网络等应当反映老年人的生活，开展维护老年人合法权益的宣传，为老年人服务。

第九条　国家支持老龄科学研究，建立老年人状况统计调查和发布制度。

第十条　各级人民政府和有关部门对维护老年人合法权益和敬老、养老、助老成绩显著的组织、家庭或者个人，对参与社会发展做出突出贡献的老年人，按照国家有关规定给予表彰或者奖励。

第十一条　老年人应当遵纪守法，履行法律规定的义务。

第十二条　每年农历九月初九为老年节。

第二章　家庭赡养与扶养

第十三条　老年人养老以居家为基础，家庭成员应当尊重、关心和照料老年人。

第十四条　赡养人应当履行对老年人经济上供养、生活上照料和精神上慰藉的义务，照顾老年人的特殊需要。

赡养人是指老年人的子女以及其他依法负有赡养义务的人。

赡养人的配偶应当协助赡养人履行赡养义务。

第十五条　赡养人应当使患病的老年人及时得到治疗和护理；对经济困难的老年人，应当提供医疗费用。

对生活不能自理的老年人，赡养人应当承担照料责任；不能亲自照料的，可以按照老年人的意愿委托他人或者养老机构等照料。

第十六条　赡养人应当妥善安排老年人的住房，不得强迫老年人居住或者迁居条件低劣的房屋。

老年人自有的或者承租的住房，子女或者其他亲属不得侵占，不得擅自改变产权关系或者租赁关系。

老年人自有的住房，赡养人有维修的义务。

第十七条　赡养人有义务耕种或者委托他人耕种老年人承包的田地，照管或者委托他人照管老年人的林木和牲畜等，收益归老年人所有。

第十八条　家庭成员应当关心老年人的精神需求，不得忽视、冷落老年人。

与老年人分开居住的家庭成员，应当经常看望或者问候老年人。

用人单位应当按照国家有关规定保障赡养人探亲休假的权利。

第十九条　赡养人不得以放弃继承权或者其他理由，拒绝履行赡养义务。

赡养人不履行赡养义务，老年人有要求赡养人付给赡养费等权利。

赡养人不得要求老年人承担力不能及的劳动。

第二十条　经老年人同意，赡养人之间可以就履行赡养义务签订协议。赡养协议的内容不得违反法律的规定和老年人的意愿。

基层群众性自治组织、老年人组织或者赡养人所在单位监督协议的履行。

第二十一条　老年人的婚姻自由受法律保护。子女或者其他亲属不得干涉老年人离婚、再婚及婚后的生活。

赡养人的赡养义务不因老年人的婚姻关系变化而消除。

第二十二条　老年人对个人的财产，依法享有占有、使用、收益和处分的权利，子女或者其他亲属不得干涉，不得以窃取、骗取、强行索取等方式侵犯老年人的财产权益。

老年人有依法继承父母、配偶、子女或者其他亲属遗产的权利，有接受赠与的权利。子女或者其他亲属不得侵占、抢夺、转移、隐匿或者损毁应当由老年人继承或者接受赠与的财产。

老年人以遗嘱处分财产，应当依法为老年配偶保留必要的份额。

第二十三条　老年人与配偶有相互扶养的义务。

由兄、姐扶养的弟、妹成年后，有负担能力的，对年老无赡养人的兄、姐有扶养的义务。

第二十四条　赡养人、扶养人不履行赡养、扶养义务的，基层群众性自治组织、老年人组织或者赡养人、扶养人所在单位应当督促其履行。

第二十五条　禁止对老年人实施家庭暴力。

第二十六条　具备完全民事行为能力的老年人，可以在近亲属或者其他与自己关系密切、愿意承担监护责任的个人、组织中协商确定自己的监护人。监护人在老年人丧失或者部分丧失民事行为能力时，依法承担监护责任。

老年人未事先确定监护人的，其丧失或者部分丧失民事行为能力时，依照有关法律的规定确定监护人。

第二十七条　国家建立健全家庭养老支持政策，鼓励家庭成员与老年人共同生活或者就近居住，为老年人随配偶或者赡养人迁徙提供条件，为家庭成员照料老年人提供帮助。

第三章　社会保障

第二十八条　国家通过基本养老保险制度，保障老年人的基本生活。

第二十九条　国家通过基本医疗保险制度，保障老年人的基本医疗需要。享受最低生活保障的老年人和符合条件的低收入家庭中的老年人参加新型农村合作医疗和城镇居民基本医疗保险所需个人缴费部分，由政府给予补贴。

有关部门制定医疗保险办法，应当对老年人给予照顾。

第三十条　国家逐步开展长期护理保障工作，保障老年人的护理需求。

对生活长期不能自理、经济困难的老年人，地方各级人民政府应当根据其失能程度等情况给予护理补贴。

第三十一条　国家对经济困难的老年人给予基本生活、医疗、居住或者其他救助。

老年人无劳动能力、无生活来源、无赡养人和扶养人，或者其赡养人和扶养人确无赡养能力或者扶养能力的，由地方各级人民政府依照有关规定给予供养或者救助。

对流浪乞讨、遭受遗弃等生活无着的老年人，由地方各级人民政府依照有关规定给予救助。

第三十二条　地方各级人民政府在实施廉租住房、公共租赁住房等住房保障制度或者进行危旧房屋改造时，应当优先照顾符合条件的老年人。

第三十三条　国家建立和完善老年人福利制度，根据经济社会发展水平和老年人的实际需要，增加老年人的社会福利。

国家鼓励地方建立八十周岁以上低收入老年人高龄津贴制度。

国家建立和完善计划生育家庭老年人扶助制度。

农村可以将未承包的集体所有的部分土地、山林、水面、滩涂等作为养老基地，收益供老年人养老。

第三十四条　老年人依法享有的养老金、医疗待遇和其他待遇应当得到保障，有关机构必须按时足额支付，不得克扣、拖欠或者挪用。

国家根据经济发展以及职工平均工资增长、物价上涨等情况，适时提高养老保障水平。

第三十五条　国家鼓励慈善组织以及其他组织和个人为老年人提供物质帮助。

第三十六条　老年人可以与集体经济组织、基层群众性自治组织、养老机构等组织或者个人签订遗赠扶养协议或者其他扶助协议。

负有扶养义务的组织或者个人按照遗赠扶养协议，承担该老年人生养死葬的义务，享有受遗赠的权利。

第四章　社会服务

第三十七条　地方各级人民政府和有关部门应当采取措施，发展城乡社区养老服务，鼓励、扶持专业服务机构及其他组织和个人，为居家的老年人提供生活照料、紧急救援、医疗护理、精神慰藉、心理咨询等多种形式的服务。

对经济困难的老年人，地方各级人民政府应当逐步给予养老服务补贴。

第三十八条　地方各级人民政府和有关部门、基层群众性自治组织，应当将养老服务设施纳入城乡社区配套设施建设规划，建立适应老年人需要的生活服务、文化体育活动、日间照料、疾病护理与康复等服务设施和网点，就近为老年人提供服务。

发扬邻里互助的传统，提倡邻里间关心、帮助有困难的老年人。

鼓励慈善组织、志愿者为老年人服务。倡导老年人互助服务。

第三十九条　各级人民政府应当根据经济发展水平和老年人服务需求，逐步增加对养老服务的投入。

各级人民政府和有关部门在财政、税费、土地、融资等方面采取措施，鼓励、扶持企业事业单位、社会组织或者个人兴办、运营养老、老年人日间照料、老年文化体育活动等设施。

第四十条　地方各级人民政府和有关部门应当按照老年人口比例及分布情况，将养老服务设施建设纳入城乡规划和土地利用总体规划，统筹安排养老服务设施建设用地及所需物资。

公益性养老服务设施用地，可以依法使用国有划拨土地或者农民集体所有的土地。

养老服务设施用地，非经法定程序不得改变用途。

第四十一条　政府投资兴办的养老机构，应当优先保障经济困难的孤寡、失能、高龄等老年人的服务需求。

第四十二条　国务院有关部门制定养老服务设施建设、养老服务质量和养老服务职业等标准，建立健全养老机构分类管理和养老服务评估制度。

各级人民政府应当规范养老服务收费项目和标准，加强监督和管理。

第四十三条　设立公益性养老机构，应当依法办理相应的登记。

设立经营性养老机构，应当在市场监督管理部门办理登记。

养老机构登记后即可开展服务活动，并向县级以上人民政府民政部门备案。

第四十四条　地方各级人民政府加强对本行政区域养老机构管理工作的领导，建立养老机构综合监管制度。

县级以上人民政府民政部门负责养老机构的指导、监督和管理，其他有关部门依照职责分工对养老机构实施监督。

第四十五条　县级以上人民政府民政部门依法履行监督检查职责，可以采取以下措施：

（一）向养老机构和个人了解情况；

（二）进入涉嫌违法的养老机构进行现场检查；

（三）查阅或者复制有关合同、票据、账簿及其他有关资料；

（四）发现养老机构存在可能危及人身健康和生命财产安全风险的，责令限期改正，逾期不改正的，责令停业整顿。

县级以上人民政府民政部门调查养老机构涉嫌违法的行为，应当遵守《中华人民共和国行政强制法》和其他有关法律、行政法规的规定。

第四十六条　养老机构变更或者终止的，应当妥善安置收住的老年人，并依照规定到有关部门办理手续。有关部门应当为养老机构妥善安置老年人提供帮助。

第四十七条　国家建立健全养老服务人才培养、使用、评价和激励制度，依法规范用工，促进从业人员劳动报酬合理增长，发展专职、兼职和志愿者相结合的养老服务队伍。

国家鼓励高等学校、中等职业学校和职业培训机构设置相关专业或者培训项目，培养养老服务专业人才。

第四十八条　养老机构应当与接受服务的老年人或者其代理人签订服务协议，明确双方的权利、义务。

养老机构及其工作人员不得以任何方式侵害老年人的权益。

第四十九条　国家鼓励养老机构投保责任保险，鼓励保险公司承保责任保险。

第五十条　各级人民政府和有关部门应当将老年医疗卫生服务纳入城乡医疗卫生服务规划，将老年人健康管理和常见病预防等纳入国家基本公共卫生服务项目。鼓励为老年人提供保健、护理、临终关怀等服务。

国家鼓励医疗机构开设针对老年病的专科或者门诊。

医疗卫生机构应当开展老年人的健康服务和疾病防治工作。

第五十一条　国家采取措施，加强老年医学的研究和人才培养，提高老年病的预防、治疗、科研水平，促进老年病的早期发现、诊断和治疗。

国家和社会采取措施，开展各种形式的健康教育，普及老年保健知识，增强老年人自我保健意识。

第五十二条　国家采取措施，发展老龄产业，将老龄产业列入国家扶持行业目录。扶持和引导企业开发、生产、经营适应老年人需要的用品和提供相关的服务。

第五章　社会优待

第五十三条　县级以上人民政府及其有关部门根据经济社会发展情况和老年人

的特殊需要，制定优待老年人的办法，逐步提高优待水平。

对常住在本行政区域内的外埠老年人给予同等优待。

第五十四条　各级人民政府和有关部门应当为老年人及时、便利地领取养老金、结算医疗费和享受其他物质帮助提供条件。

第五十五条　各级人民政府和有关部门办理房屋权属关系变更、户口迁移等涉及老年人权益的重大事项时，应当就办理事项是否为老年人的真实意思表示进行询问，并依法优先办理。

第五十六条　老年人因其合法权益受侵害提起诉讼交纳诉讼费确有困难的，可以缓交、减交或者免交；需要获得律师帮助，但无力支付律师费用的，可以获得法律援助。

鼓励律师事务所、公证处、基层法律服务所和其他法律服务机构为经济困难的老年人提供免费或者优惠服务。

第五十七条　医疗机构应当为老年人就医提供方便，对老年人就医予以优先。有条件的地方，可以为老年人设立家庭病床，开展巡回医疗、护理、康复、免费体检等服务。

提倡为老年人义诊。

第五十八条　提倡与老年人日常生活密切相关的服务行业为老年人提供优先、优惠服务。

城市公共交通、公路、铁路、水路和航空客运，应当为老年人提供优待和照顾。

第五十九条　博物馆、美术馆、科技馆、纪念馆、公共图书馆、文化馆、影剧院、体育场馆、公园、旅游景点等场所，应当对老年人免费或者优惠开放。

第六十条　农村老年人不承担兴办公益事业的筹劳义务。

第六章　宜居环境

第六十一条　国家采取措施，推进宜居环境建设，为老年人提供安全、便利和舒适的环境。

第六十二条　各级人民政府在制定城乡规划时，应当根据人口老龄化发展趋势、老年人口分布和老年人的特点，统筹考虑适合老年人的公共基础设施、生活服务设施、医疗卫生设施和文化体育设施建设。

第六十三条　国家制定和完善涉及老年人的工程建设标准体系，在规划、设计、施工、监理、验收、运行、维护、管理等环节加强相关标准的实施与监督。

第六十四条　国家制定无障碍设施工程建设标准。新建、改建和扩建道路、公共交通设施、建筑物、居住区等，应当符合国家无障碍设施工程建设标准。

各级人民政府和有关部门应当按照国家无障碍设施工程建设标准，优先推进与老年人日常生活密切相关的公共服务设施的改造。

无障碍设施的所有人和管理人应当保障无障碍设施正常使用。

第六十五条　国家推动老年宜居社区建设，引导、支持老年宜居住宅的开发，推动和扶持老年人家庭无障碍设施的改造，为老年人创造无障碍居住环境。

第七章　参与社会发展

第六十六条　国家和社会应当重视、珍惜老年人的知识、技能、经验和优良品德，发挥老年人的专长和作用，保障老年人参与经济、政治、文化和社会生活。

第六十七条　老年人可以通过老年人组织，开展有益身心健康的活动。

第六十八条　制定法律、法规、规章和公共政策，涉及老年人权益重大问题的，应当听取老年人和老年人组织的意见。

老年人和老年人组织有权向国家机关提出老年人权益保障、老龄事业发展等方面的意见和建议。

第六十九条　国家为老年人参与社会发展创造条件。根据社会需要和可能，鼓励老年人在自愿和量力的情况下，从事下列活动：

（一）对青少年和儿童进行社会主义、爱国主义、集体主义和艰苦奋斗等优良传统教育；

（二）传授文化和科技知识；

（三）提供咨询服务；

（四）依法参与科技开发和应用；

（五）依法从事经营和生产活动；

（六）参加志愿服务、兴办社会公益事业；

（七）参与维护社会治安、协助调解民间纠纷；

（八）参加其他社会活动。

第七十条　老年人参加劳动的合法收入受法律保护。

任何单位和个人不得安排老年人从事危害其身心健康的劳动或者危险作业。

第七十一条　老年人有继续受教育的权利。

国家发展老年教育，把老年教育纳入终身教育体系，鼓励社会办好各类老年学校。

各级人民政府对老年教育应当加强领导，统一规划，加大投入。

第七十二条　国家和社会采取措施，开展适合老年人的群众性文化、体育、娱乐活动，丰富老年人的精神文化生活。

第八章　法律责任

第七十三条　老年人合法权益受到侵害的，被侵害人或者其代理人有权要求有关部门处理，或者依法向人民法院提起诉讼。

人民法院和有关部门，对侵犯老年人合法权益的申诉、控告和检举，应当依法及时受理，不得推诿、拖延。

第七十四条　不履行保护老年人合法权益职责的部门或者组织，其上级主管部门应当给予批评教育，责令改正。

国家工作人员违法失职，致使老年人合法权益受到损害的，由其所在单位或者上级机关责令改正，或者依法给予处分；构成犯罪的，依法追究刑事责任。

第七十五条　老年人与家庭成员因赡养、扶养或者住房、财产等发生纠纷，可以申请人民调解委员会或者其他有关组织进行调解，也可以直接向人民法院提起诉讼。

人民调解委员会或者其他有关组织调解前款纠纷时，应当通过说服、疏导等方式化解矛盾和纠纷；对有过错的家庭成员，应当给予批评教育。

人民法院对老年人追索赡养费或者扶养费的申请，可以依法裁定先予执行。

第七十六条　干涉老年人婚姻自由，对老年人负有赡养义务、扶养义务而拒绝赡养、扶养，虐待老年人或者对老年人实施家庭暴力的，由有关单位给予批评教育；构成违反治安管理行为的，依法给予治安管理处罚；构成犯罪的，依法追究刑事责任。

第七十七条　家庭成员盗窃、诈骗、抢夺、侵占、勒索、故意损毁老年人财物，构成违反治安管理行为的，依法给予治安管理处罚；构成犯罪的，依法追究刑事责任。

第七十八条　侮辱、诽谤老年人，构成违反治安管理行为的，依法给予治安管理处罚；构成犯罪的，依法追究刑事责任。

第七十九条　养老机构及其工作人员侵害老年人人身和财产权益，或者未按照约定提供服务的，依法承担民事责任；有关主管部门依法给予行政处罚；构成犯罪的，依法追究刑事责任。

第八十条　对养老机构负有管理和监督职责的部门及其工作人员滥用职权、玩忽职守、徇私舞弊的，对直接负责的主管人员和其他直接责任人员依法给予处分；

构成犯罪的，依法追究刑事责任。

第八十一条　不按规定履行优待老年人义务的，由有关主管部门责令改正。

第八十二条　涉及老年人的工程不符合国家规定的标准或者无障碍设施所有人、管理人未尽到维护和管理职责的，由有关主管部门责令改正；造成损害的，依法承担民事责任；对有关单位、个人依法给予行政处罚；构成犯罪的，依法追究刑事责任。

第九章　附　则

第八十三条　民族自治地方的人民代表大会，可以根据本法的原则，结合当地民族风俗习惯的具体情况，依照法定程序制定变通的或者补充的规定。

第八十四条　本法施行前设立的养老机构不符合本法规定条件的，应当限期整改。具体办法由国务院民政部门制定。

第八十五条　本法自 2013 年 7 月 1 日起施行。